建築保全標準・同解説

JAMS 3-RC　調査・診断標準仕様書——鉄筋コンクリート造建築物

2021

Japanese Architectural Maintenance Standard

JAMS 3-RC　Standard Specification for Investigation and Diagnosis

2021 制　定

日本建築学会

本書のご利用にあたって

　本書は，材料施工委員会・改修工事運営委員会による審議を経た原案に対して，公平性・中立性・透明性を確保するために査読を行い，取りまとめたものです．本書は，作成時点での最新の学術的知見や長年蓄積されてきた経験・実績をもとに，目標性能やそれを具体化する技術的手段の標準を示したものであります．利用に際しては，本書が最新版であることを確認いただき，かつ，規定の前提条件，範囲および内容を十分に理解ください．なお，本会は，本書に起因する損害に対して一切の責任を負いません．

ご案内

「建築保全標準・同解説（鉄筋コンクリート造建築物）」の発刊に際して

　資源・エネルギーの大量消費や環境問題等を背景として，従来のフロー型社会から脱却して「よい建築物をつくり，きちんと手入れして，長く大切につかう」ストック型社会への移行が求められている．

　本会材料施工委員会は主要な活動として，日本建築学会建築工事標準仕様書・同解説（JASS）を制定および改定してきた．JASS は絶版になったものを含めると全部で 30 あり，我が国における建築工事の施工標準として受け入れられ，建築物の質的向上と合理化に貢献してきた．JASS は新築工事を対象としており，点検，調査・診断，補修・改修設計，補修・改修工事の部分に関しては，規準や標準仕様書の整備が遅れていた．

　一方で，本会材料施工委員会は，規準や標準仕様書のレベルには到達していないものの建築保全へのニーズの高まりに対応して「建築物の調査・劣化診断・修繕の考え方（案）・同解説」（1993），「外壁改修工事の基本的な考え方（湿式編）」（1994），「鉄筋コンクリート造建築物の耐久性調査・診断および補修指針（案）・同解説」（1997），「外壁改修工事の基本的な考え方（乾式編）」（2002），「建築物の改修の考え方」（2002），「建築物の調査・診断指針（案）・同解説」（2008），「内外装改修工事指針（案）・同解説」（2014）等の指針類を発刊してきた．

　このような指針類の整備と並行して，2007 年本会大会時に材料施工部門研究協議会「維持保全技術の現状と今後の課題」が開催され，材料施工委員会が保全技術の標準化に対する取組みをより一層進めること，補修改修工事に関する標準仕様書等を検討する時期にきていること等が指摘された．この研究協議会の指摘を受けて，材料施工委員会傘下に「改修工事標準仕様書検討小委員会」（2009〜2010 年度）を設置し，作成すべき規準および標準仕様書の内容，タイムスケジュール，研究体制等について検討した．そして，始めに鉄筋コンクリート造建築物を対象とすることとした．2011 年度からは「改修工事運営委員会」を設置し，傘下に「維持保全計画・保守点検小委員会」，「調査・診断小委員会」および「改修設計・改修工事小委員会」を設置して，具体的な規準および標準仕様書の作成に着手した．そして，2012 年度日本建築学会大会では「建築改修工事標準仕様書の制定に向けて」と題した材料施工部門研究協議会を開催し，規準および標準仕様書の内容に関する会員からの意見を収集した．その後，作業を継続して 2016 年度に，「一般共通事項」，「点検標準仕様書」，「調査・診断標準仕様書」，「補修・改修設計規準」，「補修・改修工事標準仕様書」から構成される「建築保全標準（鉄筋コンクリート造建築物）」の本文案を作成した．

　2017 年度日本建築学会大会では「建築保全標準の作成に向けて」と題した材料施工部門の研究協議会を開催し，作成した規準および標準仕様書の本文案を示し，会員からの意見を収集した．その後，会員からの意見や査読意見を参考に解説執筆および全体調整を行い，2019 年度に「JAMS 1

-RC　一般共通事項──鉄筋コンクリート造建築物」,「JAMS 2-RC　点検標準仕様書──鉄筋コンクリート造建築物」,「JAMS 3-RC　調査・診断標準仕様書──鉄筋コンクリート造建築物」,「JAMS 4-RC　補修・改修設計規準──鉄筋コンクリート造建築物」,「JAMS 5-RC　補修・改修工事標準仕様書──鉄筋コンクリート造建築物」から構成される「建築保全標準・同解説(鉄筋コンクリート造建築物)」を完成した.

　JASS では工事ごとに建築工事標準仕様書の制定および改定作業が進められるが,「建築保全標準・同解説(鉄筋コンクリート造建築物)」の作成過程では躯体関係者,内外装仕上げ関係者,防水関係者間の垣根を超えた活発な議論があったことを付記したい.「建築保全標準・同解説(鉄筋コンクリート造建築物)」は,本会が初めて刊行する建築保全に係る規準および標準仕様書である.不十分な点もあると考えられるが,発刊したうえで皆様の意見をいただき,更に充実した改定版を作成したいと考えている.「建築保全標準」の重要性は今後ますます高まると考えられる.会員からの活発な意見を期待したい.更に,鉄骨造建築物や木造建築物を対象とした「建築保全標準」についても検討を進める予定である.

　最後に,長期間にわたって「建築保全標準・同解説(鉄筋コンクリート造建築物)」の制定に携わった執筆者および関係委員の皆さんに深く感謝する.

　2021 年 2 月

一般社団法人　日 本 建 築 学 会

JAMS 3-RC　調査・診断標準仕様書——鉄筋コンクリート造建築物
制定の趣旨

　「JAMS 3-RC　調査・診断標準仕様書——鉄筋コンクリート造建築物」（以下，本仕様書）は「建築保全標準・同解説」の一部として制定されたものであり，「JAMS 2-RC　点検標準仕様書——鉄筋コンクリート造建築物」に従って実施された点検において鉄筋コンクリート造建築物の全体または一部に変状が認められた場合や，鉄筋コンクリート造建築物の竣工後または補修・改修工事後10数年以上が経過した場合に，建築物の所有者・管理者が，変状の状態をより詳細・正確に把握するためや，補修・改修工事の実施の要否を判断するためなどに，調査・診断者に調査・診断を依頼する際の標準仕様書となっている．

　建築基準法第8条第1項には，「建築物の所有者，管理者又は占有者は，その建築物の敷地，構造及び建築設備を常時適法な状態に維持するように努めなければならない」ことが定められている．また，同第12条第1項には，政令および特定行政庁が指定した特定建築物については，所有者等が定期的に一級・二級建築士または特定建築物調査員に調査させて，その結果を特定行政庁に報告することが義務付けられている．

　本会は，建築物の調査・診断に関連した出版物として，「建築物の調査・劣化診断・修繕の考え方（案）・同解説」（1993），「鉄筋コンクリート造建築物の耐久性調査・診断および補修指針（案）・同解説」（1997）および「建築物の調査・診断指針（案）・同解説」（2008）を発刊している．また，公益社団法人・日本コンクリート工学会からは，「コンクリートのひび割れ調査，補修・補強指針」（2003）および「既存コンクリート構造物の性能評価指針」（2014）が発行されている．

　建築物やコンクリート構造物の調査・診断に特化した資格としては，公益社団法人・日本コンクリート工学会がコンクリート構造体の調査・診断を行う技術者に対して認定する「コンクリート診断士」，公益社団法人・ロングライフビル推進協会（BELCA）が建築仕上げの調査・診断を行う技術者に対して認定する「建築仕上診断技術者」，一般財団法人・日本建築防災協会が行う「登録特定建築物調査員講習」を受講・修了した「特定建築物調査員資格者」などがある．

　上述の背景を踏まえて，以下の方針に則り本仕様書を制定した．

- ①　建築物の調査・診断に関する本会の既存出版物に示された考え方を尊重するとともに，最近の技術の進歩・向上を取り込んだものとすること
- ②　調査・診断者だけでなく，建築物の所有者・管理者においても，誤用・誤解が生ずることがないように，鉄筋コンクリート構造体分野，外装仕上げ分野，防水分野，それぞれで培われてきた用語・診断基準を整理し，できる限り統一化すること
- ③　補修・改修工事と一体化して実施されがちである調査・診断業務を独立的なものとし，調査・診断結果の透明性を高めること

④　本文は，調査・診断業務の契約図書として，そのまま活用できること

⑤　解説は，調査・診断者の技術参考書となり，調査・診断者を志す学生等の教育書ともなること

　調査・診断業務には，労働集約的な初歩的な内容のものだけではなく，情報化技術・化学分析技術などに基づく先端科学技術に基づくものが多く含まれており，将来的には標準仕様は大きく変化を遂げることが予想される．今後，技術の進展を確実に捉え，時機を逸さず標準化作業を行っていくことが必要であり，本仕様書がその契機となれば幸いである．

2021年2月

一般社団法人　日 本 建 築 学 会

本書作成関係委員 （2021年2月）

— （五十音順・敬称略） —

材料施工委員会

委員長	橘 高 義 典	
幹 事	黒 岩 秀 介　　興 石 直 幸　　野 口 貴 文　　横 山　　裕	
委 員	（省略）	

改修工事仕様書検討小委員会 （2009.4〜2011.3）

主 査	桝 田 佳 寛
幹 事	本 橋 健 司
委 員	井 上 照 郷　　鹿 毛 忠 継　　兼 松　　学　　川 西 泰一郎
	黒 田 泰 弘　　興 石 直 幸　　近 藤 照 夫　　野 口 貴 文
	本 橋 健 司

改修工事運営委員会

主 査	本 橋 健 司
幹 事	兼 松　　学　　野 口 貴 文
委 員	岡 本　　肇　　鹿 毛 忠 継　　黒 田 泰 弘　　興 石 直 幸
	近 藤 照 夫　　白 井　　篤　　永 井 香 織　　（畑 中　　聡）
	濱 崎　　仁　　福 岡 和 弥　　堀　　長 生　　桝 田 佳 寛
	山 田 義 智　　湯 浅　　昇

維持保全計画・保守点検仕様書作成小委員会

主 査	鹿 毛 忠 継
幹 事	野 口 貴 文
委 員	井 上 照 郷　　大 隈 健 五　　兼 松　　学　　（桑 原 太刀男）
	古 賀 純 子　　近 藤 照 夫　　高 倉 智 志　　土 屋 直 子
	中野谷 昌 司　　（畑 中　　聡）　（福 岡 和 弥）　　濱 崎　　仁
	渕 田 安 浩　　桝 田 佳 寛　　武 藤 正 樹　　本 橋 健 司
	（植 木 暁 司）

用語ワーキンググループ

主 査	白 井　　篤
幹 事	土 屋 直 子
委 員	井 上 照 郷　　岡 本　　肇　　兼 松　　学　　清 水 昭 之

解説執筆委員

JAMS 3-RC　調査・診断標準仕様書——鉄筋コンクリート造建築物

全 体 調 整

　　　　野 口 貴 文　　西 脇 智 哉　　濱 崎　　仁　　兼 松　　学
　　　　近 藤 照 夫　　永 井 香 織　　輿 石 直 幸

1 章　総　　　則

　　　　野 口 貴 文

2 章　調査・診断計画

　　　　西 脇 智 哉　　田 中　　斉　　岡 本　　肇

3 章　基本調査および診断

　3.1　総　　　則

　　　　山 本 佳 城

　3.2　外　　　壁

　　　　近 藤 照 夫

　3.3　陸 屋 根

　　　　輿 石 直 幸　　小 川 晴 果　　古 賀 純 子

　3.4　基本調査・診断の結果の報告

　　　　兼 松　　学

4 章　詳細調査および診断

　4.1　総　　　則

　　　　山 本 佳 城

　4.2　構 造 体

　　　　濱 崎　　仁　　太 田 達 見　　山 本 佳 城

　4.3　外装仕上げ

　　　　近 藤 照 夫　　名 知 博 司　　小 川 晴 果　　岡 本　　肇
　　　　久 保 田　　浩　　和 田　　環　　奥 田 章 子　　永 井 香 織

　4.4　シーリングジョイント

　　　　輿 石 直 幸　　岡 本　　肇　　清 水 祐 介　　島 田 憲 章

　4.5　メンブレン防水層

　　　　輿 石 直 幸　　島 田 憲 章　　中 沢 裕 二　　北 清 敏 之
　　　　中 村 修 治　　鈴 木　　博

　4.6　詳細調査・診断の結果の報告

　　　　兼 松　　学

建築保全標準・同解説

JAMS 3-RC　調査・診断標準仕様書
——鉄筋コンクリート造建築物

目　　次

1章　総　　則　　本文ページ　解説ページ

1.1　適 用 範 囲…………………………………………………………1……29
1.2　調査・診断の構成および目的………………………………………1……33
1.3　用　　　語……………………………………………………………3……39

2章　調査・診断計画

2.1　基 本 事 項……………………………………………………………4……43
2.2　事 前 調 査……………………………………………………………4……45
2.3　基本調査・診断計画書の作成………………………………………4……49
2.4　詳細調査・診断計画書の作成………………………………………4……50
2.5　調査・診断計画書の提出・承認……………………………………5……52

3章　基本調査および診断

3.1　総　　　則……………………………………………………………5……54
3.2　外　　　壁……………………………………………………………5……56
　3.2.1　目　　　的…………………………………………………………5……56
　3.2.2　調 査 部 材…………………………………………………………6……56
　3.2.3　調 査 方 法…………………………………………………………6……59
　3.2.4　応 急 措 置…………………………………………………………6……61
　3.2.5　総合劣化度の評価…………………………………………………6……61
　3.2.6　補修・改修と詳細調査・診断の要否判定………………………6……62
3.3　陸 屋 根………………………………………………………………7……63
　3.3.1　目　　　的…………………………………………………………7……63
　3.3.2　調 査 部 材…………………………………………………………7……63
　3.3.3　基本調査・診断の手順……………………………………………7……64
　3.3.4　取合い周辺部の変状調査…………………………………………8……65
　3.3.5　漏水およびその痕跡の調査………………………………………8……67
　3.3.6　露出防水層および保護層の変状調査……………………………9……67

　　3.3.7　劣化・不具合の判別……………………………………………………… 9 ……… 68

　　3.3.8　目視等による個別劣化度および総合劣化度の評価………………………… 9 ……… 68

　　3.3.9　総合劣化度の評価および判定……………………………………………… 9 ……… 70

　3.4　基本調査・診断の結果の報告……………………………………………… 10 ……… 71

4章　詳細調査および診断

　4.1　総　　　則……………………………………………………………………… 10 ……… 74

　4.2　構　造　体……………………………………………………………………… 10 ……… 76

　　4.2.1　劣化または不具合の判別および調査・診断の流れ……………………… 10 ……… 76

　　4.2.2　詳細調査・診断位置の選定………………………………………………… 11 ……… 86

　　4.2.3　詳細調査・診断実施要領書の作成………………………………………… 12 ……… 87

　　4.2.4　詳細調査の方法……………………………………………………………… 13 ……… 91

　　4.2.5　劣化度および不具合の程度の評価………………………………………… 14 ……… 104

　　4.2.6　劣化および不具合の原因の推定…………………………………………… 16 ……… 112

　　4.2.7　今後の劣化進行の推定……………………………………………………… 16 ……… 115

　　4.2.8　補修の要否の判定…………………………………………………………… 16 ……… 119

　4.3　外装仕上げ……………………………………………………………………… 16 ……… 120

　　4.3.1　総　　　則…………………………………………………………………… 16 ……… 120

　　4.3.2　セメントモルタル塗り仕上げ……………………………………………… 16 ……… 121

　　4.3.3　陶磁器質タイル張り仕上げ………………………………………………… 17 ……… 127

　　4.3.4　張り石仕上げ………………………………………………………………… 19 ……… 135

　　4.3.5　塗装仕上げ…………………………………………………………………… 20 ……… 145

　　4.3.6　建築用仕上塗材仕上げ……………………………………………………… 21 ……… 155

　　4.3.7　金属製部材および部品……………………………………………………… 22 ……… 162

　4.4　シーリングジョイント………………………………………………………… 23 ……… 168

　　4.4.1　総　　　則…………………………………………………………………… 23 ……… 168

　　4.4.2　調　査　部　材……………………………………………………………… 23 ……… 168

　　4.4.3　詳細調査・診断の手順……………………………………………………… 23 ……… 168

　　4.4.4　漏水およびその痕跡の調査………………………………………………… 24 ……… 170

　　4.4.5　シーリングジョイントの目視・指触および寸法測定…………………… 25 ……… 170

　　4.4.6　劣化・不具合の判別………………………………………………………… 25 ……… 171

　　4.4.7　目視等による個別劣化度および総合劣化度の評価……………………… 25 ……… 171

　　4.4.8　試料の採取…………………………………………………………………… 25 ……… 173

　　4.4.9　シーリング材の物性試験…………………………………………………… 26 ……… 173

　　4.4.10　物性による個別劣化度および総合劣化度の評価………………………… 26 ……… 174

　　4.4.11　総合劣化度の評価および判定……………………………………………… 26 ……… 174

4.5　メンブレン防水層‥‥‥‥‥‥‥‥‥‥‥‥‥‥‥‥‥‥‥‥‥‥‥‥26‥‥‥177

　4.5.1　総　　　則‥‥‥‥‥‥‥‥‥‥‥‥‥‥‥‥‥‥‥‥‥‥‥26‥‥‥177

　4.5.2　調 査 部 材‥‥‥‥‥‥‥‥‥‥‥‥‥‥‥‥‥‥‥‥‥‥‥26‥‥‥178

　4.5.3　試料採取の位置および箇所数‥‥‥‥‥‥‥‥‥‥‥‥‥‥26‥‥‥178

　4.5.4　既存防水層の詳細調査‥‥‥‥‥‥‥‥‥‥‥‥‥‥‥‥‥27‥‥‥178

　4.5.5　物性等による個別劣化度の評価‥‥‥‥‥‥‥‥‥‥‥‥‥27‥‥‥184

4.6　詳細調査・診断の結果の報告‥‥‥‥‥‥‥‥‥‥‥‥‥‥‥‥‥27‥‥‥186

JAMS 3-RC　調査・診断標準仕様書

——鉄筋コンクリート造建築物

日本建築学会建築保全標準

JAMS 3-RC 調査・診断標準仕様書
——鉄筋コンクリート造建築物

1章 総 則

1.1 適用範囲

a. 本仕様書は，鉄筋コンクリート造建築物の構造体，外装仕上げ，防水，およびそれらに付設された工作物について，変状の有無，劣化・不具合の区別と程度，およびそれらの原因を調査する場合，ならびにそれらの調査結果に基づいて補修または改修の要否を判定する場合に適用する．

b. 本仕様書は，補修設計または改修設計の際に材料・工法を選定・確定するため，および補修工事または改修工事において施工数量を把握するために実施する調査にも適用する．

c. 本仕様書は，地震・台風などの短期荷重に起因する変状，不同沈下に起因する変状，および火災に起因する変状には適用しない．

d. 鉄筋コンクリート造建築物の保全に共通する一般事項については「建築保全標準・同解説 JAMS 1-RC 一般共通事項（以下，JAMS 1-RC（一般共通事項）という）」による．

1.2 調査・診断の構成および目的

a. 調査・診断は，図 1.1 に示す流れに沿って行うことを原則とする．

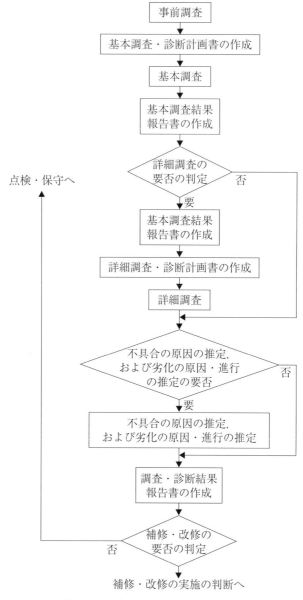

図 1.1　調査・診断の基本的な流れ

ｂ．調査は，事前調査，基本調査および詳細調査とする．

ｃ．事前調査は，基本調査に先立ち，設計図書，各種の記録などを基に，鉄筋コンクリート造建築物の構造体，外装仕上げ，防水，およびそれらに付設された工作物について，竣工時における品質・性能，変状・劣化の履歴，および補修・改修の履歴を把握するとともに，目視により，建築物および周辺環境の概況を把握する．

ｄ．事前調査の結果を基に，調査・診断計画書を作成する．

ｅ．基本調査は，鉄筋コンクリート造建築物の外壁，陸屋根，およびそれらに付設された工作物について，目視により，劣化および不具合の状態を明らかにするために実施する．

f．詳細調査は，鉄筋コンクリート造建築物の構造体，外装仕上げ，シーリングジョイント，メンブレン防水層，およびそれらに付設された工作物について，基本調査では不明であった劣化および不具合の状態を明らかにするために実施する．

g．診断では，基本調査および詳細調査の結果を基に，劣化の程度を劣化現象ごとに個別劣化度として評価した後，構造体，外装仕上げ，防水，およびそれらに付設された工作物ごとに，個別劣化度を総合して得られる総合劣化度に基づいて，それらの補修または改修の要否を判定する．また，不具合についても，その程度を評価して補修または改修の要否を判定する．

h．診断における劣化の原因およびメカニズム，ならびに劣化の今後の進行の推定の実施は，それぞれ特記による．特記のない場合，それぞれの推定を実施する必要はない．

i．調査・診断の結果を報告書としてまとめ，依頼者に提出する．

1.3 用　　語

本仕様書に用いる用語は次によるほか，JAMS 1-RC（一般共通事項）による．

事 前 調 査：基本調査を実施する前に，建築物の履歴および概況を把握するために，書類および目視により行う調査

基 本 調 査：建築物の劣化および不具合の状態を明らかにすること，および補修・改修工事の要否を判定することを目的として，目視を基本として必ず行う調査

詳 細 調 査：基本調査では明らかにできなかった建築物の劣化および不具合の状態を明らかにすることを目的として，機器等を用いて行う調査

対象建築物：調査・診断の対象となる建築物

調 査 部 位：対象建築物において，調査・診断を実施する部位

調 査 範 囲：対象建築物の調査部位において，調査・診断を実施する範囲

調 査 部 材：対象建築物の調査部位・調査範囲において，調査・診断を実施する部材

調 査 区 域：変状・劣化・不具合の発生状況に応じて，調査範囲を分割して調査・診断を実施し，総合劣化度を評価する区域

調 査 箇 所：変状・劣化・不具合の調査・診断を実施する箇所

個別劣化度：個別の劣化現象における劣化の程度

総合劣化度：個別劣化度に基づき決定される調査部位・調査範囲・調査区域における総合的な劣化の程度

ひび割れ先行型劣化：鉄筋の腐食に先行してコンクリートおよび仕上げにひび割れが生じ，そのひび割れを通じて鉄筋の腐食因子が侵入する劣化

鉄筋腐食先行型劣化：ひび割れに先行して鉄筋の腐食が生じ，その膨張圧によって，かぶりコンクリートおよび仕上げに鉄筋に沿ったひび割れおよび剥離・剥落が生ずる劣化

進行型コンクリート劣化：劣化外力およびコンクリートの使用材料に起因して，コンクリートに進行性のひび割れ，表面剥離，表面侵食などが生ずる劣化

2章　調査・診断計画

2.1　基本事項

a．調査部位および調査範囲は，特記による．特記のない場合は，外壁および陸屋根の全体とする．

b．調査・診断の実施に先立って，対象建築物に関する事前調査を行う．

c．基本調査の調査・診断計画書は，事前調査の結果に基づいて作成する．

d．詳細調査の調査・診断計画書は，基本調査・診断の結果に基づいて作成する．

e．調査・診断計画書の作成には，調査・診断の全般を統括できる知識および経験を有する資格者またはそれと同等の能力を有する者があたる．

2.2　事前調査

a．事前調査では，下記の項目について調査する．

（1）　対象建築物の概要，新築時の設計図書・工事記録，周辺環境の概況

（2）　対象建築物の現在の概況

（3）　対象建築物の履歴および記録，維持管理の状態

（4）　調査・診断にあたっての制約条件

（5）　依頼者の要求・要望

（6）　応急措置の要否

b．事前調査は，資料調査，対象建築物の目視確認および依頼者との聞き取りなどによって行う．

2.3　基本調査・診断計画書の作成

a．基本調査・診断計画書は，必要に応じて下記の調査部位に分類して作成する．

（1）　外壁

（2）　陸屋根

b．基本調査・診断計画書には，事前調査の結果に基づき，調査目的，調査部位，調査範囲，調査期間，調査工程および調査方法を記載する．

c．基本調査・診断計画書には，詳細調査の要否の判定，および補修・改修工事の実施についての要否の判定が行えるよう，3章の内容を踏まえて，調査項目ごとに診断基準を定め，依頼者の承認を得る．

2.4　詳細調査・診断計画書の作成

a．基本調査・診断の結果に基づいて，詳細調査・診断が必要と判定された場合には，詳細調査・診断計画書を作成する．

ｂ．詳細調査・診断計画書は，必要に応じて下記の調査部位に分類して作成する．

（1）　構造体

（2）　外装仕上げ

（3）　シーリングジョイント

（4）　メンブレン防水層

ｃ．詳細調査・診断計画書には，基本調査・診断の結果に基づき，調査目的，調査部位・調査区域，調査期間，調査工程および調査方法を記載する．

ｄ．詳細調査・診断計画書には，補修・改修工事の実施についての要否の判定を行えるよう，4章の内容を踏まえて，調査項目ごとに診断基準を定め，依頼者の承認を得る．

2.5　調査・診断計画書の提出・承認

調査・診断計画書は，依頼者に提出して承認を得る．なお，提出・承認済みの調査・診断計画書への変更が必要となった場合には，再度承認を得る．

3章　基本調査および診断

3.1　総　　則

ａ．調査部位は，外壁および陸屋根とする．

ｂ．調査・診断者は，劣化および不具合の種類・位置・区域を特定することができ，かつ劣化および不具合の程度を評価することができる知識および経験を有する技術者，またはそれと同等の能力を有する者とする．

ｃ．基本調査は，調査可能な時間，立入禁止箇所，調査に必要な電源・水などの供給の有無，その他の安全・衛生・環境保全に関する事項等の制約条件について，調査・診断計画書の内容を確認したうえで実施する．

ｄ．基本調査では，調査範囲の全体を目視により調査することを基本とする．

ｅ．基本調査では，調査・診断計画書に従って，劣化および不具合の種類・位置・区域を特定するとともに，劣化および不具合の程度を評価し，詳細調査の要否，ならびに補修および改修の要否を判定する．

ｆ．外壁および陸屋根の基本調査によって，構造体に変状があると推定された場合には，構造体の詳細調査および診断が必要であることを依頼者に提示する．

3.2　外　　壁

3.2.1　目　　的

ａ．対象建築物の外観全体および周辺に対する目視観察を主体として，表面的な変状が発生してい

る区域と程度を把握する.

b．基本調査・診断の結果は，総合劣化度の評価および詳細調査・診断の要否判定や詳細調査・診断の計画立案に反映させる.

3.2.2 調査部材

基本調査・診断の調査部材は，対象建築物の調査・診断仕様書に示された接合部を含む外壁面，目地に対するシール材，外壁付属部材・部品およびそれらの接合部・取付け部，屋上・塔屋の防水層・保護層を除く部材，ならびに外壁に付設された工作物とする.

3.2.3 調査方法

a．目視観察によって変状を調査し，表面的な不具合および劣化の状態を把握する.

b．目視観察によって不具合や劣化が確認された場合には，手の届く範囲内であれば，指触観察またはテストハンマー等を用いる打音検査をする.

c．調査の結果は対象建築物の立面図や平面図に記録して，代表的な調査結果は写真撮影する.

3.2.4 応急措置

基本調査において，落下，飛散や漏水など緊急の補修を要すると判断される場合には，対象建築物の所有者や管理者と協議のうえ，応急措置を講ずる.

3.2.5 総合劣化度の評価

基本調査によって認められる個別の不具合の状態や劣化現象における進行程度に応じて，総合劣化度を以下のように評価する．なお，総合劣化度は対象建築物の規模，変状の発生状況に応じて調査部材ごとに，または調査区域に区切って評価してもよい.

（1）　総合劣化度Ⅰ：表面的な変状がほとんど認められない.

（2）　総合劣化度Ⅱ以上：表面的な変状が認められる.

3.2.6 補修・改修と詳細調査・診断の要否判定

評価された総合劣化度に応じて，補修・改修または詳細調査・診断の要否を以下のように判定する.

（1）　総合劣化度がⅠと評価された場合には，点検と保守を継続する.

（2）　総合劣化度がⅡ以上と評価された場合には，以下のように判定する.

　　①　基本調査・診断で確認された不具合や劣化が仕上げ層に留まっていることが明らかな場合は，詳細調査・診断は実施しないで仕上げ層に対する補修・改修を実施する.

　　②　基本調査・診断で確認された仕上げ層における不具合または劣化の範囲や程度が評価できない場合には，仕上げ層に対する詳細調査・診断を実施する.

　　③　基本調査・診断で確認された不具合や劣化が仕上げ層またはシール材の表層に留まって

いるのか，素地・下地や構造体に及んでいるのかを評価できない場合には，外壁仕上げ，シーリングジョイントおよび構造体に対する詳細調査・診断を実施する．

3.3 陸 屋 根

3.3.1 目 的

a．対象建築物の陸屋根およびそれに付設された工作物に対し，主に目視による調査を実施して，表面に生じた変状の種類および位置を把握し，劣化の程度を評価する．

b．基本調査の結果に基づき，点検の継続，補修（局部的な補修）または改修（全面的な補修を含む）に判定する．

3.3.2 調 査 部 材

基本調査は，陸屋根の露出防水層，防水保護層（以下，保護層という）およびこれらと取り合う周辺部（以下，取合い周辺部という），付設された工作物，ならびに最上階の天井および天井内に対して実施する．

3.3.3 基本調査・診断の手順

a．基本調査・診断は，図3.1に示す流れに沿って行うことを原則とする．

b．調査の結果は，平面図や立面図等に記録し，代表的な変状については写真撮影などを行い，記録として保管する．

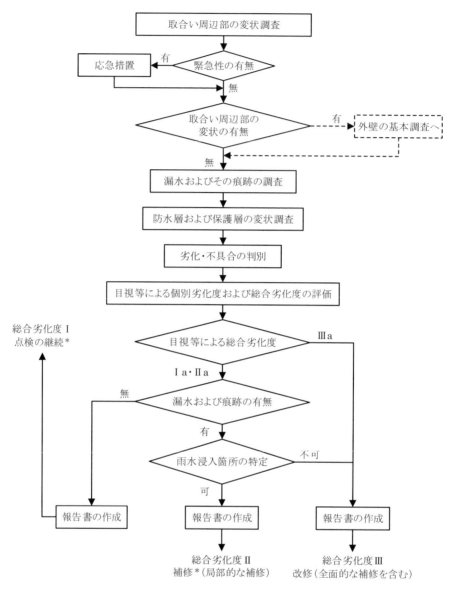

［注］＊：目視等による総合劣化度がⅡaの場合は，早期に次の調査・診断を実施する．

図 3.1　基本調査・診断の流れ

3.3.4　取合い周辺部の変状調査

a．取合い周辺部の変状を調査する．調査する変状の種類および調査方法は，防水層および保護層については 3.3.6 項による．それ以外は外壁の基本調査による．

b．落下，飛散，排水不良など，緊急の対策を要する場合には，依頼者と協議のうえ，応急措置を講ずる．

3.3.5　漏水およびその痕跡の調査

a．最上階の天井を目視で調査し，漏水およびその痕跡の有無を確認する．ただし，点検の記録等

によって確認できる場合は，この調査を省略することができる．

b．天井に漏水またはその痕跡が認められた場合は，天井内を目視で調査し，屋根スラブの下面の状態を確認する．点検口がないなど天井内を確認できない場合は，依頼者の許可を得たうえで，天井材の一部を取り外し，天井内の状態を確認する．

3.3.6　露出防水層および保護層の変状調査

a．露出防水層および保護層における変状を目視または簡易な器具を用いて調査する．

b．最上階の天井などに漏水またはその痕跡が確認された場合は，この変状調査において，雨水浸入箇所の調査も併せて実施する．調査方法は目視とする．

3.3.7　劣化・不具合の判別

露出防水層または保護層の変状が，通常の劣化によるものか，不具合によるものかを判別する．

3.3.8　目視等による個別劣化度および総合劣化度の評価

a．露出防水層および保護層において確認された劣化の種類ごとに，個別劣化度を評価する．

b．目視等による個別劣化度は，次の3段階で評価する．

　ⅰ：劣化は表面的でかつ軽微か，ほとんど認められない

　ⅱ：表面に顕著な劣化が認められるがただちに漏水に繋がるほどではない

　ⅲ：劣化が防水層を貫通しているか，貫通している可能性がある

c．目視等による個別劣化度の評価基準は，劣化の種類ごとに定め，依頼者の承認を受ける．

d．目視等による総合劣化度は，個別劣化度の次数のもっとも高いものを代表させ，個別劣化度がⅰ，ⅱおよびⅲの場合の目視等による総合劣化度はそれぞれⅠa，ⅡaおよびⅢaとする．

3.3.9　総合劣化度の評価および判定

a．総合劣化度はⅠ〜Ⅲの3段階で評価する．

b．露出防水層または保護層の目視等による総合劣化度がⅠaまたはⅡaであり，かつ，漏水またはその痕跡が認められなかった場合は，総合劣化度をⅠとする．

c．総合劣化度がⅠの場合は点検を継続する．ただし，目視等による総合劣化度がⅡaの場合は，早い段階で再度，調査・診断を行う．

d．露出防水層または保護層の目視等による総合劣化度がⅠaまたはⅡaであり，かつ，雨水の浸入箇所が特定された場合は，総合劣化度をⅡとする．

e．総合劣化度がⅡの場合は雨水浸入箇所を補修（局部的な補修）する．

f．露出防水層または保護層の目視等による総合劣化度がⅠaまたはⅡaで，かつ漏水またはその痕跡が認められたものの雨水浸入箇所が特定できなかった場合，および，露出防水層または保護層の目視等による総合劣化度がⅢaの場合は，総合劣化度をⅢとする．

g．総合劣化度がⅢの場合は改修（全面的な補修を含む）する．

3.4 基本調査・診断の結果の報告

a. 基本調査・診断の終了後，速やかに「基本調査・診断結果報告書」を作成し，依頼者へ報告する．

b. 基本調査・診断の結果は，（1）調査・診断の期間，（2）調査・診断の実施者，（3）対象建築物の概要，（4）事前調査の有無，（5）調査・診断の目的，（6）調査部位，調査範囲，（7）調査項目，調査方法に加え，（8）劣化度の評価基準および補修・改修あるいは詳細調査・診断の要否の判定基準，（9）調査・診断の結果，（10）応急措置について記載する．

c. 調査・診断の結果では，調査範囲に対して，あるいは調査部材または調査区域ごとに劣化および不具合の有無について記載する．また，調査範囲に対して，あるいは調査部材または調査区域ごとに総合劣化度の診断結果を記載し，必要に応じて実施した応急措置などについて記載する．

d. 実際に設定した調査区域および調査箇所は，その具体の範囲および箇所がわかるように平面図および立面図などを用いて報告する．調査区域および調査箇所の劣化および不具合の状況は，必要に応じて写真や図を整理して報告する．

4章 詳細調査および診断

4.1 総　　則

a. 調査部材は，構造体，外装仕上げ，シーリングジョイントおよびメンブレン防水層とする．

b. 調査・診断者は，基本調査で明らかにできなかった劣化および不具合の種類・範囲・区域を特定することができ，かつ劣化および不具合の程度を評価することができる知識および経験を有する技術者，またはそれと同等の能力を有する者とする．

c. 詳細調査は，調査可能な時間，立入禁止箇所，調査に必要な電源・水などの供給の有無，その他の安全・衛生・環境保全に関する事項等の制約条件について，調査・診断計画書の内容を確認したうえで実施する．

d. 詳細調査では，調査・診断計画書にしたがって，劣化および不具合の種類・範囲・区域を特定するとともに，劣化および不具合の程度を評価し，補修および改修の要否を判定する．

e. 構造体の詳細調査は，外壁および陸屋根の基本調査によって，構造体に変状があると推定された場合，または構造体に変状があるか否かが不明な場合，ならびに外装仕上げ，シーリングジョイントおよびメンブレン防水層の詳細調査によって，構造体に変状があると推定された場合に実施する．

4.2 構　造　体

4.2.1 劣化または不具合の判別および調査・診断の流れ

a. 調査・診断者は，基本調査で得られた建築物外観の変状の状況，位置および環境条件に基づき，次の（1）～（4）の劣化または不具合のいずれに該当するかを判別する．ただし，（1）～（4）

の判別が困難な場合は，（1）ひび割れ先行型劣化とする．

（1）　ひび割れ先行型劣化

（2）　鉄筋腐食先行型劣化

（3）　進行型コンクリート劣化

（4）　不具合

b．構造体に対する詳細調査・診断は，図 4.1 に示す基本的な流れに従って実施する．

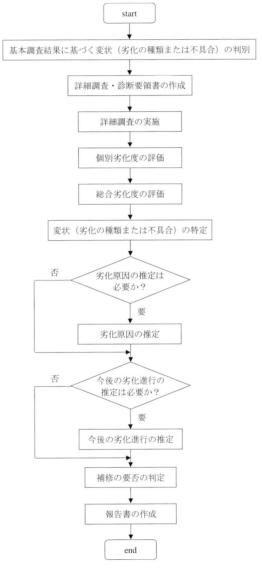

図 4.1　詳細調査・診断の基本的な流れ

4.2.2　詳細調査・診断位置の選定

a．詳細調査が必要とされた調査対象・調査範囲ごとに近接した状態で目視調査を実施し，変状の種類ごとに変状の程度が大きいものから3か所を選定する．ただし，異なる変状が同じ位置に生

じている場合はひとつの調査箇所としてまとめてよい．なお，変状の数が3に満たない場合は，すべての変状の位置を選定する．

b．a項に示す目視調査結果が基本調査によって得られている場合には，それを用いてもよい．

4.2.3　詳細調査・診断実施要領書の作成

a．調査・診断者は，詳細調査の項目，方法，調査箇所を定めた調査・診断実施要領書を作成し，依頼者の承認を受ける．

b．詳細調査・診断実施要領書には次のものを含む．

（1）　詳細調査の調査箇所および数量

（2）　詳細調査の項目

（3）　詳細調査の方法

（4）　劣化度および不具合の評価方法

（5）　劣化原因の推定の実施の有無および方法

（6）　今後の劣化進行の予測の実施の有無および方法

（7）　補修の要否の判定方法

c．詳細調査・診断の項目および方法は特記による．特記のない場合は，4.2.1項aの（1）～（4）の劣化もしくは不具合の分類に従い，表4.1による．

表 4.1　変状の分類別の詳細調査項目および調査方法

変状の分類	調査の対象の環境条件	詳細調査の項目および方法
（1）　ひび割れ先行型劣化	水が作用する環境	コンクリートの中性化：4.2.4項aによる． コンクリート中の塩化物イオン：4.2.4項bによる[*2]． 構造体のひび割れ幅＞0.3 mmの場合に，以下の項目を実施する． 鉄筋の腐食状態：4.2.4項cによる． 鉄筋のかぶり厚さ：4.2.4項dによる．
	水が作用しない環境	構造体のひび割れ幅＞0.5 mmの場合に，以下の項目を実施する． コンクリートの中性化：4.2.4項aによる． コンクリート中の塩化物イオン：4.2.4項bによる[*2]． 鉄筋の腐食状態：4.2.4項cによる． 鉄筋のかぶり厚さ：4.2.4項dによる．
（2）　鉄筋腐食先行型劣化	－[*1]	鉄筋の腐食状態：4.2.4項cによる． 鉄筋のかぶり厚さ：4.2.4項dによる． コンクリートの中性化：4.2.4項aによる． コンクリート中の塩化物イオン：4.2.4項bによる[*2,*3]． 鉄筋腐食の要因が中性化，塩化物イオンのいずれでもない場合に，(3)進行型コンクリート劣化に関する調査を実施する．調査項目および方法は4.2.4項eによる．
（3）　進行型コンクリート劣化	－[*1]	4.2.4項eによる．

| （4） 不具合 | 水が作用する環境 | 不具合の状態：4.2.4 項 f による.
鉄筋の腐食状態：4.2.4 項 c による.
鉄筋のかぶり厚さ：4.2.4 項 d による. |
| | 水が作用しない環境 | 不具合の状態：4.2.4 項 f による. |

［注］＊1：「−」は環境条件によらないことを意味する.
　　＊2：除塩しない海砂の使用が想定される場合，または JASS 5 の 25 節に該当する場合に実施する.
　　＊3：鉄筋腐食が中性化によらないことが明らかになった場合に実施する.

d．詳細調査・診断を実施した結果，再度の詳細調査・診断が必要となった場合には，調査・診断者は，依頼者に対してその承認を得たうえで，詳細調査・診断要領書を再作成する.

4.2.4　詳細調査の方法

a．コンクリートの中性化の調査方法は特記による. 特記のない場合は，構造体からコアを採取し，採取したコアに対して，JIS A 1152 にしたがって中性化深さを測定する. コンクリートの中性化深さは，鉄筋の腐食状態の調査を行う箇所では必ず測定する. なお，中性化の調査のためのコア試料を構造耐力に影響を及ぼす部材から採取せざるを得ない場合は依頼者の承認を得る.

b．コンクリート中の塩化物イオン量の調査方法は特記による. 特記のない場合は，構造体からコアを採取し，採取したコアに対して，JIS A 1154 にしたがって塩化物イオン量を測定する. 塩化物イオン量の測定は，採取したコアの深さ方向の分布を求めることとし，その方法は信頼できる資料による. コンクリート中の塩化物イオン量は，鉄筋の腐食状態の調査を行う箇所では必ず測定する. なお，塩化物イオン量の調査のためのコア試料を構造耐力に影響を及ぼす部材から採取せざるを得ない場合は依頼者の承認を得る.

c．鉄筋の腐食状態については，かぶりコンクリートを除去したうえで腐食状態を目視確認し，表4.2 にしたがって腐食グレードを評価する. かぶりコンクリートを除去して鉄筋の腐食状態を調査した箇所に対しては，鉄筋のかぶり厚さを測定する. ただし，信頼できる方法によって鉄筋の腐食状態が評価できる場合は，依頼者の承認を受けたうえで，かぶりコンクリートを除去せずに鉄筋の腐食状態を評価してもよい.

d．コンクリートの中性化による鉄筋腐食およびコンクリート中の塩化物イオン量による鉄筋腐食

表 4.2　鉄筋の腐食グレードと腐食状態

腐食グレード	鉄筋の腐食状態
1	腐食がない状態，または表面にわずかに点さびが生じている状態
2	表面に点さびが広がっている状態
3	点さびがつながって面さびとなり，部分的に浮きさびが生じている状態
4	浮きさびが広がって生じ，コンクリートにさびが付着し，鉄筋断面積の 5 ％以下の欠損が生じている箇所がある状態
5	厚い層状のさびが広がって生じ，鉄筋断面積の 5 ％を超える欠損が生じている箇所がある状態

の調査を実施する場合には，かぶり厚さを測定する．かぶり厚さの調査方法は非破壊試験によることとし，その方法は特記による．特記のない場合は信頼できる方法による．ただし，鉄筋腐食の調査においてかぶりコンクリートを除去した場合は，ノギス等を用いてかぶり厚さを測定する．非破壊試験によるかぶり厚さの測定が困難な場合は，依頼者の承認を受けて，設計図書に規定される最小かぶり厚さを用いる．

e．酸・塩類などによる化学的侵食，アルカリシリカ反応によるひび割れおよびゲルの滲出，凍結融解作用によるひび割れおよびスケーリング，コンクリート中の膨張性物質によるポップアウト，ならびにその他詳細調査が必要と判断される変状に関する調査方法，調査箇所は信頼できる資料による．

f．不具合の詳細調査においては，構造体内部の鉄筋腐食への影響の評価または構造体における漏水発生の有無が評価できるよう，不具合の程度が顕著な箇所に対して目視調査を実施する．目視調査にあたっては，仕上げ材の一部またはすべてを除去する．ただし，仕上げ材を除去せずとも，構造体内部の鉄筋腐食への影響評価または構造体における漏水発生の有無が評価できる場合は，仕上げ材を除去しなくてもよい．

4.2.5　劣化度および不具合の程度の評価

a．調査・診断者は，劣化の種類および調査箇所ごとに個別劣化度を評価する．4.2.1 項 a に示す（1）ひび割れ先行型劣化，または（2）鉄筋腐食先行型劣化の調査を行った場合，個別劣化度は，表 4.3 および表 4.4 に示す基準にしたがって評価する．（3）進行型コンクリート劣化の調査を行った場合については，個別劣化度の評価基準は，信頼できる資料による．

b．コンクリートの中性化およびコンクリート中の塩化物イオン量の調査を行った場合，調査・診断者は，表 4.5 および表 4.6 に示す基準にしたがって鉄筋腐食に及ぼす影響程度を評価する．ここで，両者もしくはいずれかの鉄筋腐食に及ぼす影響度が「大」となった場合で 4.2.3. 項 c に示す鉄筋腐食の調査を行っていない場合は，個別劣化度を ii とする．

c．4.2.1 項 a に示す（4）不具合の調査を行った場合，調査・診断者は，表 4.7 に示す基準にしたがって不具合の程度を評価する．ただし，不具合が水の作用する環境で生じていた場合は，4.2.3 項 c にしたがって鉄筋の腐食状況の調査を実施するとともに，表 4.3 に示す基準によって個別劣化度を評価する．

d．総合劣化度は，以下の 3 段階で評価する．なお，総合劣化度は，劣化および不具合の発生状況に応じて，調査区域に区切って評価してもよい．また，劣化の種類別の個別劣化度，あるいは調査箇所別の個別劣化度がそれぞれに異なった場合は，個別劣化度の高い次数で評価する．不具合については，不具合のグレードが 1 の場合は総合劣化度を I とし，不具合のグレードが 2 の場合は総合劣化度を II と評価する．

　　総合劣化度 I：個別劣化度が i，または不具合のグレードが 1

　　総合劣化度 II：個別劣化度が ii，または不具合のグレードが 2

　　総合劣化度 III：個別劣化度が iii

e．調査・診断者は，詳細調査結果に基づき，4.2.1 項 a で判別した劣化または不具合，および劣化の種類を確定する．

表 4.3　鉄筋腐食先行型劣化の個別劣化度の評価基準

個別劣化度	鉄筋の腐食状況に基づく評価基準
i	鉄筋の腐食グレードはすべて 3 以下である．
ii	腐食グレードが 4 の鉄筋がある．
iii	腐食グレードが 5 の鉄筋がある．

表 4.4　ひび割れ先行型劣化の個別劣化度の評価基準

個別[*1]劣化度	評価基準	環境条件別のひび割れ幅 w の範囲 ［mm］		
		屋内	一般の屋外	塩害環境[*2]の屋外
i	目立った変状は認められない．	－	－	－
	幅 w のひび割れが認められる	$w \leqq 0.5$	$w \leqq 0.3$	$w \leqq 0.2$
ii		$0.5 < w$	$0.3 < w$	$0.2 < w$

注）＊1：鉄筋腐食によるひび割れが認められた場合は「ii」とする．
　　＊2：JASS 5-25 節「海水の作用を受けるコンクリート」の重塩害環境，塩害環境および準塩害環境とする．

表 4.5　コンクリートの中性化が鉄筋腐食に及ぼす影響程度の分類

鉄筋腐食に及ぼす影響程度	かぶり厚さと中性化深さの関係 ［mm］	
	水が作用する環境	水が作用しない環境
小	$D - 10 \geqq C_d$	$D \geqq C_d$
中	$D - 10 < C_d \leqq D$	$D < C_d \leqq D + 20$
大	$D < C_d$	$D + 20 < C_d$

ここで，D：調査した鉄筋のかぶり厚さの平均値
　　　　C_d：調査箇所ごとの中性化深さ

表 4.6　コンクリート中の塩化物イオン量が鉄筋腐食に及ぼす影響程度の分類

鉄筋腐食に及ぼす影響程度	鉄筋の最外側面における塩化物イオン量 ［kg/m³]
小	0.60 以下である．
中	0.60 を超え 1.20 以下である．
大	1.20 を超えている．

表 4.7　不具合の程度の評価基準

不具合のグレード	不具合の程度
1	構造体内部の鉄筋腐食への影響および構造体における漏水発生のいずれもがない状態
2	構造体内部において鉄筋腐食が生じているか，または構造体において漏水が生じている状態

4.2.6　劣化および不具合の原因の推定

ａ．劣化および不具合の原因の推定の実施は，特記による．特記のない場合は，それぞれの原因の推定を実施する必要はない．

ｂ．調査・診断者は，信頼できる資料に基づき劣化および不具合の原因の推定方法を定め，依頼者の承認を受ける．

4.2.7　今後の劣化進行の推定

ａ．今後の劣化進行の推定の実施は特記による．特記のない場合は，劣化進行の推定を実施する必要はない．

ｂ．調査・診断者は，信頼できる資料に基づき今後の劣化進行の推定方法を定め，依頼者の承認を受ける．

4.2.8　補修の要否の判定

　総合劣化度に基づき，補修の要否を以下のように判定する．ただし，総合劣化度が調査区域ごとに評価された場合は，補修の要否についても調査区域ごとに判定する．

　　　　総合劣化度Ⅰ：保守・点検を継続．

　　　　総合劣化度Ⅱ以上：補修が必要．

4.3　外装仕上げ

4.3.1　総　　　則

ａ．詳細調査・診断を実施する外装仕上げは，セメントモルタル塗り仕上げ，陶磁器質タイル張り仕上げ，張り石仕上げ，塗装仕上げ，建築用仕上塗材仕上げおよび金属製部材・部品とする．

ｂ．詳細調査・診断では，外装仕上げに生じている劣化および不具合が，素地・下地あるいは構造体に基づくものであるかを特定する．

ｃ．劣化および不具合が構造体に基づくものではないと判定された場合には，基本調査・診断では明らかにできなかった外装仕上げの劣化および不具合の程度を評価し，補修・改修の要否を判定する．

ｄ．劣化および不具合が構造体に基づくものであると判定された場合には，基本調査・診断では明らかにできなかった外装仕上げの劣化および不具合の程度を評価するとともに，構造体に対する詳細調査・診断を実施する．

ｅ．詳細調査・診断は，仮設足場を利用して調査対象にできる限り接近して実施する．

4.3.2　セメントモルタル塗り仕上げ

ａ．調査項目および方法

　調査項目ごとの詳細調査の方法は，特記による．特記の無い場合，調査・診断者は以下の中から選定するとともに，その具体的な方法を依頼者に提案し，依頼者の承認を受ける．

（1）　ひ び 割 れ

　（ⅰ）　外観目視

　（ⅱ）　ひび割れ幅の測定

（2）　浮　　　き

　（ⅰ）　外観目視

　（ⅱ）　全面打音検査，または部分打音検査と赤外線装置法との併用

（3）　剥　　　落

　（ⅰ）　外観目視

（4）　エフロレッセンス

　（ⅰ）　外観目視

（5）　さ び 汚 れ

　（ⅰ）　外観目視

b．劣化度の評価

　詳細調査の結果に基づいて個別劣化度を評価する．その評価基準は事前に依頼者の承認を受ける．なお，評価は調査区域ごとに行ってもよい．

（1）　個別劣化度

　調査項目ごとに個別劣化度を評価する．個別劣化度の評価は以下による．

　　　　個別劣化度ⅰ：劣化がほとんど認められない

　　　　個別劣化度ⅱ：劣化が認められる

　　　　個別劣化度ⅲ：劣化が顕著に認められる

（2）　総合劣化度

　モルタル塗り仕上げの総合劣化度は，個別劣化度から次のように評価する．

　　　　総合劣化度Ⅰ：性能低下がほとんど認められない

　　　　総合劣化度Ⅱ：性能低下が認められる

　　　　総合劣化度Ⅲ：性能低下が顕著に認められる

c．劣化・不具合の原因の推定

　劣化・不具合に関する原因推定の実施およびその推定方法は，特記による．

d．補修・改修の要否の判定

　詳細調査によって評価された総合劣化度に基づいて，調査範囲ごとの補修・改修の要否を以下のように判定する．総合劣化度が調査区域ごとに評価された場合は，補修・改修の要否も調査区域ごとに判定する．

　　　　総合劣化度Ⅰ：点検・保守の継続

　　　　総合劣化度Ⅱ・Ⅲ：補修または改修

4.3.3　陶磁器質タイル張り仕上げ

a．調査項目および方法

　調査項目ごとの詳細調査の方法は，特記による．特記の無い場合，調査・診断者は以下の中から選定するとともに，その具体的な方法を依頼者に提案し，依頼者の承認を受ける．

（1）　ひ び 割 れ

　（ⅰ）　外観目視

　（ⅱ）　ひび割れ幅の測定

（2）　浮　　　　き

　（ⅰ）　外観目視

　（ⅱ）　全面打音検査，または部分打音検査と赤外線装置法の併用

　（ⅲ）　引張接着強度試験など破壊を伴う調査

（3）　剝　　　　落

　（ⅰ）　外観目視

（4）　エフロレッセンス

　（ⅰ）　外観目視

（5）　さ び 汚 れ

　（ⅰ）　外観目視

b．劣化度の評価

　詳細調査の結果に基づいて個別劣化度を評価する．その評価方法は事前に依頼者の承認を受ける．なお，評価は区域を区切って行ってもよい．

（1）　個別劣化度

　調査項目ごとに個別劣化度を評価する．個別劣化度の評価は，以下による．

　　　　個別劣化度ⅰ：劣化がほとんど認められない

　　　　個別劣化度ⅱ：劣化が認められる

　　　　個別劣化度ⅲ：劣化が顕著に認められる

（2）　総合劣化度

　調査範囲の陶磁器質タイル張り仕上げに生ずる総合劣化度は，個別劣化度から次のように評価する．

　　　　総合劣化度Ⅰ：性能低下がほとんど認められない

　　　　総合劣化度Ⅱ：性能低下が認められる

　　　　総合劣化度Ⅲ：性能低下が顕著に認められる

c．劣化・不具合の原因の推定

　劣化・不具合に関する原因推定の実施およびその推定方法は，特記による．

d．補修・改修の要否の判定

　詳細調査によって評価された総合劣化度に基づいて，調査範囲ごとの補修・改修の要否を以下のように判定する．総合劣化度が調査区域ごとに評価された場合は，補修・改修の要否も調査区域ごとに判定する．

　　　　総合劣化度Ⅰ：点検・保守の継続

　　総合劣化度Ⅱ・Ⅲ：補修または改修

4.3.4　張り石仕上げ

a．調査項目および方法

　調査項目ごとの詳細調査の方法は，特記による．特記のない場合，調査・診断者は以下の中から選定するとともに，その具体的な方法を依頼者に提案し，依頼者の承認を受ける．

（1）　汚れ・染み

　（ⅰ）　外観目視

　（ⅱ）　詳細観察

（2）表層劣化・変質

　（ⅰ）　外観目視

　（ⅱ）　詳細観察

（3）割れ・欠損

　（ⅰ）　外観目視

　（ⅱ）　ひび割れの実測

（4）剥離・剥落

　（ⅰ）　外観目視

　（ⅱ）　せり出しの測定

　（ⅲ）　打音検査

　（ⅳ）　取付け状況の確認

（5）　そ　の　他

　（ⅰ）　石材撤去後の取付け部分の詳細確認

　（ⅱ）　副資材の変状確認

b．劣化度の評価

（1）　個別劣化度

　詳細調査の結果に基づいて個別劣化度を評価する．その評価方法は事前に依頼者の承認を受ける．なお，評価は区域を区切って行ってもよい．

　　　　個別劣化度ⅰ：劣化がほとんど認められない

　　　　個別劣化度ⅱ：劣化が認められる

　　　　個別劣化度ⅲ：劣化が顕著に認められる

（2）　総合劣化度

　調査範囲の張り石仕上げに対する総合劣化度は，個別劣化度から次のように評価する．

　　　　総合劣化度Ⅰ：性能低下がほとんど認められない

　　　　総合劣化度Ⅱ：性能低下が認められる

　　　　総合劣化度Ⅲ：性能低下が顕著に認められる

c．劣化・不具合の原因の推定

劣化・不具合に関する原因推定の実施およびその推定方法は，特記による．

d．補修・改修要否の判定

詳細調査によって評価された総合劣化度に基づいて，調査範囲ごとの補修・改修の要否を以下のように判定する．

　　　総合劣化度Ⅰ：点検・保守の継続

　　　総合劣化度Ⅱ・Ⅲ：劣化部分の補修または改修

4.3.5　塗装仕上げ

a．調査項目および方法

調査項目ごとの詳細調査の方法は，特記による．特記のない場合，調査・診断者は以下の中から選定するとともに，具体的な方法を依頼者に提案し，依頼者の承認を受ける．

（1）　塗膜表面の劣化：汚れ，変退色，光沢低下，白亜化，摩耗

　（ⅰ）　目視・指触観察

　（ⅱ）　機器による非破壊測定

　（ⅲ）　塗膜・付着物の分析

（2）　塗膜内部の劣化：ふくれ，割れ，はがれ

　（ⅰ）　目視・指触観察

　（ⅱ）　機器による非破壊検査

　（ⅲ）　付着性試験

　（ⅳ）　塗膜・付着物の分析

（3）　素地に起因する劣化：ひび割れ，剥離，損傷，エフロレッセンス，さび汚れ等

　（ⅰ）　目視・指触観察

　（ⅱ）　機器による非破壊検査

　（ⅲ）　付着性試験

　（ⅳ）　生成物・付着物の分析

b．劣化度の評価

詳細調査の結果に基づいて個別劣化度を評価する．その評価方法は事前に依頼者の承認を受ける．なお，評価は区域を区切って行ってもよい．

（1）　個別劣化度

調査項目ごとに個別劣化度を評価する．個別劣化度の評価は，以下による．

　　　個別劣化度ⅰ：劣化がほとんど認められない

　　　個別劣化度ⅱ：劣化が認められる

　　　個別劣化度ⅲ：劣化が顕著に認められる

（2）　総合劣化度

調査範囲の塗装仕上げに生ずる総合劣化度は，個別劣化度から次のように評価する．

　　　総合劣化度Ⅰ：性能低下がほとんど認められない

　　　　総合劣化度Ⅱ：性能低下が認められる

　　　　総合劣化度Ⅲ：性能低下が顕著に認められる．

ｃ．劣化・不具合の原因の推定

　劣化・不具合に関する原因推定の実施およびその推定方法は，特記による．

ｄ．補修・改修要否の判定

　詳細調査・診断によって評価された総合劣化度に基づいて，塗装仕上げに対する補修・改修の要否を以下のように判定する．

　　　　総合劣化度Ⅰ：点検・保守の継続

　　　　総合劣化度Ⅱ・Ⅲ：補修または改修

4.3.6　建築用仕上塗材仕上げ

ａ．調査項目および方法

　調査項目ごとの詳細調査の方法は，特記による．特記のない場合，調査・診断者は以下の中から選定するとともに，具体的な方法を依頼者に提案し，依頼者の承認を受ける．

（1）　塗膜表面の汚れ，変退色，光沢低下，白亜化，摩耗

　　　　（ⅰ）　目視・指触調査

　　　　（ⅱ）　機器による非破壊測定

　　　　（ⅲ）　試験・破壊調査，塗膜分析・付着物分析

（2）　塗膜内部のふくれ，浮き，割れ，はがれ

　　　　（ⅰ）　目視・指触調査

　　　　（ⅱ）　機器による非破壊検査

　　　　（ⅲ）　試験・破壊調査，塗膜分析

（3）　下地に起因するひび割れ，剥離，損傷，エフロレッセンス，さび汚れ　等

　　　　（ⅰ）　目視・指触調査

　　　　（ⅱ）　機器による非破壊検査

　　　　（ⅲ）　試験・破壊調査，付着物分析

ｂ．劣化度の評価

　詳細調査の結果に基づいて劣化度を評価する．その評価方法は事前に依頼者の承認を受ける．なお，評価は区域を区切って行ってもよい．

（1）　個別劣化度

　調査項目ごとに個別劣化度を評価する．個別劣化度の評価は以下による．

　　　　個別劣化度ⅰ：劣化がほとんど認められない

　　　　個別劣化度ⅱ：劣化が認められる

　　　　個別劣化度ⅲ：劣化が顕著に認められる

（2）　総合劣化度

　調査範囲の建築用仕上塗材仕上げに生ずる総合劣化度は，個別劣化度から次のように評価する．

　　　　総合劣化度Ⅰ：性能低下がほとんど認められない

　　　　総合劣化度Ⅱ：性能低下が認められる

　　　　総合劣化度Ⅲ：性能低下が顕著に認められる

ｃ．劣化・不具合の原因の推定

　劣化・不具合に関する原因推定の実施およびその推定方法は，特記による．

ｄ．補修・改修の要否の判定

　詳細調査・診断によって評価された総合劣化度に基づいて，建築用仕上塗材仕上げに対する補修・改修の要否を以下のように判定する．

　　　　総合劣化度Ⅰ：点検・保守の継続

　　　　総合劣化度Ⅱ・Ⅲ：補修または改修

4.3.7　金属製部材および部品

ａ．調査項目および方法

　調査項目ごとの詳細調査の方法は，特記による．特記のない場合，調査・診断者は以下の中から選定して，その具体的な方法を依頼者に提案し，依頼者の承認を受ける．

（1）金属製部材・部品の表面処理層の汚れ・塵埃の付着，変退色，光沢低下，腐食

　（ⅰ）　外観の目視観察・指触観察

　（ⅱ）　非破壊検査

　（ⅲ）　表面付着物や腐食生成物の試料採取およびその成分分析

（2）部材および部品，それらの接合部を構成する金属材料の腐食，変形，断面欠損，破断，破損

　（ⅰ）　外観の目視観察・指触観察

　（ⅱ）　固定状態・作動状態の確認

　（ⅲ）　打音検査

　（ⅳ）　破壊検査

　（ⅴ）　表面付着物や腐食生成物の試料採取およびその成分分析

ｂ．劣化度の評価

　詳細調査の結果に基づいて劣化度を評価する．その評価方法は事前に依頼者の承認を受ける．なお，評価は区域を区切って行ってもよい．

（1）　個別劣化度

　調査項目ごとに個別劣化度を評価する．個別劣化度の評価は，以下による．

　　　　個別劣化度ⅰ：劣化がほとんど認められない

　　　　個別劣化度ⅱ：劣化が認められる

　　　　個別劣化度ⅲ：劣化が顕著に認められる

（2）　総合劣化度

　調査範囲の金属製部材・部品および取付け部全体に対する総合劣化度は，個別劣化度から以下のように評価する．

　　　総合劣化度Ⅰ：性能低下がほとんど認められない

　　　総合劣化度Ⅱ：性能低下が認められる

　　　総合劣化度Ⅲ：性能低下が顕著に認められる

c．劣化・不具合の原因の推定

　劣化・不具合に関する原因推定の実施およびその推定方法は，特記による．

d．補修・改修要否の判定

　詳細調査・診断によって評価された総合劣化度に基づいて，調査範囲に対する補修・改修の要否を以下のように判定する．

　　　総合劣化度Ⅰ：点検・保守の継続

　　　総合劣化度Ⅱ・Ⅲ：補修または改修

4.4　シーリングジョイント

4.4.1　総　　則

　外壁の基本調査・診断において，詳細調査・診断が必要と判定された場合は，シーリングジョイントの詳細調査を実施し，点検の継続，補修（局部的な補修）または改修（全面的な補修を含む）に判定する．また，補修または改修と判定された場合には，補修・改修の材料および工法を選定する際に必要な情報を収集する．

4.4.2　調査部材

　詳細調査は，外壁のシーリングジョイントおよび外周壁に面する屋内の各階内装仕上げに対して実施する．

4.4.3　詳細調査・診断の手順

　シーリングジョイントにおける詳細調査・診断は，図 4.2 に示す流れに沿って実施することを原則とする．

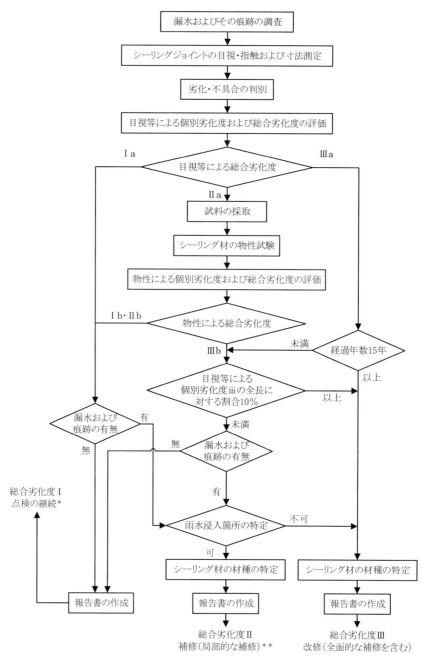

図 4.2 シーリングジョイントにおける詳細調査・診断の流れ

［注］＊：物性による総合劣化度がⅡbの場合は早期に調査・診断を実施する.
　　＊＊：目視等による総合劣化度Ⅲaの場合または物性による総合劣化度がⅢbの場合は
　　　　早期に調査・診断を実施する.

4.4.4　漏水およびその痕跡の調査

a. 外周壁に面する屋内の各階内装仕上げを目視で観察し，漏水またはその痕跡の有無を確認する.
　ただし，点検の記録等あるいは外壁の基本調査によって確認できている場合は，この観察を省略

することができる.

b．漏水またはその痕跡が認められた場合は，依頼者の許可を得たうえで，内装仕上げの一部を取り外し，構造体の表面の状態を確認する.

4.4.5　シーリングジョイントの目視・指触および寸法測定

a．対象建築物において，シーリング防水が施されている壁面ごとまたは目地の種類ごとに，全体の状況を把握するのに十分な箇所数に対して，シーリングジョイントの変状を目視および指触により調査し，適宜，変状の程度を確認するために，寸法測定を行う.

b．壁面ごとまたは目地の種類ごとに，それぞれ要所においてシーリングジョイントの幅および深さを測定する.

c．漏水またはその痕跡が確認された場合は，雨水の浸入箇所および経路を調査する. 調査方法は目視とする.

4.4.6　劣化・不具合の判別

既存シーリングジョイントの変状が，通常の劣化によるものか，不具合によるものかを判別する.

4.4.7　目視等による個別劣化度および総合劣化度の評価

a．目視・指触および寸法測定において確認された劣化の種類ごとに個別劣化度を評価する.

b．目視等による個別劣化度は，次の 3 段階で評価する.

　　ⅰ：劣化は軽微で，防水機能を期待できる

　　ⅱ：劣化は進行しているが，ただちに漏水が生ずるほどではない

　　ⅲ：劣化の進行が顕著で，漏水が生ずる可能性が高い

c．目視等による個別劣化度の評価基準は，劣化の種類ごとに定め，依頼者の承認を受ける.

d．目視等による総合劣化度は個別劣化度の次数のもっとも高いものを代表させ，個別劣化度がⅰ，ⅱおよびⅲの場合の目視等による総合劣化度はそれぞれⅠa，ⅡaおよびⅢaとする.

4.4.8　試料の採取

a．目視等による総合劣化度がⅡaと判定された場合は，試料を採取し，物性試験を行う.

b．物性試験に供する試料は，壁面または目地の種類ごとに代表的な部分を選び，物性試験に必要な十分な長さを採取する. 壁面や目地の種類が同じであっても，目地の挙動が異なると考えられる場合は，挙動が異なる目地ごとに試料を採取する.

c．試料に過大な変形を与えないよう丁寧に採取し，試験を行うまで，物性が変化しないよう適切に保管する.

d．試料を採取した部分は，漏水がないよう適切に修復する.

4.4.9　シーリング材の物性試験

採取した試料を用いて物性試験を行う．測定項目は特記による．

4.4.10　物性による個別劣化度および総合劣化度の評価

a．物性試験において測定した項目ごとに個別劣化度を評価する．

b．物性による個別劣化度は，次の3段階で評価する．

　　ⅰ：劣化は軽微で，防水機能を期待できる

　　ⅱ：劣化は進行しているが，ただちに漏水が生ずるほどではない

　　ⅲ：劣化の進行が顕著で，漏水が生ずる可能性が高い

c．物性による個別劣化度の評価基準は，測定項目ごとに定め，依頼者の承認を受ける．

d．物性による総合劣化度は個別劣化度の次数のもっとも高いものを代表させ，個別劣化度がⅰ，ⅱおよびⅲの場合の物性による総合劣化度はそれぞれⅠb，ⅡbおよびⅢbとする．

4.4.11　総合劣化度の評価および判定

a．図4.2の手順に従い，総合劣化度はⅠ〜Ⅲの3段階で評価する．

b．総合劣化度がⅠの場合は点検を継続する．

c．総合劣化度がⅡの場合は補修（局部的な補修）する．

d．総合劣化度がⅢの場合は改修（全面的な補修を含む）する．

e．総合劣化度がⅡおよびⅢと判定された場合は，既存シーリング材の種別を特定する．

4.5　メンブレン防水層

4.5.1　総　　　則

メンブレン防水層の詳細調査は，基本調査において総合劣化度がⅢと評価され，「改修（全面的な補修を含む）」と判定された場合に，続く改修設計において材料および工法を選定する際に必要な情報の収集ならびに選定された材料および工法による施工が可能であることの確認のために行う．

4.5.2　調　査　部　材

詳細調査は，露出防水工法・保護防水工法の場合とも，平場のメンブレン防水層に対して実施する．

4.5.3　試料採取の位置および箇所数

a．露出防水工法の場合，原則，連続した屋根面ごとに平均的な劣化部分と特に劣化の激しい部分から防水層を切り取る．

b．保護防水工法の場合，原則，連続した屋根面ごとに一般部分から2か所以上を選び，防水層を切り取る．

ｃ．上記のほかにも詳細調査が必要な部分があれば，依頼者と協議のうえ，同様に試料の切取りを行う．

4.5.4　既存防水層の詳細調査

既存防水層に対して行う詳細調査の試験項目および方法は特記による．

4.5.5　物性等による個別劣化度の評価

ａ．物性による個別劣化度は，次の３段階で評価する．

ⅰ：劣化は軽微で，防水機能を期待できる

ⅱ：劣化は進行しているが，ただちに漏水が生ずるほどではない

ⅲ：劣化の進行が顕著で，漏水が生ずる可能性が高い

ｂ．物性等による個別劣化度の評価基準は，調査項目ごとに定め，依頼者の承認を受ける．

4.6　詳細調査・診断の結果の報告

ａ．詳細調査・診断の終了後，速やかに「詳細調査・診断結果報告書」を作成し，依頼者へ報告する．

ｂ．詳細調査・診断の結果は，（1）調査・診断の期間，（2）調査・診断の実施者，（3）対象建築物の概要，（4）および（5）事前調査および基本調査の実施の有無，（6）調査・診断の目的，（7）調査部位，調査範囲，（8）調査項目，調査方法など，（9）劣化度の評価基準および補修・改修の要否の判定基準に加えて，（10）調査・診断の結果，（11）応急措置について報告する．

ｃ．調査・診断の結果では，調査範囲に対して，あるいは調査部材または調査区域ごとに劣化および不具合の位置および領域がわかるように調査結果を示すとともに，調査範囲に対して，あるいは調査部材または調査区域ごとに総合劣化度診断結果を記載し，必要に応じて応急措置などの対策の実施の有無などについて記載する．

ｄ．実際に設定した調査区域および調査箇所は，その具体の領域がわかるように平面図および立面図などを用いて報告する．調査区域および調査箇所の劣化および不具合の状況を，必要に応じて写真や図を整理して報告するとともに，必要に応じて個別劣化度を記載する．

JAMS 3-RC　調査・診断標準仕様書
——鉄筋コンクリート造建築物
解　　説

日本建築学会建築保全標準

JAMS 3-RC　調査・診断標準仕様書
——鉄筋コンクリート造建築物（解説）

1章　総　　　則

1.1　適 用 範 囲

> a．本仕様書は，鉄筋コンクリート造建築物の構造体，外装仕上げ，防水，およびそれらに付設された
>   工作物について，変状の有無，劣化・不具合の区別と程度，およびそれらの原因を調査する場合，な
>   らびにそれらの調査結果に基づいて補修または改修の要否を判定する場合に適用する.
> b．本仕様書は，補修設計または改修設計の際に材料・工法を選定・確定するため，および補修工事ま
>   たは改修工事において施工数量を把握するために実施する調査にも適用する.
> c．本仕様書は，地震・台風などの短期荷重に起因する変状，不同沈下に起因する変状，および火災に
>   起因する変状には適用しない.
> d．鉄筋コンクリート造建築物の保全に共通する一般事項については「建築保全標準・同解説 JAMS 1-
>   RC　一般共通事項（以下，JAMS 1-RC（一般共通事項）という）」による.

　a．人工的な物質に限らず天然物質も含めて地球上のすべての物質は，地球の自然環境に適合す
べく，エネルギー的に安定した状態へと移行するという原理に従って変化していくが，建築材料も
当然その例外ではない．鉄筋コンクリート造建築物については，長期間使用しているうちに，コン
クリート中の水酸化カルシウムが大気中の二酸化炭素と反応して炭酸カルシウムに変化したり，鉄
筋が大気中の酸素によって酸化してさびに変化したり，樹脂からなる塗膜が日射による紫外線およ
び熱，ならびに水の作用によって分子の切断や重合を生じたり，といった化学的な劣化現象を生ず
る．また，昼夜および季節間での温度・湿度の変化に伴って，各物質はそれぞれ固有の物性に従っ
て体積変化し，それによって発生する応力が，物質固有の限界点（強度，降伏点など）または物質
間の接着強度を上回ると，破断・ひび割れ・剥離といった物理的な破壊現象を生ずる．鉄筋コンク
リート造建築物については，コンクリートが乾燥収縮によってひび割れたり，タイルが温度変化に
伴う体積変化によって剥離したりといった劣化現象を生ずる．これらの化学的・物理的な劣化現象
が建築材料に継続的に生ずることで，鉄筋コンクリート造建築物においても，建設当初の構造安全
性・使用安全性・防水性などの性能の低下や美観の低下が生ずる．以上のように，自然環境からの
劣化外力によって建築材料の劣化現象が生じ，それによって建築物の性能低下が生じていく流れを
解説図 1.1 に示す．また，経時的な建築材料の劣化の進行と建築物の性能低下の進行との関係を解
説図 1.2 に示す.

　建築物の耐用年数には，物理的耐用年数，機能的耐用年数，経済的耐用年数および法定耐用年数
がある．物理的耐用年数とは，材料・部品・設備が劣化して建築物の性能が低下することによって

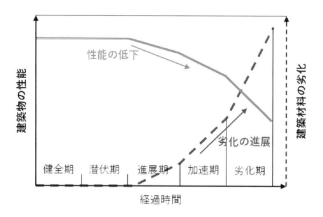

解説図 1.1 劣化外力から劣化現象・性能低下への流れ

解説図 1.2 建築材料の劣化進行に伴う建築物の性能低下

決定される耐用年数のことであり，我が国においては，建築物の物理的耐用年数よりも，その他の耐用年数の方が一般的には短い．ただし，建築材料の品質が良くなかったり，建設段階の品質管理が十分でなく施工欠陥があったりすると，早期に劣化が進行してしまうことがあり，また，建築物が厳しい劣化環境に曝されてしまうと，物理的耐用年数も短くなってしまう．経済的耐用年数は，建築物を存続させるために必要となる費用が，建築物を存続させることによって得られる収益を上回ってしまうことで決定される耐用年数であり，法定耐用年数とも関係する．機能的耐用年数は，建築物が時代の変遷とともに期待される機能を果たせなくなってしまうことで決定される耐用年数であるが，ほぼすべての建築物で機能を向上させることは技術的には可能と考えられるため，結局，そのための費用の多寡によって耐用年数は決まる．一方，法定耐用年数は，昭和40年大蔵省令第15号「減価償却資産の耐用年数等に関する省令」によって，税務上，減価償却率を求める場合の基となる建築物の耐用年数として，構造別・用途別に定められたものであり，見直しがなされて現在に至っている．たとえば，鉄筋コンクリート造建築物については，事務所用途の場合の法定耐用年数は50年であり，住宅の場合には47年であるが，木造住宅の場合には22年である．これらの年数は，建築物を構成している主要な部材・設備それぞれの物理的耐用年数の推定値をそれぞれの

価格に応じて重み付けして平均化したものとなっている．すなわち，仮に，鉄筋コンクリートでつくられた柱・梁・壁・床の物理的耐用年数が100年でかつ価格が1000万円であり，その他の壁・天井の仕上げや付帯設備の物理的耐用年数が30年でかつ価格が1500万円であるとすると，この建築物の法定耐用年数は，100年×1000/2500＋30年×1500/2500＝40＋18＝58年と計算されることとなる．このように，法定耐用年数は，建築物が劣化して使用できなくなってしまうまでの年数を正確に表している訳ではない．

　各部材・設備および各材料は，一律に同一の物理的耐用年数を有している訳ではなく，それぞれ固有の物理的耐用年数を有しているため，物理的耐用年数の短い部材・設備・材料から補修・交換を適宜行い，建築物として機能的な障害や使用安全性の欠如を来さないようにする必要がある．また，建築物の立地環境や利用頻度・利用者数などによっても，個々の建築物の物理的耐用年数は異なる．したがって，10〜15年おきに，構造体，仕上げ，防水，およびそれらに付設された工作物について目視調査を行って変状の有無や程度を確認するとともに，目視調査のみによって可能であるのであれば補修・改修の要否の判定を行い，目視調査でその判定が困難な場合や，劣化原因・劣化メカニズムの推定が必要であり，かつ目視調査だけではその推定が困難な場合には，詳細な調査を実施する必要がある．

　本仕様書は，鉄筋コンクリート造建築物について，施工時に生じてしまった不具合，および劣化外力によって生じた経年劣化を対象として，調査の基本的な流れ，調査の方法，調査結果に基づく補修の要否に対する診断の基準などを示したものであり，構造的な原因によって生じた変状は対象としていない．

　「変状」とは，「不具合」も「劣化」も包含した部材・材料の状態のことであり，部材・材料が通常とは異なる状態にあることをいう．調査を実施するまでは，その状態が「不具合」であるのか，「劣化」であるのかの判別はできないことも多いが，調査を実施することにより，その「変状」が「不具合」であるのか，「劣化」であるのかは，ほぼ区別できるようになる．

　防水には，屋根に施す「メンブレン防水」と壁面に施す「シーリング防水」があり，それらは材料および施工法が全く異なるため，区別が必要であるが，一括して言及する場合には「防水」と総称することとした．

　構造体などに付設された工作物とは，バルコニーの金属製手摺りや看板，設備機器の架台などのことであり，それらは，転倒・落下・移動などが生じないように，一部が構造体中に埋設されていることがほとんどである．しかしながら，その埋設部分に不具合があったり，劣化が生じたりすると，転倒・落下・移動などが生じてしまい，重大な被害をもたらすこととなるため，本仕様書では，それらについての調査・診断も適用範囲に含めることとした．

　b．調査段階では，補修・改修を実施するかどうかは決定しているわけではないため，その材料・工法も当然未定の状態であることが多い．調査・診断結果を基に補修・改修の実施が決定され，補修・改修設計において材料・工法を決定する場合に，再度，調査の実施が必要となる場合があるが，当然，その場合にも本仕様書を適用することとなる．たとえば，メンブレン防水層について，基本調査が終了して補修・改修設計に進み，具体的な材料・工法の選定段階において既存防水層を

活かした補修・改修を行うことを決定しようとする場合には，既存防水層の残存物性を確認する必要がある．調査段階で既存防水層の物性試験を行っていなければ，その段階で，既存防水層から試料を切り取って物性試験を実施しなければならず，その際には，本仕様書を適用して調査・診断を実施する．また，補修・改修工事の実施が決定した後には，工事金額の正確な算出を目的として，補修・改修すべき箇所・面積などの数量把握のための調査や補修・改修の材料・工法の確定のための調査が実施される．その場合も，調査の基本的な流れやその方法，調査結果に基づいて行う診断には変わりはないため，補修工事または改修工事における施工数量を把握することを目的として実施する調査にも，本仕様書は適用される．

　c．本仕様書で調査・診断の対象としている変状は，劣化外力の影響を受けて生ずる劣化と，施工不良の結果や材料の選定ミス，調合の設定ミスなどによって生ずる不具合であり，地震・台風などの短期荷重に起因する変状，不同沈下に起因する変状，火災に起因する変状などは対象としていない．つまり，同じような変色・ひび割れ・浮き・欠損であっても，その原因によって，調査・診断の対象とするか対象とはしないかを本仕様書では区別しているということである．ここでいう対象とは，最初に発見した場合には変状として認識し記録することもあるが，その後，基本調査から詳細調査へと進展していく際には調査対象とはしないということである．地震・台風などの外力によって生じた変状は，構造耐力を上回る外力が生じたことによって発生したものであり，構造安全性にもともと問題があった可能性や，変状が生じたことによって構造安全性の低下を招いてしまった可能性があり，補修・改修を施すだけではなく，耐震補強・耐風補強を施す必要があるため，建築保全標準では扱うことができず，本仕様書の適用対象外とした．同様に，不同沈下によって生じた変状についても，構造体の補修・改修によって本来の状態に復旧させることは不可能であり，地盤改良や基礎増設などの処置が必要となるため，本仕様書の対象外とした．また，火災によって生じた変状については，建築保全標準で取り扱う材料・工法によって補修・改修することは可能ではあるが，その変状の程度・原因を調査・診断する方法が劣化・不具合の場合とは大きく異なるため，本仕様書の対象外とした．これらについては，地震・台風によって生じた変状の調査・診断は日本建築防災協会「再使用の可能性を判定し，復旧するための震災建築物の被災度区分判定基準および復旧技術指針」，同「既存鉄筋コンクリート造建築物の耐震診断基準・改修設計指針同解説」などが，不同沈下によって生じた変状の調査・診断は日本コンクリート工学会「コンクリートのひび割れ調査，補修・補強指針」などが，火災によって生じた変状の調査・診断は本会編「建物の火害診断および補修・補強方法　指針（案）・同解説」などが参考となる．

　d．本仕様書は，鉄筋コンクリート造建築物の調査・診断に関して，調査・診断者が行うべき内容を規定している．すなわち，調査を実施して，劣化の原因・メカニズムを推定したり，今後の劣化の進行を推定したりするとともに，補修・改修が必要かどうかを提示するまでの段階で必要となる方法や手順・判定基準の標準を示している．しかしながら，建築保全標準では，調査・診断の結果である補修・改修の必要性の提示に基づいて補修・改修の実施を決定するかどうかは，建築物の所有者や管理者である調査・診断の依頼者に委ねられる形にしており，本仕様書の範囲外の内容となっている．その依頼者の判断については，「建築保全標準・同解説 JAMS 1-RC　一般共通事項」

を参照されたい．また，調査・診断だけでなく日常点検・定期点検や補修工事・改修工事においても使用する共通の用語や，建築保全の全体における各段階の主旨・範囲および段階間の連係，各段階で登場する関係者の役割・位置づけなどについても，JAMS 1-RC（一般共通事項）に示されている．

1.2 調査・診断の構成および目的

a．調査・診断は，図1.1に示す流れに沿って行うことを原則とする．

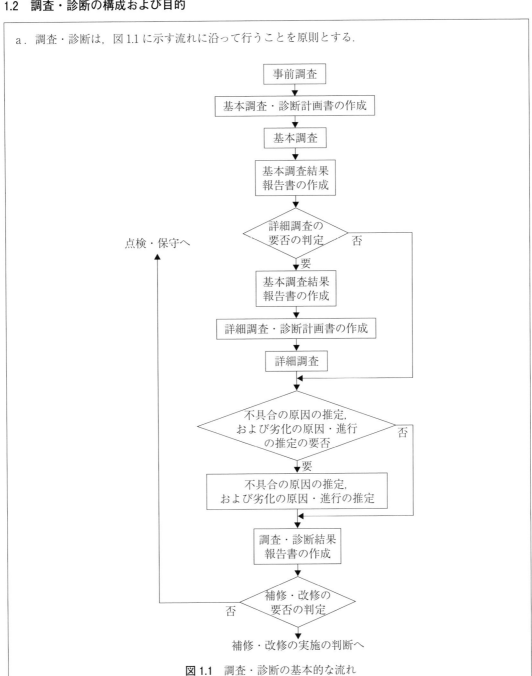

図1.1 調査・診断の基本的な流れ

　　b．調査は，事前調査，基本調査および詳細調査とする．

　　c．事前調査は，基本調査に先立ち，設計図書，各種の記録などを基に，鉄筋コンクリート造建築物の構造体，外装仕上げ，防水，およびそれらに付設された工作物について，竣工時における品質・性能，変状・劣化の履歴，および補修・改修の履歴を把握するとともに，目視により，建築物および周辺環境の概況を把握する．

　　d．事前調査の結果を基に，調査・診断計画書を作成する．

　　e．基本調査は，鉄筋コンクリート造建築物の外壁，陸屋根，およびそれらに付設された工作物について，目視により，劣化および不具合の状態を明らかにするために実施する．

　　f．詳細調査は，鉄筋コンクリート造建築物の構造体，外装仕上げ，シーリングジョイント，メンブレン防水層，およびそれらに付設された工作物について，基本調査では不明であった劣化および不具合の状態を明らかにするために実施する．

　　g．診断では，基本調査および詳細調査の結果を基に，劣化の程度を劣化現象ごとに個別劣化度として評価した後，構造体，外装仕上げ，防水，およびそれらに付設された工作物ごとに，個別劣化度を総合して得られる総合劣化度に基づいて，それらの補修または改修の要否を判定する．また，不具合についても，その程度を評価して補修または改修の要否を判定する．

　　h．診断における劣化の原因およびメカニズム，ならびに劣化の今後の進行の推定の実施は，それぞれ特記による．特記のない場合，それぞれの推定を実施する必要はない．

　　i．調査・診断の結果を報告書としてまとめ，依頼者に提出する．

　　a．鉄筋コンクリート造建築物に材料劣化が生じて，建築物としての性能低下を引き起こし，計画していた耐用年数を全うできなくなることがないようにしなければならない．そのためには，日常的・定期的な点検は重要であり，それによって建築物の使用に支障を来すほどの異常が無いことが確認できていれば，すぐに補修・改修を行う必要はない．しかしながら，点検時に変状が少なからず発見されたり，降雨時に漏水が生じたり，仕上材やコンクリート片の剥落が生じたりした場合などには，建築物の調査を実施し，補修・改修の要否を判定しなければならない．また，変状は見られなくとも，先に述べたように，建築材料は自然に劣化していくものであるため，10年程度から20数年に一度の頻度で，建築物全体の調査を実施し，建築物の状態を診断する必要がある．その場合の調査・診断の基本的な流れは図1.1に示すとおりである．土木コンクリート構造物も含めた既存コンクリート構造物全体に対して，その性能を評価するための流れが，日本コンクリート工学会「既存コンクリート構造物の性能評価指針」において解説図1.3のように示されているが，解説図1.3中の太線の四角内で行われる行為に本仕様書の調査・診断の内容が含まれている．また，ISO 13822: Bases for design of structures - Assessment of existing structures においては，構造物の状態を評価するための流れが解説図1.4のように示されている．これらからもわかるように，基本的な調査の流れはいずれも類似しており，簡便な調査の後に，必要に応じて詳細な調査が行われるという流れとなっている．

　　b．本仕様書では，調査をその内容と方法（技術的なレベル）に応じて，「事前調査」，「基本調査」，「詳細調査」の3種類に区分しており，その定義は1.3節に示されているとおりである．事前調査は，いわば建築物の履歴書を確認するようなものであり，調査の対象が構造体，外装仕上げ，防水，付設工作物のいずれであるかに関わらず，必ず実施するものである．しかしながら，調査対象が防水の場合，ならびに塗装仕上げおよび建築用仕上塗材仕上げの場合には，それらの補修・改修の必要

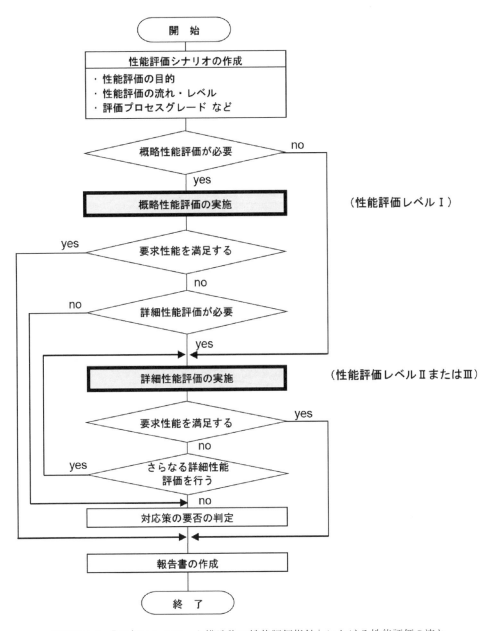

解説図 1.3 「既存コンクリート構造物の性能評価指針」における性能評価の流れ

性を判定するための情報，およびそれらの補修・改修の方針を提案するための情報を，基本調査によって十分に取得することが可能であるため，実際に詳細調査までを実施することは多くない．さらに，防水の場合には，詳細調査は防水層に損傷を与えてしまう危険性を伴うため，基本調査で得られた情報のみに基づいて補修・改修の要否を判定するのが一般的である．防水に対する詳細調査は，補修・改修を実施することが決定した後，設計段階で材料・工法の決定を行う場合に実施することが多く，調査・診断段階で詳細調査を実施するのは，補修・改修のための材料・工法を決定するための情報を事前に得ようとする場合に限られる．一方，調査対象がセメントモルタル塗り仕上

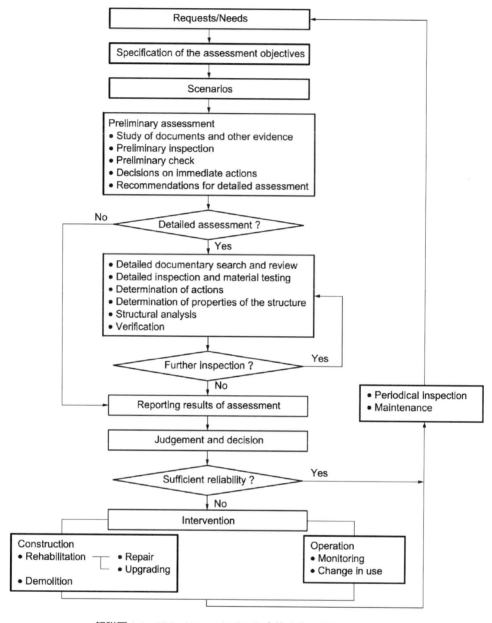

解説図 1.4　ISO 13822 における既存構造物の状態評価の流れ

げおよび陶磁器質タイル張り仕上げの場合には，基本調査では劣化・不具合に関する十分な情報を取得できないことが多く，詳細調査を実施することが原則となっている．このように，劣化と不具合の区別が可能かどうかとか，劣化の程度を明らかにできるかどうかといった変状の状況や，原因やメカニズムの推定が必要かどうかといった診断すべき内容によるだけでなく，調査対象の建築材料が何かによっても，実施すべき調査のレベルは異なるので，3章および4章の規定に従って調査を実施する必要がある．

　ｃ．，ｄ．事前調査とは，先に述べたように，建築物の履歴書を確認することであり，設計時に

設定した仕様，新築工事の際の品質管理・検査などの記録，竣工時の検査記録，竣工後の日常または定期の点検記録，補修・改修工事が実施された場合の調査・診断結果ならびに補修・改修設計の仕様および補修・改修工事の記録，被災記録などを確認するとともに，建築物に劣化を生じさせる劣化外力を明確にするために建築物の立地地域の気象環境を確認し，目視によって建築物の現在の概況を簡単に把握しておくことである．事前調査の結果に基づいて，基本調査および詳細調査において実施する調査の対象・方法および診断基準を示した調査・診断計画書を作成する必要があるが，それらの詳細は2章に示してある．

　e．基本調査は，事前調査で得られた情報を基に，高度な設備機器を用いたり材料に損傷を与えたりすることなく，主に目視によって建築物の各部位の不具合および劣化の状態を明らかにするものであり，調査方法が目視によることから，材料ごとではなく，外壁部，屋根部というように部位ごとになされるため，3章の構成も3.2（外壁），3.3（陸屋根）としている．一般的な鉄筋コンクリート造建築物が一般的な環境下に建設されている場合，経験豊かな技術者であれば，事前調査により得られた十分な情報と材料表面に現れた劣化現象の目視結果に基づいて，その劣化現象が何であり，どのような原因・メカニズムで生じたかを推定することは可能である．しかしながら，仕上材の下にある構造体の劣化現象に起因して仕上材にも劣化が生じている場合や，鉄筋の腐食によってかぶりコンクリートにひび割れが生じている場合などのように，直接的に構造体や鉄筋の劣化を目視できないため，劣化現象・劣化状態を明らかにできず，適切な補修・改修方法を見出すことができない場合には，詳細調査を行う必要がある．

　f．詳細調査は，目視だけでは，劣化・不具合の状態を明らかにできない場合，劣化現象が生じた原因・メカニズムの推定や今後の劣化の進行の推定を行うのに十分な情報が得られない場合などに，建築材料・劣化現象ごとに，劣化の程度・原因・メカニズムの把握・推定に資する手段・設備機器を用いて行うものである．そのため，詳細調査については，4章において，建築材料ごとにその方法が示されている．詳細調査では，建築材料の破壊を伴ったり，高度な技術を有する検査・分析機器を用いたり，手間のかかる仮設資機材の設置を必要としたりするなど，建築物そのものに傷を与えたり，作業中の騒音・振動が建築物の利用者に不快感を与えたり，調査費用の増大を招いたりすることになるため，建築物の所有者・利用者の立場からすれば，詳細調査を行わなくて済むのであればその方が望ましい．しかしながら，建築物の現在の状態を正確に把握し，建築物を継続使用するか解体するかなどの判断を適切に行い，継続使用することを目的として的確な補修・改修設計を行う，といった本来の目的を達成するためには，詳細調査の実施が必要不可欠である場合があり，特に，構造体および外装仕上げ（塗装仕上げおよび建築用仕上塗材仕上げを除く）については，詳細調査が必須となっているのが実情であり，防水においても，既存防水層を活かした改修工法を採用する場合には，既存防水層を切り出して引張試験を実施するといった詳細調査を実施しなければならない．また，補修工事または改修工事を実施する場合には，建築物の外壁面に沿う形で足場が設置されるのが通常であるが，工事が実施されるかどうかが不明な状態で実施する調査においては，多大な費用を必要とする足場の設置は歓迎されるものではない．ただ，足場が設置されないと，調査の範囲・方法が制限される場合があるため，詳細調査において，建築物の上層階の外部からコ

ンクリートコアの採取を行わなければならない場合，全面に渡ってモルタルやタイルの浮きを調査する場合などには，足場の設置が必要となる．

　g.，h.　診断とは，調査によって得られたデータに基づいて，建築材料・部材・部位・建築物の劣化・不具合の状態を評価したうえで，継続使用のために補修・改修が必要であるか，これまでどおり点検を行いながら経過観察を継続すればよいのかを技術者として示す行為であり，本仕様書では，劣化については，個々の劣化現象に対する個別劣化度および建築材料・部材・部位に対する総合劣化度を「判定」し，補修・改修の必要性を技術的な観点で提案する行為として示されている．しかしながら，本仕様書の「診断」には，技術的側面以外の要求や制約条件も踏まえ，総合的な観点に基づいて，補修・改修を行うかどうかを最終的に「判断」（決定）する行為は含まれていない．

　また，本仕様書の「診断」には，劣化の原因およびメカニズムを推定する行為，ならびに劣化の今後の進行を推定する行為が含まれている．これらの推定を行う手法としては，解説表1.1に示すように，経験に基づき行う方法，本会等の規準・指針などに示された信頼できるフローチャートに基づいて行う方法，コンピュータを利用した数値解析によって行う方法などがあるが，高い推定精度が必要とされる場合には，詳細なデータと高精度な解析ツールの両者が必要なことは言うまでもない．

解説表 1.1　劣化の原因・メカニズム・将来的進行の推定手法

手　法	内　容
経験に基づく方法	これまでに観察された多数の劣化事例を根拠として，建築物の立地環境条件，建築物の設計仕様（建築材料の種類・品質・性能，構工法の詳細など）などの情報を基にしたエキスパートジャッジによって，劣化の原因・メカニズム・将来的進行を推定する方法
フローチャートによる方法	経験に基づくエキスパートジャッジの推論過程（劣化現象・環境条件に応じた基準と劣化プロセス）が示されたフローチャート（本会等によってオーソライズされたもの）を用いて，劣化の原因・メカニズム・将来的進行を推定する方法
数値解析による方法	建築材料のミクロ的な劣化現象を材料科学等に基づいてモデル化・数式化し，その化学的・物理的・幾何学的な劣化進行過程をコンピュータシミュレーションによって表現し，建築材料の性質・性能の変化として現し，劣化の原因・メカニズム・将来的進行を推定する方法

　i.　調査・診断者は，一連の調査結果およびそれに基づく診断結果を報告書として取りまとめ，依頼者に報告書を提出して，調査結果および診断結果について説明しなければならない．特に，劣化の原因・メカニズム・将来的進行の推定を行った場合には，その推定手法の妥当性・信頼性についての説明も必要となる．本仕様書では，診断結果として示される補修・改修の要否判定は，技術的な観点に基づいてのものであることを原則としているが，BELCA（公益社団法人ロングライフビル推進協会）が実施している「公営住宅最適改善手法評価」のように，経済的な観点をも踏まえての判定結果が求められる場合もある．

1.3 用 語

本仕様書に用いる用語は次によるほか，JAMS 1-RC（一般共通事項）による.

事 前 調 査：基本調査を実施する前に，建築物の履歴および概況を把握するために，書類および目視により行う調査

基 本 調 査：建築物の劣化および不具合の状態を明らかにすること，および補修・改修工事の要否を判定することを目的として，目視を基本として必ず行う調査

詳 細 調 査：基本調査では明らかにできなかった建築物の劣化および不具合の状態を明らかにすることを目的として，機器等を用いて行う調査

対象建築物：調査・診断の対象となる建築物

調 査 部 位：対象建築物において，調査・診断を実施する部位

調 査 範 囲：対象建築物の調査部位において，調査・診断を実施する範囲

調 査 部 材：対象建築物の調査部位・調査範囲において，調査・診断を実施する部材

調 査 区 域：変状・劣化・不具合の発生状況に応じて，調査範囲を分割して調査・診断を実施し，総合劣化度を評価する区域

調 査 箇 所：変状・劣化・不具合の調査・診断を実施する箇所

個別劣化度：個別の劣化現象における劣化の程度

総合劣化度：個別劣化度に基づき決定される調査部位・調査範囲・調査区域における総合的な劣化の程度

ひび割れ先行型劣化：鉄筋の腐食に先行してコンクリートおよび仕上げにひび割れが生じ，そのひび割れを通じて鉄筋の腐食因子が侵入する劣化

鉄筋腐食先行型劣化：ひび割れに先行して鉄筋の腐食が生じ，その膨張圧によって，かぶりコンクリートおよび仕上げに鉄筋に沿ったひび割れおよび剥離・剥落が生ずる劣化

進行型コンクリート劣化：劣化外力およびコンクリートの使用材料に起因して，コンクリートに進行性のひび割れ，表面剥離，表面侵食などが生ずる劣化

　本会「建築保全標準」の全体で共通する用語については，JAMS 1-RC（一般共通事項）において定義が示され，その説明がなされているが，ここでは本仕様書に固有の用語，ならびに本仕様書，JAMS 4-RC（補修・改修設計規準）および JAMS 5-RC（補修・改修工事標準仕様書）でのみ用いられる用語について，その定義を示している.

　既存建築物の劣化の状態や保持している残存性能を評価・診断する場合には，設計図書や点検記録などの書類の調査から始まり，建築物全体に対する目視観察による劣化状態の概略的な調査を経て，特定の箇所における機器を用いての高度で詳細な調査に至るという流れが一般的である. 本仕様書では，これら3段階の調査をそれぞれ**事前調査**，**基本調査**および**詳細調査**と呼称し，その内容（時期，範囲，方法など）をそれぞれ2章，3章および4章で規定している. 解説図 1.3 および解説図 1.4 に示すように，本仕様書の事前調査と基本調査は一体で行われることがあるが，その場合には，調査・診断計画書は調査の実施前に作成されている必要がある. 本仕様書では，まず事前調査を実施し，事前調査の結果を踏まえて，基本調査および詳細調査の計画書を作成するとともに，想定される調査結果に応じた診断基準（更なる調査の必要性，および補修・改修の要否に対する基準）をあらかじめ設定し，その計画書に基づいて，基本調査および詳細調査を実施するという流れで進めることとしている.

　本仕様書は，実在する既存鉄筋コンクリート造建築物に対して調査・診断を実施する場合の契約

図書の一部にもなり得ることを想定して作成されている．その場合，当然のことながら，調査・診断を実施する建築物は特定されているため，本仕様書中では，その特定の建築物は他の一般建築物とは明確に区別しておく必要がある．そのため，調査・診断の対象となる建築物を用語化して定義づけ，**対象建築物**と記載することとした．また，対象建築物の所有者・管理者が調査・診断を依頼する場合，対象建築物の全体に対して調査・診断を依頼するのか，その一部について依頼するのかは，調査・診断の目的，変状の発生状況などによって異なる．さらに，調査の結果，たとえば，劣化が対象建築物全体に及んではおらず，偏在していることなどが明らかになった場合，診断結果をどのように報告するのが適切であるかは，劣化の状況によって異なる．そのため，契約図書としてはこれらのことをあらかじめ明確にしておく必要があり，本仕様書では，調査部位，調査範囲，調査部材，調査区域および調査箇所という用語を設け，それぞれの定義を明確にし，混用・誤解が生じないようにすることとした．解説図 1.5 がそれらの理解を助けると考えられるので参考にされたい．

　調査部位とは，対象建築物に対して基本調査を実施する場合において，調査・診断を実施する部位のことであり，本仕様書では「外壁」または「陸屋根」を指す．調査部位は，依頼者の意向を受けて仕様書に特記されることとなっており，たとえば，変状が外壁には生じておらず，陸屋根にのみ生じているような状況では，依頼者は陸屋根のみの調査・診断を行ってもらいたいと要望する場合もあり，そのような場合には，仕様書には，調査部位は陸屋根とする旨の特記がなされる．特記のない場合には，本仕様書では対象建築物の「外壁」および「陸屋根」の両方が調査部位となる．

　調査範囲とは，対象建築物の調査部位に対して基本調査を実施する場合において，調査・診断を実施する範囲のことであり，調査部位の全体またはこれらの一部分を指す．基本調査においては，調査範囲は仕様書に特記されるが，特記のない場合は調査部位の全体が調査範囲となる．たとえば，南面の外壁のみに変状が発生しており，その他の部位（陸屋根，および南面以外の外壁）には変状が発生していない場合には，仕様書には，調査範囲は南面の外壁とする旨の特記がなされる．一方，詳細調査においては，調査範囲は基本調査の結果を受けて自ずと決まることとなり，詳細調査を実施すべき変状が調査範囲全体に及んでいる場合には，詳細調査における調査範囲は基本調査のそれと一致することになるが，一部の変状についてのみ詳細調査を実施することになった場合には，詳細調査の調査範囲は，基本調査のそれとは異なり，特定の区域に限定されることとなる．

　調査部材とは，対象建築物の調査部位・調査範囲において，調査・診断を実施する部材のことであり，基本調査および詳細調査の別に次のようなものを指す．たとえば，基本調査を外壁に対して実施する場合（3.2 節）には，「外壁面」，「シール材」，「外壁付属部材」，「付設された工作物」などが調査部材となる．一方，陸屋根については，基本調査では，陸屋根という部位全体に対して目視調査がなされるのが一般的であるが，詳細調査においては，調査部材は「構造体」，「外装仕上げ」，「シーリングジョイント」または「メンブレン防水」となる．

　調査区域とは，変状・劣化・不具合の発生状況に応じて，調査・診断者の判断において調査範囲を分割して調査・診断を実施し，変状・不具合・劣化度を総合劣化度として評価する区域のことである．基本調査および詳細調査の結果に基づいて変状・不具合・劣化度の評価を行う際，変状・不

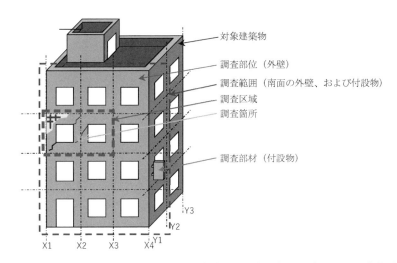

解説図 1.5　対象建築物・調査部位・調査範囲・調査部材・調査区域・調査箇所

　具合・劣化が調査範囲全体に一様に及んでいるのではなく偏在している場合には，調査範囲を調査区域Ａ，調査区域Ｂなどと分割して評価する方が，その後の作業を合理的・効率的に実施することが可能となる．たとえば，基本調査において，調査区域Ａの変状は無視できる程度のものであるが，調査区域Ｂの変状は建築物の使用に支障をきたすものであり，それが劣化であるのか不具合であるのか，またその程度はどのくらいのものであるのかを詳細に調査する必要があるという場合には，調査区域Ａについては，総合劣化度はⅠとして評価され，点検を継続することが推奨され，調査区域Ｂについては，総合劣化度はⅡまたはⅢとして評価され，詳細調査を実施することとなる．

　調査箇所とは，変状・劣化・不具合の調査・診断を実施する箇所のことであり，ひび割れ幅の測定，浮きの有無，中性化深さの測定などの調査作業を具体的に実施する箇所を調査箇所と呼ぶ．個別劣化度については，調査範囲・調査区域といった一定の面積単位で評価されることもあるが，調査箇所ごとに評価されることもある．

　調査によって明らかになった劣化の状態・程度に基づいて，補修・改修を行うことを提案するか，または，まだ補修・改修の必要性は高くないためしばらく経過観察することを提案するかは，調査・診断者ごとに異なるべきではなく，誰しもが同じ方向の提案となるべく，標準化された評価基準が必要となる．そこで，本仕様書では，構造体，外装仕上げ，防水それぞれの劣化現象ごとに，劣化の程度を３レベルに分けて表す**個別劣化度**という指標を設けている．その場合，異なる劣化現象であっても，個別劣化度が同一レベルの場合には，それらの劣化が部材に及ぼす影響は同一であるということを意味している．また，同一部材に複数の劣化現象が混在することは一般的によくあることであり，かつ，そのような場合には補修・改修の範囲は部材全体に渡るのが一般的である．したがって，補修・改修の要否を判定するためには，個別劣化度を集積・俯瞰した総合的な評価基準が必要であり，本仕様書では，構造体，外装仕上げ，防水それぞれに対して，**総合劣化度**という指標を設けている．ただし，メンブレン防水の総合劣化度は，基本調査においてのみ評価し，詳細調査においては評価しないこととなっている．総合劣化度は，調査・診断を実施する対象建築物の

劣化状態に応じて，特記された調査部位・調査範囲の全体に対して評価する場合と，調査部材ごとまたは調査区域ごとに評価する場合とがある．調査部位・調査範囲の全体に渡って一様な劣化が生じている場合には，調査部位・調査範囲の全体に対して総合劣化度を示すことができるが，調査部位・調査範囲の中で劣化状態に偏りがある場合には，劣化が進んでいる部材・区域とほとんど劣化が認められない部材・区域とに区分し，調査部材ごと，または調査区域ごとに総合劣化度を示すのが望ましい．一方，個別劣化度についても，劣化状態が調査部位・調査範囲に渡って一様な場合には，調査部位・調査範囲の全体に対して評価することとなるが，調査区域ごと，または調査箇所ごとに劣化状態が異なる場合には，基本調査後に行う詳細調査の実施範囲は限定するのが望ましいこと，および劣化状態に応じて補修・改修設計を的確に実施する必要があることを考慮すると，調査区域ごと，または調査箇所ごとに評価するのが望ましい．

　鉄筋コンクリート造建築物の構造体に生ずる劣化現象には，建築物の立地環境によらず生ずる劣化現象と固有の立地環境に起因して生ずる劣化現象とがあるが，劣化現象としては，鉄筋の腐食とコンクリートのひび割れ・欠損に尽きると言っても過言ではない．そして，鉄筋が腐食することでかぶりコンクリートに鉄筋に沿ったひび割れが生じたり，コンクリートのひび割れ部分に位置する鉄筋には腐食が生じたりというように，鉄筋の腐食とコンクリートのひび割れとは密接に関係している．しかしながら，劣化現象が生ずる順序は，建築物の立地環境やコンクリートの品質，部材の変形に対する拘束状態によって異なる．すなわち，建築物が建設後に長期間を経過して同じような劣化現象を呈していたとしても，劣化の原因・メカニズムが異なる場合には，補修・改修の仕様を変える必要があるため，劣化現象を分類して示すことは重要である．**ひび割れ先行型劣化**は，コンクリートの乾燥収縮，梁・床の曲げ変形などによってコンクリートおよび仕上材にひび割れがまず発生し，その後，生じたひび割れを通じて二酸化炭素・塩分・酸といった鉄筋の不動態皮膜を破壊に至らしめる物質が侵入するとともに，鉄筋の腐食反応に必要となる酸素・水分が侵入し，鉄筋の腐食が発生するという劣化現象である．一方，**鉄筋腐食先行型劣化**は，コンクリートにひび割れが発生していなくとも，二酸化炭素・塩分・酸・酸素・水分などがコンクリート中の細孔部分を通って鉄筋の位置にまで到達することによって，鉄筋の腐食が発生し，腐食がある程度進行した段階でかぶりコンクリート部分に鉄筋に沿ったひび割れが発生し，その後，かぶりコンクリートの剥離・剥落に至るという劣化現象である．また，**進行型コンクリート劣化**は，ひび割れ先行型劣化にも鉄筋腐食先行型劣化にも該当しない劣化現象であり，無筋コンクリートにおいて生ずる劣化現象や，コンクリートが表層部から徐々に剥離したり侵食されたりしていく劣化現象，コンクリートの表面にポップアウトが発生する劣化現象などのように，鉄筋の腐食には直接的には結びつかない劣化現象と言える．

2章　調査・診断計画

2.1　基 本 事 項

> a．調査部位および調査範囲は，特記による．特記のない場合は，外壁および陸屋根の全体とする．
> b．調査・診断の実施に先立って，対象建築物に関する事前調査を行う．
> c．基本調査の調査・診断計画書は，事前調査の結果に基づいて作成する．
> d．詳細調査の調査・診断計画書は，基本調査・診断の結果に基づいて作成する．
> e．調査・診断計画書の作成には，調査・診断の全般を統括できる知識および経験を有する資格者またはそれと同等の能力を有する者があたる．

　a．調査・診断計画を立案するにあたり，対象建築物の具体的な調査部位と調査範囲をあらかじめ確認しておく必要がある．調査・診断を行うにあたり，既に顕在化している変状を依頼者が念頭に置き，限定的な範囲に対しての調査・診断を依頼している場合など，必ずしも対象建築物の全体に対する実施を必要としない場合がある．このような場合には，依頼者の要望が考慮された特記仕様書に従って，具体的な調査部位および調査範囲に対して調査を行う．たとえば，解説図 2.1（a）に示すように外壁の限定的な部分でのみ劣化が顕在化しており，特記仕様書に明示的な指定がある場合には，この部分のみを対象とした調査・診断とする．同様に，解説図 2.1（b）のように外壁では南面のみ，陸屋根では全面を調査部位としたり，解説図 2.1（c）のように，外壁の調査部位を全面とし，陸屋根は PH 階のみとするような組み合わせも，特記仕様書の明示的な記載によって設定される．ただし，このような細分化した調査部位・調査範囲の設定は，通常では発見できないような劣化を見落とす可能性もあり注意が必要である．また，調査を進めていく過程で劣化が明らかになる場合も考えられる．そのため，特記がない場合には，解説図 2.1（d）に示すように，基本調査の調査範囲であり対象建築物の表層となる，外壁と陸屋根の全体を調査部位とする．

　なお，調査・診断を進める過程で特記による調査部位と調査範囲の外に変状が確認された場合には，当該個所も調査部位および調査範囲に含める必要がある．こうした場合に備えて計画書に，依頼者の承認を得て当初の調査部位および調査範囲を拡大する旨，または調査部位および調査範囲の拡大の判断を調査・診断者に一任される旨の記載をしておくのが望ましい．

　b．～d．調査・診断計画書を作成するためには，事前調査によって対象建築物についての情報を収集しておく必要がある．事前調査の具体的な内容は 2.2 節に示すが，対象建築物の立地，設計・工事情報，現在の概況，これまでの履歴および依頼者による要望などの各種情報があり，これらを把握して基本調査の調査・診断計画書を作成する．

　詳細調査の調査・診断計画書は，基本調査・診断の結果に基づいて，必要に応じて作成する．一般に，基本調査・診断では，目視や指触による調査を主として行う．これは，次の段階である詳細調査・診断の要否の判定，詳細調査・診断の計画書の作成にあたっての情報を得るために実施する．

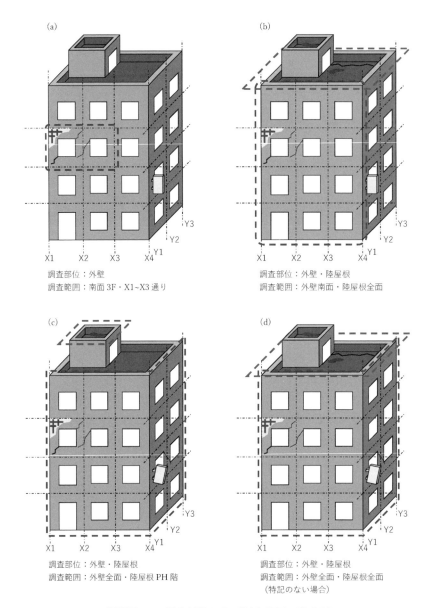

(a)
調査部位：外壁
調査範囲：南面 3F・X1~X3 通り

(b)
調査部位：外壁・陸屋根
調査範囲：外壁南面・陸屋根全面

(c)
調査部位：外壁・陸屋根
調査範囲：外壁全面・陸屋根 PH 階

(d)
調査部位：外壁・陸屋根
調査範囲：外壁全面・陸屋根全面
（特記のない場合）

解説図 2.1 調査部位および調査範囲の設定例

　詳細調査・診断では，非破壊検査または破壊を伴う試験など，比較的多くの時間や調査費を必要とする調査項目によって，補修・改修工事の要否判定や，補修・改修設計のための情報を得るために実施される．対象建築物の重要度が高いほど，変状の程度が重症であるほど，補修・改修を実施する規模が大きいほど，補修・改修工事後の使用予定期間が長期であるほど調査項目が多くなり，かつ詳細に調査が行われる．

　ただし，基本調査・診断と詳細調査・診断を一括して同時に実施する場合や，基本調査・診断の結果によって詳細調査・診断を経ないで補修・改修工事の要否判定や補修・改修設計に移行する場合もある．

　e．調査・診断計画書を作成する技術者は，補修・改修工事のための調査・診断について知識および経験のある技術者が当たる必要がある．知識および経験のある技術者とは，解説表 2.1 にあげる資格者，または，それと同等の知識および経験を有すると認められる者とする．なお，調査・診断者の資格等の要件は 3 章および 4 章による．

解説表 2.1　調査・診断計画書の作成者に求められる資格

計画書区分	調査部位・部材	資　　　　格
基本調査・診断	外壁，陸屋根	一級建築士，建築仕上診断技術者[*1]，建築仕上げ改修施工管理技術者[*3]，特定建築物調査員[*4]
詳細調査・診断	構造体	一級建築士，建築仕上診断技術者[*1]，コンクリート診断士[*2]
	外装仕上げ，シーリングジョイント，メンブレン防水層	一級建築士，建築仕上診断技術者[*1]，建築仕上げ改修施工管理技術者[*3]

[注]＊1：（公社）ロングライフビル推進協会
　　＊2：（公社）日本コンクリート工学会
　　＊3：（一財）建築保全センター
　　＊4：（一財）日本建築防災協会

2.2　事前調査

> a．事前調査では，下記の項目について調査する．
> （1）対象建築物の概要，新築時の設計図書・工事記録，周辺環境の概況
> （2）対象建築物の現在の概況
> （3）対象建築物の履歴および記録，維持管理の状態
> （4）調査・診断にあたっての制約条件
> （5）依頼者の要求・要望
> （6）応急措置の要否
> b．事前調査は，資料調査，対象建築物の目視確認および依頼者との聞き取りなどによって行う．

　a．ここでは，基本調査・診断計画および詳細調査・診断計画を作成するにあたって実施する，事前調査における調査項目を挙げている．事前調査では，その後に実施する基本調査・診断および詳細調査・診断とは異なり，試験や細部の目視観察を伴わない対象建築物の大まかな現状の全体像を把握する．また，基本調査・診断および詳細調査・診断を行う場合の仮設用地の有無，調査による音・震動・時間等の制約条件の有無などを確認する．さらに，補修・改修工事を前提としている場合はそれに至った動機，予定する補修・改修の内容，規模および将来の使用予定年数等も依頼者から聞き取ることが必要である．

　具体的な事前調査の項目の例を解説表 2.2 に示す．対象建築物の概要を把握するために，設計図書・工事記録などの書類調査は必須項目である．この際には，地域区分や周辺道路の条件，気象条件や地盤の状態，海や河川からの距離などの立地条件といった周辺環境の概況も併せて把握する必要がある．このような概況の把握には書類調査だけでは十分ではない場合が多く，現地に赴いて周辺環境を確認するとともに，対象建築物についても明らかな図面との不整合や著しい劣化，もしく

は極めて良好な状態などの概況も確認する必要がある．また，対象建築物の履歴について，増改築などの工事の記録，被災を経験した場合にはその履歴・記録，過去の調査結果やクレームの記録などもある場合には，これらの調査を行う．維持管理計画の有無や，日常点検の記録とこれらの管理形態など把握することができれば，調査・診断計画書の作成にあたって参考にすることができる．

実際の調査・診断業務や，その後に続く補修・改修工事にあたっての制約条件などについても把握の必要がある．例えば，近隣協定や工事の騒音などに対する規制，周辺道路の状況，調査の実施可能な期間や時間帯，立入可能なエリア，作業にあたって必要となる電源支給の有無とその種類，また，関連法令・条例や特に安全・衛生上の配慮が必要な事項などが挙げられる．

依頼者の要求・要望などについては，調査・診断や補修・改修工事などの実施に至った動機や経緯，目的を確認する必要がある．併せて，調査・診断や補修・改修工事を希望する対象建築物の調査部位，調査範囲と調査を行う部材や区域，および，予算などの規模，対象建築物に生じている現在の支障や改善事項ならびに今後の使用計画期間の予定等が，依頼者，管理者および利用者へのインタビューを通じての調査項目として挙げられる．

ただし，この際に現地で行う確認は，実際の調査・診断計画のプロセスの中で行う基本調査とは異なり，対象建築物に対する現状の大まかな全体像を把握するもので，詳しい調査は必要としない．したがって，事前調査のプロセスにおいては，対象建築物・調査部位に関する情報をできる限り収集し，これらの結果を踏まえて，調査・診断計画書を作成する．過去の記録の保存が十分でない場合には，施工当時の代表的な仕様や法令の変遷（JASS，建築基準法等）なども参考にし，現状の状況把握を行う．また，依頼者の要求・要望には，将来の使用予定および要求耐用年数などの確認も含まれる．

なお，対象建築物で点検などが実施されている場合には，危険個所や明らかな漏水が放置されている可能性は少ないが，専門技術者による事前調査にて危険個所や漏水が発見される場合もある．第三者や建築物の使用者への安全性および今後の調査の実施にも支障をきたすおそれがあると判断される場合には，危険個所の除去や漏水防止対策などの応急対策を行うのが望ましい．こうした場合には，危険個所についてはその除去や防護処理，立入制限など，漏水個所についてはその防止対策などの応急措置が事前調査中にとられるので，あらかじめ依頼者とこれらの応急措置について計画段階で協議しておくのがよい．

解説表 2.2　事前調査の項目例

調査項目	調査内容	調査内容の種類
建築物概要	建築物名称, 所在地, 用途, 竣工年, 建築物規模, 構造形式, 地盤, 設計者, 施工者, 監理者, 建築物管理者, その他	資料から直接把握する内容
設計図書・記録の有無	設計図書*1, 工事記録*2, 検査記録, その他	
建築物の概況	図面との不整合, 生じている変状, その他	資料とともに現地確認・聞き取りなどから把握する内容
建築物周辺の環境	地域区分, 海岸からの距離, 方位, 風向, その他	
建築物の履歴・記録	増改築履歴, 補修・改修履歴, 被災履歴, クレーム, 過去の調査記録, 補修・改修工事の記録, その他	
維持管理の状態	維持管理計画の有無, 管理形態, 点検実施状況, その他	
制約条件	近隣協定, 騒音規制, 調査の期間・時間制限, 立入制限, 電源支給と種類, 周辺道路, 仮設用敷地, 関連法令・条例, 安全・衛生上の配慮が必要なもの, その他	
依頼者の要求・要望	補修・改修工事の動機・目的, 補修・改修工事の内容と規模, 予定使用年数, 調査・診断の予算, その他	
応急措置の要否	危険個所や漏水などを発見した際の応急措置の要否の判断	協議

[注]＊1：設計図書には以下の物を含む.
　　　　・新築時における設計図　・仕様書　・現場説明書
　　　　・質疑応答書　・内訳書　・地盤調査に関する資料　他
　　＊2：工事記録には以下の物を含む.
　　　　・施工計画書　・施工要領書　他

　b．事前調査は, 下記の方法による.

①　設計図書, 点検記録や補修・改修等の記録, 被災の記録等による資料調査

②　対象建築物に赴いての現地確認

③　依頼者への聞取り調査（必要に応じて使用者などへの聞取りも実施）

解説表 2.2 に事前調査の項目例を示す. また, 事前調査のまとめ方の例を解説表 2.3 に示す.

解説表 2.3 事前調査のまとめ方の例

1.	調査・診断の概要	
1.1	調査年月日	
1.2	調査依頼者	
1.3	調査依頼者連絡先	住所： 電話： FAX：
1.4	調査機関名	
1.5	調査担当者（資格）	
1.6	調査担当者連絡先	住所： 電話： FAX：
1.7	その他特記事項	（調査体制に関する情報）
2.	建築物の概要	
2.1	建物名称	
2.2	所在地	
2.3	用途	学校 体育館 病院 劇場 観覧場 集会場 展示場 百貨店 貸店舗 事務所 官公庁 図書館 工場 ホテル スーパー 集合住宅 旅館・店舗・住宅 その他（ ）
2.4	竣工年月	
2.5	経過年数	
2.6	階数	
2.7	建築面積	
2.8	延べ床面積	
2.9	屋根面積	
2.10	構造形式	壁式 ラーメン その他
2.11	構造種別	RC SRC PCa その他
2.12	施工方式	在来工法 PCa工法 ハーフ PCa（PCa部分： ）
2.13	屋根用途	歩行用 軽歩行 非歩行 駐車場 庭園 ヘリポート その他
2.14	基礎	べた基礎 独立基礎 その他
2.15	地盤	良好 軟弱 傾斜地 その他
2.16	設計者	
2.17	施工者	
2.18	管理会社	
2.19	その他特記事項	（建物に関する情報）
3.	設計図書・記録	
3.1	一般図	有 無 一部有 不明
3.2	仕様書	有 無 一部有 不明
3.3	構造図	有 無 一部有 不明
3.4	構造計算書	有 無 一部有 不明
3.5	設備図	有 無 一部有 不明
3.6	確認申請副本	有 無 不明
3.7	地質調査報告書	有 無 一部有 不明
3.8	工事記録	有 無 一部有 不明
3.9	検査記録	有 無 一部有 不明
3.10	その他特記事項	コンクリートの設計基準強度、外壁仕様、防水仕様など
4.	建築物の概況	
4.1	図面との不整合	
4.2	著しい劣化	
4.3	その他特記事項	
5.	建築物周辺の環境	
5.1	地域区分（温冷）	寒冷 温暖 亜熱帯
5.2	地域区分（環境）	
5.3	海岸からの距離・遮蔽物	
5.4	海に面する面	東 西 南 北
5.5	年間主風向	
5.6	前面道路の状況	
5.7	その他特記事項	
6.	建築物の履歴・記録	
6.1	増改築	有 無 不明
6.2	補修・改修	有（内容 時期 ） 無 不明
6.3	被災履歴	有（内容 時期 ） 無 不明
6.4	管理形態	自主管理 一括委託 一部委託（委託内容 ）
6.5	維持管理の状態	
6.6	維持管理計画の有無	有 無 一部有 不明
6.7	日常点検実施状況	有（頻度 ） 無 一部有 不明
6.8	法定点検実施状況	実施済 未実施 一部有 不明
6.9	過去の点検記録	有 無 一部有 不明
6.10	補修工事の記録	有 無 一部有 不明
6.11	その他特記事項	
7.	制約条件	
7.1	近隣協定	
7.2	騒音・振動規制	
7.3	調査期間の制限	
7.4	調査時間の制限	
7.5	立入制限	
7.6	電源支給	
7.7	仮設道路	
7.8	仮設敷地	
7.9	関連法令・条例	
7.10	安全・衛生上の配慮が必要なもの	アスベスト 鉛 PCB 高圧電流 その他（ ）
7.11	その他特記事項	
8.	依頼者の要求・要望	
8.1	調査・診断の動機・目的	定期点検 大規模改修前 不具合・損傷等発生 維持管理計画見直し 耐震診断 その他
8.2	補修・改修工事の動機・目的	
8.3	補修・改修工事の内容	
8.4	補修・改修工事の規模	
8.5	予定使用年数	
8.6	調査・診断の予算	
8.7	その他特記事項	
9.	その他特記事項	
10.	応急措置の実施内容	

2.3　基本調査・診断計画書の作成

> a．基本調査・診断計画書は，必要に応じて下記の調査部位に分類して作成する．
> 　（1）　外壁
> 　（2）　陸屋根
> b．基本調査・診断計画書には，事前調査の結果に基づき，調査目的，調査部位，調査範囲，調査期間，
> 　調査工程および調査方法を記載する．
> c．基本調査・診断計画書には，詳細調査の要否の判定，および補修・改修工事の実施についての要否
> 　の判定が行えるよう，3章の内容を踏まえて，調査項目ごとに診断基準を定め，依頼者の承認を得る．

a．基本調査・診断では，目視を主として対象建築物に生じている変状（劣化・不具合・危険性）を調査する．ここでは，目視に加えて指触や打音による調査・診断も含まれるが，いずれの場合でも建築物の外観で確認可能である表層部の調査を原則とするもので，ほとんどの場合内部までの調査や試験は行われない．

基本調査・診断においては，調査の内容，診断の項目や詳細調査・診断の要否判定等がおおむね外観から判断可能である外壁と，特に配慮が必要な陸屋根の2区分に調査部位対象を分類することを基本とする．これらについて，基本調査・診断の計画作成と調査の実施をおのおの一括して効率的に行うものとした．具体的な基本調査・診断計画の作成方法や実施方法については，3章を参照されたい．

なお，斜壁は防水層を伴うなどの特異な構法によるとともに，経年に伴う落下事例も報告されており，第三者への危険の可能性が高いので慎重に調査・診断の計画を行う必要がある．

b．対象建築物の現状や依頼者の意向に適合した基本調査・診断を効果的に実施するには，事前調査による結果を基本調査・診断の計画に反映させる必要がある．

基本調査・診断計画書には，以下の内容を含めることを基本とする．

①　調査・診断の目的

　　依頼者などとの協議・意向調査の結果や，事前調査結果を踏まえての基本調査・診断の目的および方針を示す．

②　調査・診断の対象建築物

　　建物の名称，所在地，用途，竣工年月（増改築など含む），設計者，施工者，構造，階数，延べ床面積，建築面積，敷地面積，使用材料，仕上げ材料・工法など，対象建築物の概要を記載する．また，現地の写真など対象建築物の概況が分かるものの掲載が望ましい．

③　調査部位および調査範囲

　　外壁や陸屋根の調査部位について，調査・診断を行う具体的な部位や，その調査範囲（階・方位・位置など）を特定して記載する．

④　調査・診断の期間・工程

　　現地での調査・診断業務から，報告書の作成・提出まで含めて記載する．事前調査段階を含める．

⑤　調査・診断の方法

事前調査の結果により，実際に生じている変状や劣化に対する調査項目をあげて，各調査項目に対する調査や試験方法について記載する．また，それぞれの調査項目ごとに診断基準を示す．

⑥ その他

・調査・診断の体制

調査・診断の規模や方法，期間を踏まえて，診断項目ごとなどにチームを組織することを原則とする．チームリーダーには有資格者など，十分な知識と技能を持ったものが当たる．

・調査・診断にあたっての制約事項

近隣対策・敷地条件・地域の条例・足場の可否・機材の搬入経路・居住者・調査の順序などを記載する．

・調査・診断の費用

人件費，機材費，仮設・養生費，廃棄物処分費，安全対策費，保険料などの必要な経費，技術料，諸経費を加算して算定する．事前調査に要した経費を含める．

・応急措置の扱い

危険箇所や漏水の判断目安，これらの箇所への対応措置（緊急または協議）を記載する．ここで，変状による危険箇所は，専門技術者による建築物に近づいた目視を主とする基本調査によってはじめて発見されることが少なくない．これらは第三者や建築物の使用者への安全性や漏水に伴う使用性，および，基本調査・診断ならびに以降の詳細調査・診断の実施に影響を及ぼすため，発見された危険箇所や漏水の応急措置は基本調査中に行うのが望ましい．

ｃ．基本調査・診断計画書では，調査結果による診断として，３章の記載に基づいて下記の診断基準を定める．

１）　基本調査による総合劣化度判定

２）　詳細調査・診断の要否

３）　補修・改修工事の要否

また，前述のように基本調査中に落下，飛散等のおそれのある危険箇所が発見された場合には，応急措置を行うのが望ましく，一般的には調査中に危険箇所を除去したり，防護処理や立入制限などの緊急措置がとられる．あらかじめ依頼者と危険箇所に対する措置に関する協議により，危険箇所の判断目安，危険箇所への対応措置の方法や事前承諾などを取り決めて，基本調査・診断の計画に反映しておくとよい．漏水が発見された場合の対応についても，同様に反映しておくことが望ましい．

2.4　詳細調査・診断計画書の作成

ａ．基本調査・診断の結果に基づいて，詳細調査・診断が必要と判定された場合には，詳細調査・診断計画書を作成する．

ｂ．詳細調査・診断計画書は，必要に応じて下記の調査部位に分類して作成する．

（1）　構造体
（2）　外装仕上げ
（3）　シーリングジョイント
（4）　メンブレン防水層
c．詳細調査・診断計画書には，基本調査・診断の結果に基づき，調査目的，調査部位・調査区域，調査期間，調査工程および調査方法を記載する．
d．詳細調査・診断計画書には，補修・改修工事の実施についての要否の判定を行えるよう，4章の内容を踏まえて，調査項目ごとに診断基準を定め，依頼者の承認を得る．

　　a．，b．　詳細調査・診断では，詳細な目視・指触調査や非破壊試験および破壊の伴う試験などによる調査が行われる．得られる定量的な数値結果または定性的な結果によって，対象建築物の現状および劣化状態を詳細に把握する．目視調査を主とする基本調査・診断に加えて，細部にわたり目視・指触・打音などによる調査を行うとともに，調査機器による非破壊調査およびはつりやコアボーリング等による破壊の伴う調査が行なわれる．

　　基本調査・診断によって，変状が内部まで進行していると判定されるか，変状が表面的であるのか判定が不可能な場合には，詳細調査・診断が必要であると判定される．ただし，事前調査の段階で，明らかに詳細調査・診断が必要であると判定される場合には，基本調査・診断を経ずに詳細調査・診断に移行されることもある．

　　また，各部位の内部まで調査範囲を広げ，詳細かつ専門的な項目について調査・診断が行なわれるために，詳細調査・診断では調査部材として，（1）構造体，（2）外装仕上げ，（3）シーリングジョイント，（4）メンブレン防水層の4区分に分類して詳細調査・診断の計画を行うものとした．なお，具体的な詳細調査・診断計画の作成方法や実施方法については，4章を参照されたい．

　　c．　詳細調査・診断計画書には，基本調査・診断の結果に基づいて，詳細調査・診断の目的や調査部材，期間，工程および調査の方法などを記載する．ここでは，以下の内容を含めることを基本とする．

①　調査・診断の目的
　　基本調査・診断による詳細調査の要否判定や，依頼者の意向（補修・改修を想定する規模，使用予定期間，補修・改修内容，予算規模，調査や工事の予定期間など）などについて記載する．

②　調査・診断の調査部材および調査区域
　　基本調査・診断とは異なる調査部材の区分けの仕方となるため，構造体，外装仕上げ，シーリングジョイント，メンブレン防水層ごとの部材や範囲（階・方位・位置など）を特定して記載する．
　　また，基本調査による結果または詳細調査・診断を進行していく途中において，調査部材の範囲より細分化して詳細調査・診断および変状の評価を行うことが適切である場合には，調査・診断者により分割した調査領域を区分に加える．

③　調査・診断の期間・工程
　　依頼者の意向および基本調査・診断による結果を踏まえるとともに，目的とした変状の把握

が可能な期間と工程を設定する．この際には，予定外の応急措置の対応処理を踏まえた余裕を持った期間・工程とすることが望ましい．

④ 調査・診断の方法

基本調査・診断結果を踏まえて，実際に生じている変状や劣化に対する調査項目を特定して詳細調査を実施する．構造体については，本書の4章に示す要領書を作成したうえで詳細調査を実施する．また，それぞれの調査項目ごとに診断基準を示す．ただし，足場等により変状や劣化に接近する詳細調査では，進捗に伴い計画見直し等の必要な場合があるので柔軟性のある計画としておくことも重要である．

⑤ その他

・調査・診断の体制

調査・診断の規模や方法，期間を踏まえて，診断項目ごとなどにチームを組織することを原則とする．チームリーダーには有資格者など，十分な知識と技能を持ったものが当たる．

・調査・診断にあたっての制約事項

近隣対策・敷地条件・地域の条例・調査時間の制限・騒音や振動を許容可能な時間帯・仮設設置の条件・資機材の搬入経路などを記載する．

・調査・診断の費用

人件費，機材費，仮設・養生費，廃棄物処分費，安全対策費，保険料などの必要な経費，技術料，諸経費を加算して算定する．

詳細調査・診断の結果や判定を受けて，補修・改修工事の有無の判断や補修・改修工事の設計に移行することとなる．よって，詳細調査・診断の結果では，変状の状態をより具体的に報告する必要がある．そのため，報告には，定量的な数値結果や目視観察記録，これらを図面上に示したもの，ならびに，画像データなどを記載するのが望ましく，計画時に報告書の形式，内容や媒体等について取り決めておくとよい．なお，基本調査・診断の段階において，応急措置は対策済みであるが，詳細調査・診断の実施中に新たに危険箇所などが認められた場合には，基本調査・診断の場合と同様に対処できるように計画に反映しておくとよい．

d．「詳細調査・診断」では，調査結果による診断として，下記の判定を行う．

（1） 詳細調査による個別劣化度・総合劣化度の評価

（2） 補修・改修工事の要否の判定

詳細調査による劣化度は，個別劣化度および総合劣化度として評価することを標準とする．個別劣化度および総合劣化度の評価の具体的な手順や方法等については，本書4章による．

2.5 調査・診断計画書の提出・承認

調査・診断計画書は，依頼者に提出して承認を得る．なお，提出・承認済みの調査・診断計画書への変更が必要となった場合には，再度承認を得る．

調査・診断の実施に先立って，調査・診断計画書を作成し，依頼者に提出して承認を得ることと

する．これは，新築工事の際に設計図書に基づく工事仕様書や施工計画書を依頼者または工事監理者に提出して承認を得る手続きと同様である．調査・診断の場合にも，事前調査の結果に基づき作成する基本調査・診断計画書または基本調査の結果に基づき作成する詳細調査・診断計画書の提出とその承認を経て調査の実施に移行する．

　ただし，新築工事と既存建築物に対して実施する調査・診断では，新築工事の場合には何もない更地から工事を開始する一方で，既存建築物の調査・診断の場合には，対象建築物が既に経年による影響を受けた状態で調査を実施する点が異なる．調査・診断は，対象建築物やその部位・部材に生じている変状に対して実施するものであり，それらの不具合や劣化の程度もさまざまである．調査・診断の計画書を作成するにあたっては，前段階として実施された事前調査もしくは基本調査の結果とそれらの診断結果に基づいた計画とするものの，計画時に想定した劣化の程度と異なる場合がある．調査・診断作業が進んで結果を得るにつれて，その後の具体的な調査・診断の内容が変更を余儀なくされる場合も少なくない．調査・診断の途中で劣化の程度により，必要に応じて調査・診断計画書の内容を更新することが望ましい．なお，調査・診断における調査規模や調査の内容は，依頼者の補修・改修工事に対する意向に従って実施されるのが前提であるが，計画時に想定されない深刻な劣化が認められるなど，建築物の耐久性に重大な影響のある場合や危険個所が認められる場合は，必ずしも当初の計画に沿わないこともある．

　また，基本調査や詳細調査とそれらの診断結果を待たないで，事前調査段階で大まかな計画と調査費用の概算算定を行う場合には，既存の建築物における調査・診断が不確定要素を多く含むことを前提に，調査・診断の進捗に伴い当初計画からの大幅な追加修正が生ずるなど，調査計画の変更や見直のあることを依頼者に事前に伝えておくことが望ましい．

3章 基本調査および診断

3.1 総 則

> a．調査部位は，外壁および陸屋根とする．
> b．調査・診断者は，劣化および不具合の種類・位置・区域を特定することができ，かつ劣化および不具合の程度を評価することができる知識および経験を有する技術者，またはそれと同等の能力を有する者とする．
> c．基本調査は，調査可能な時間，立入禁止箇所，調査に必要な電源・水などの供給の有無，その他の安全・衛生・環境保全に関する事項等の制約条件について，調査・診断計画書の内容を確認したうえで実施する．
> d．基本調査では，調査範囲の全体を目視により調査することを基本とする．
> e．基本調査では，調査・診断計画書に従って，劣化および不具合の種類・位置・区域を特定するとともに，劣化および不具合の程度を評価し，詳細調査の要否，ならびに補修および改修の要否を判定する．
> f．外壁および陸屋根の基本調査によって，構造体に変状があると推定された場合には，構造体の詳細調査および診断が必要であることを依頼者に提示する．

　a．基本調査は，外壁および陸屋根について実施する．外壁がコンクリート打放し仕上げの場合は構造体を調査することになるが，基本調査の方法は，仕上げの種類によらず目視観察が主体となるため，他の仕上げの場合と同様に 3.2 節の規定による．

　b．基本調査の調査・診断では，基本調査によって補修または改修の要否，あるいは詳細調査の要否が判断できるよう，事前調査の結果に基づいて適切に調査内容を定めなければならない．また，目視によって劣化および不具合の状態を明らかにし，事前調査の結果も考慮しながら技術的かつ客観的に診断を行う必要がある．そのためには，鉄筋コンクリート造建築物の劣化および不具合に関する十分な知識および調査・診断に対する経験を有するとともに，各種材料・工法に関する専門性が求められる．以上のことから，基本調査の調査・診断には，調査部位ごとに，解説表 3.1 のいずれかの資格を有していることが望ましい．解説表 3.1 は，コンクリート打放し仕上げの外壁ではコンクリートの材料，製造および施工についての，その他の外壁および陸屋根では仕上げや防水に関する材料および施工についての，知識および技能を要求するものである．

解説表 3.1 基本調査における調査・診断に推奨される資格

調 査 部 位	資 格
外壁（コンクリート打放し仕上げ）	一級建築士，建築仕上診断技術者[*1]，コンクリート診断士[*2]，建築仕上げ改修施工管理技術者[*3]，特定建築物調査員[*4]
上記以外の外壁，陸屋根	建築仕上診断技術者[*1]，建築仕上げ改修施工管理技術者[*3]

［注］＊1：（公社）ロングライフビル推進協会，＊2：（公社）日本コンクリート工学会，
　　＊3：（一財）建築保全センター，＊4：（一財）日本建築防災協会

　c．調査の実施にあたっては，建築物の使用者や近隣住民の安全・衛生の確保とともに，環境保全に関する対策が不可欠となる．調査は供用中の建築物に対して行われることが多いため，調査可能な時間や立入禁止箇所などには十分に留意しなければならない．また，目視観察が主体となる基本調査においても，調査の時間帯や調査範囲，対象建築物の場所によっては，照明用の電源，清掃用の水および調査車両などが必要になってくるため，電源等や駐車場の有無あるいは使用可否について事前に確かめておかなければならない．そのため，調査を実施する前には，調査・診断計画書に記載の制約条件を注意深く確認し，関係者に周知させるとともに，記載のない事項または不明な点がある場合には，依頼者に確認しておく必要がある．

　d．基本調査では，調査範囲の外観およびその周辺状況を目視によって調査し，図面および写真等によって記録する．基本調査の段階では，通常は調査足場が設置されていないため，遠距離の場合は双眼鏡などを使用し，調査範囲の全体の状況が記録できるようにする．調査にあたっては，事前調査で収集された対象建築物の概要や補修・改修等の履歴，周辺環境の概況などの情報を念頭におき，劣化または不具合が生じやすい箇所については，より注意深く観察するのがよい．基本調査の結果は，詳細調査の区域や調査項目を定めるための判断材料にもなるため，変状の位置および区域とともに，変状の規則性，周辺環境との関連性，および析出物の有無など，劣化および不具合の特徴的な事象を見逃さないように記録することが肝要である．

　e．，f．基本調査では，事前調査の結果に基づいて作成された調査・診断計画書にしたがって，調査範囲の変状を劣化または不具合に区別するとともに，劣化および不具合の位置・区域を特定し，所定の評価基準に基づいてそれらの程度を評価する．劣化の程度の評価では，まず個別の劣化現象に対する劣化の程度を個別劣化度として評価し，次にそれらを調査部位・調査範囲の全体，あるいは調査部位，調査部材または調査区域ごとにまとめて，総合劣化度として評価することを基本的な流れとする．ただし，外壁については，部材の種類が多く，劣化も多岐に渡るため，目視観察を主体とした基本調査ではそれぞれに個別劣化度を特定することが困難である．そのため，外壁の基本調査では，調査結果に基づいて総合劣化度を直接評価することとしている．

　詳細調査の要否ならびに補修および改修の要否については，基本調査において，変状の区別（劣化または不具合の区別）および程度がどこまで明らかにされたかによって異なってくる．基本調査によって，補修および改修が必要または詳細調査が必要と判定する流れは，以下の1）〜4）に分けられる．

1）　変状が外壁または陸屋根にとどまっており，変状の区別，区域および程度も明らか
2）　変状の区別，区域および程度のいずれも不明
3）　変状は外壁または陸屋根にとどまっていると推定されるが，変状の区別または程度のいずれかが不明
4）　変状が構造体に及んでいる，または変状の原因が構造体にあると推定されるが，構造体の変状の区別，区域および程度が不明

このうち，1）では補修および改修が必要（詳細調査は不要），2）および3）では詳細調査が必要であると判定する．一方，4）は，打放し仕上げの表面や仕上げが剥離している箇所などから，

構造体の変状が直接目視で確認できる場合，あるいはひび割れの発生状況などから構造体に劣化または不具合が生じていると推定される場合である．これらの場合には，構造体の詳細調査が必要であると判定する．なお，基本調査では足場を用いない目視観察を主な調査方法としているため，打放し仕上げの場合であっても，多くの建築物では構造体に接近できる箇所が限定されることになる．そのため，上記4）のように構造体の変状が確認されたとしても，基本調査のみではその区域および程度を明らかにすることは難しい．したがって，本編では，基本調査の結果から，構造体の補修の要否を判定する流れは想定しないこととした．

3.2 外　　　　壁

3.2.1 目　　　的

a．対象建築物の外観全体および周辺に対する目視観察を主体として，表面的な変状が発生している区域と程度を把握する．
b．基本調査・診断の結果は，総合劣化度の評価および詳細調査・診断の要否判定や詳細調査・診断の計画立案に反映させる．

　a．事前調査で収集された情報と基本調査・診断計画書に記載された内容に基づいて，対象建築物が所在する現地へ赴き，対象建築物の外観全体や周辺の状況を主として目視観察によって調査して，表面的な変状が発生している範囲と程度を把握する．対象建築物のみでなく，対象建築物が所在する周辺の建築物および工作物における外観も参考とする．

　本節の調査・診断は建築物の外壁を主対象として示しているが，本節で取り上げているのと同様もしくは類似の材料や工法が適用されている場合には，解説の内容を参考として内装に対する調査・診断への適用も可能である．また，建築物の外壁には，コンクリート打放し仕上げの表面状態および仕上げの下地である下地材や構造体も含まれるが，後者の中で外観からでは変状の目視が不可能な部分については，本仕様書4章に示す外装仕上げ，シーリングジョイントおよび構造体に対する詳細調査・診断が必要となる．

　b．基本調査・診断によって得られた結果は，応急措置の要否を判定するとともに，不具合や劣化の区域と程度を評価したうえで，外壁仕上げ層に対する補修・改修の要否の判定および補修・改修が必要な場合の補修・改修設計に活用する．さらに，基本調査・診断では評価や判定が困難な場合には，外装仕上げ，シーリングジョイントおよび構造体に対する詳細調査・診断が必要であると判定することにより，詳細調査・診断の計画立案にも活用する．

3.2.2 調査部材

　基本調査・診断の調査部材は，対象建築物の調査・診断仕様書に示された接合部を含む外壁面，目地に対するシール材，外壁付属部材・部品およびそれらの接合部・取付け部，屋上・塔屋の防水層・保護層を除く部材，ならびに外壁に付設された工作物とする．

　基本調査・診断の対象となる主要な調査部材は，目視観察が可能な建築物の接合部や目地に対す

るシール材（シーリング材，ガスケット）を含めた外壁面全体および露出している柱形や梁形の表面であり，外壁に取り付けられた部材や部品およびそれら相互の接合部，構造体や下地に対する取付け部を含む．さらに，対象建築物の外壁に付帯する工作物および屋上・塔屋に設置されている防水層・保護層を除く外壁，パラペット，笠木，機械台基礎，取付け金物，タラップ，ルーフドレン，丸環ならびに付設された工作物なども含む．

　　外壁および屋上・塔屋に取り付けられる部材や部品には，以下のようなものが上げられる．

- ① 手すり・はしご・タラップ・屋外階段
- ② 建具（開口部材）・面格子
- ③ 看板およびその取付け金物等
- ④ 門扉・フェンスおよびそれらの取付け金物等
- ⑤ ベランダ（屋根のある張出し部）・バルコニー（屋根の無い張出し部）
- ⑥ 笠木および笠木カバー
- ⑦ 縦樋，軒樋および掴み金物
- ⑧ ルーバー（可動タイプは除く）
- ⑨ 装飾金物および取付け金物等
- ⑩ 庇および上げ裏
- ⑪ 接合部・目地
- ⑫ ルーフドレン
- ⑬ 機械台基礎
- ⑭ トップライト
- ⑮ パラペット
- ⑯ 鳩小屋
- ⑰ 丸環
- ⑱ 天井裏・屋根裏

　　特に，外壁に取り付けられた部材や部品の接合部や取付け部は，隠蔽部あるいは日陰部である場合が多く，劣化が促進されやすい反面，目視による観察はしにくいのが一般的である．しかし，このような部位・部品の不具合や劣化は，構造体への漏水や劣化の促進，さらには部材や部品の落下に繋がる可能性が高く，重要な調査対象である．

　　これらの部材や部品を構成している主要な材料には，以下のようなものがあげられる．

- ① コンクリート（PC を含む）・コンクリートブロック
- ② セメントモルタル・その他左官材料
- ③ ALC パネル
- ④ 押出成形セメント板（ECP）・その他セメント系成形板・けい酸カルシウム板等
- ⑤ GRC 部材
- ⑥ 石材
- ⑦ 陶磁器質タイル・レンガ

⑧　ガラス・ガラスブロック

⑨　金属材料（鉄鋼材料；一般構造用鋼材・亜鉛めっき鋼材・ステンレス鋼材・耐候性鋼材,
　　　　　　非鉄金属材料；アルミニウム合金・銅および黄銅）

⑩　合成樹脂・エラストマー（弾性シーリング材・成形ガスケット）

⑪　木材

⑫　上記材料に対する塗料・建築用仕上塗材等の塗り仕上げ材

　以上のような材料は類似した劣化の現象を呈する場合もあるが，一般的には異なる劣化の現象や劣化に至るプロセスを示すものであり，材料ごとに劣化現象を分類して，的確に調査することが重要である．

　基本調査では，部位や部材，部品の表面的な不具合と劣化を対象として，主に調査・診断者の肉眼による目視観察で調査する．

　上述したように，建築外装の表面仕上げには各種の材料・工法が適用されており，それらの種別に応じて，発生する劣化現象やそのメカニズムも異なるものである．したがって，基本調査・診断ではそれらを細分類しないで一括して捉え，詳細調査・診断においては材料・工法を詳細に分類したうえで，原因を含めて詳細な評価や判定をすることにする．

　主要な劣化現象は，以下のような①仕上げ表面の劣化，②仕上げ層内部の劣化，③素地・下地や構造体を含む劣化に大別して，外観目視では①仕上げ表面の劣化，および②仕上げ層内部の劣化を調査の主対象とする．③素地・下地や構造体の劣化についても，ひび割れや破断，腐食など一部の現象は，仕上げ表面からでも目視可能なものもある．これらの現象は，外装仕上げや防水の種類によって，同様な現象であっても呼称が異なることや，異なる現象に対して類似した表現を用いることがあるため，明確に分けて表記することを事前に明らかにしておくことが重要である．

　また，コンクリート打放しやコンクリート，モルタルおよび金属材料等に対して，薄膜の塗装が施された仕上げなどでは，素地・下地あるいは構造体の表面状態を直接目視することが可能な場合もあり，このような場合には，③素地・下地や構造体の劣化も含めた一部の調査・診断は可能となることがある．

①　仕上げ表面の劣化：汚れ・付着物，変退色，光沢低下，白亜化，表面摩耗，漏水痕跡

②　仕上げ層内部の劣化：摩耗，ふくれ，割れ，はがれ，浮き，表面腐食

③　素地・下地や構造体の劣化：ひび割れ，漏水，エフロレッセンス，表面脆弱化，ガラスの失透，金属材料の腐食，木質材料の腐朽，変形，断面欠損，破断，破損，欠損　など

　一般に，ふくれ，割れ，はがれは，塗膜の劣化現象に対して使用され，浮き，ひび割れは左官仕上げや陶磁器質タイル張り仕上げの分野で使用されることが多い．また，ふくれ，はがれ，浮きに対しては剥離や剥落などの表現をされたり，ひび割れや割れに対しては亀裂やクラックが使用されたりする場合もある．類似の現象であるが，本節では本会において使用を避けている亀裂とクラックは用いないことにして，その他はおのおのの分野で一般化している表現を採用して，誤解を回避している．また，左官仕上げや陶磁器質タイル張り仕上げの分野では，付着強さが低下して界面破断が生じて完全にはがれている場合を剥離，剥落，欠損などと表現することもあり，不完全に付着

している状態を浮き，ふくれ，はらみと表現している場合も見受けられる．しかし，本節では用語による混乱を避けるため，完全にはがれている場合は「欠損」と表記し，不完全に付着している状態は「浮き」という表現に統一している．

　素地・下地や構造体は顕著な変状に至っていなければ，表面仕上げが施されていると，外観状態を容易に目視調査したり，外観状態のみからそれらの状態を評価したりすることが一般的には困難な場合が多く，仕上げ層を除去したうえでの詳細な調査・診断が必要となる．したがって，局部的に表面仕上げをごく一部のみ除去して簡易な調査を実施するか，素地・下地や構造体を含む詳細調査・診断に委ねるかは，対象建築物の所有者や管理者あるいは調査・診断の依頼者と，事前に確認しておくことが重要である．

　上述したような劣化現象が認められた場合に，それらの原因を把握しておくと，補修・改修の設計において有効な情報となるため，必要に応じて劣化の原因やメカニズムを推定する．主要な劣化現象に対して想定される原因には，次のようなものがあげられる．実際に原因やメカニズムを特定するには，おのおのの建築物あるいは対象の部位に対する専門的な調査・計測・試験・分析などに基づく診断が必要であり，素地・下地や構造体を含む詳細な調査・診断を実施することになる．

　　①　汚れ・付着物：周辺環境中の塵埃や浮遊物質，上部からの流下水の影響など
　　②　変退色・光沢低下・白亜化：紫外線，水，化学薬品など
　　③　表面摩耗：流水，塵埃など
　　④　漏水痕跡：雨水，使用水，地下水など
　　⑤　ふくれ・割れ・はがれ：背面水，素地・下地の挙動，温度変化，乾燥収縮，素地・下地の劣化など
　　⑥　浮き：接着不良，下地の挙動，温度変化，乾湿繰返し，背面水，下地の劣化など
　　⑦　ひび割れ：乾燥収縮，過荷重，外力など
　　⑧　漏水：防水不良，水密性不良，ひび割れなど
　　⑨　エフロレッセンス：ひび割れ，漏水など
　　⑩　腐食・腐朽：雨水，使用水，地下水，漏水，塩化物，排気ガス，化学薬品，腐朽菌，バクテリアなど
　　⑪　破断・破損・変形：乾燥，外力など

3.2.3　調査方法

> a．目視観察によって変状を調査し，表面的な不具合および劣化の状態を把握する．
> b．目視観察によって不具合や劣化が確認された場合には，手の届く範囲内であれば，指触観察またはテストハンマー等を用いる打音検査をする．
> c．調査の結果は対象建築物の立面図や平面図に記録して，代表的な調査結果は写真撮影する．

　a．建築物の部位，部材，部品を対象として，それらの表面状態を目視観察する．近接目視できない場合には，望遠鏡，双眼鏡，セオドライトを使用する．また，接近して詳細な観察をする場合

には，拡大鏡も使用可能である．

基本調査・診断のフローを解説図 3.1 に示す．

ｂ．汚れ，付着物，変退色，光沢低下，白亜化およびひび割れ，欠損，腐食，破断，漏水やその痕跡，エフロレッセンス等の現象は，外観的な目視観察によって確認することが可能である．しかし，塗膜のふくれ，割れ，はがれおよび左官仕上げや陶磁器質タイル張りの欠損などのように，明らかな不具合や劣化を伴うような場合を除いては，浮きおよび素地・下地や構造体の内部における不具合や劣化を外観目視によって把握することは困難である．したがって，開口部まわりや低層階等で手が届く範囲に対しては，指触観察によって表面の粗面化や凹凸を確認するとともに，テスト

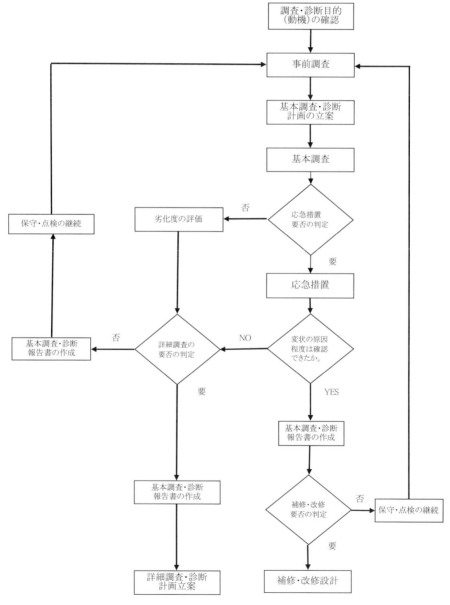

解説図 3.1 基本調査・診断のフロー

ハンマー等を使用して打音の違いから，浮きの有無を調べることが重要である．また，調査の範囲は屋外面のみではなく，屋内側への漏水やエフロレッセンスなどの現象が生じているか否かを確認することも重要であり，目視観察の範囲は外部側に面する部位・部材の屋内面も含まれる．

　c．目視観察，指触観察およびハンマーを用いた打音検査によって把握された調査結果は，対象建築物の立面図や平面図に記録するとともに，代表的な調査結果は写真撮影して記録する．

3.2.4　応 急 措 置

> 　基本調査において，落下，飛散や漏水など緊急の補修を要すると判断される場合には，対象建築物の所有者や管理者と協議のうえ，応急措置を講ずる．

　基本調査・診断の結果から，調査範囲の外壁面および外壁に付属する部材・部品ならびに接合部・取付け部等に不具合や劣化が認められ，既に落下や漏水が生じている場合，または生ずることが懸念される場合には，対象建築物の所有者や管理者とただちに協議して，応急措置を講ずることが重要である．

　特に，素地・下地や構造体への取付け部に上記のような不具合や劣化が認められる場合には，大事故に繋がる可能性が高い部材・部品等の落下が懸念されるため，ただちに応急措置を講じなければならない．

　緊急性を要する不具合や劣化とは，部材・部品の落下，飛散および内部への漏水またはこれらの現象が懸念される場合であり，そのような現象を未然に防止することを主要な目的として応急措置を講ずる．このような緊急性を要する現象は，一般的には日常点検で見出されて既に応急措置が施されていると考えられ，基本調査・診断で見出されるものは限定される．

　また，応急措置を施した後は詳細調査・診断を実施したうえで，補修・改修の要否を判定することが重要である．

3.2.5　総合劣化度の評価

> 　基本調査によって認められる個別の不具合の状態や劣化現象における進行程度に応じて，総合劣化度を以下のように評価する．なお，総合劣化度は対象建築物の規模，変状の発生状況に応じて調査部材ごとに，または調査区域に区切って評価してもよい．
> 　（1）　総合劣化度Ⅰ：表面的な変状がほとんど認められない．
> 　（2）　総合劣化度Ⅱ以上：表面的な変状が認められる．

　3.2.2項で記したように，基本調査・診断においては，対象建築物の外壁面全体で使用されている部位・部材，部品および工作物などが調査範囲であり，一般的には調査部位や調査区域ごとに異なる劣化現象や進行程度を示すものである．したがって，部位・部材，部品および工作物ごとに，劣化現象とその程度に対する個別劣化度の判定基準を事前に設定しておくことが重要である．さらに，対象建築物の外壁面は大面積になる場合もあるため，基本調査・診断の総合劣化度は調査部位や調査区域ごとに評価する．変状が生じている箇所の多少によっては，基本調査・診断による総合

劣化度の評価範囲（詳細調査の対象・範囲となる）を変更した方が，安全または合理的となる場合が想定される．例えば，①調査対象の規模が大きく，変状箇所が一部に集中している場合や，②変状箇所数が多い場合などでは，評価の範囲を区分する，③同様の変状が生じている場合には評価の範囲をまとめるなどの変更をすることが有効である．したがって，総合劣化度の評価の範囲については，対象建築物の規模や変状の発生状況に応じて増減することとしている．

　評価の範囲において仕上げ層の表面的な劣化がほとんど認められない場合は，総合劣化度Ⅰと評価する．また，仕上げ層の表面的な劣化や表面の粗面化が明らかな場合，あるいは浮きの兆候，内部における劣化の進行が懸念される場合には，総合劣化度Ⅱ以上と評価する．

　目視観察を主体とする基本調査・診断であるため，あくまでも表面的な不具合や劣化のみに基づいて評価することになるが，認められた変状が不具合であるか劣化であるかは判別できない場合も含まれている．3.2.3項で規定されているように目視観察のみではなく，手の届く範囲では指触観察およびテストハンマー等を用いた簡易な打音検査を含めて評価することが重要である．

3.2.6　補修・改修と詳細調査・診断の要否判定

> 　評価された総合劣化度に応じて，補修・改修または詳細調査・診断の要否を以下のように判定する．
> （1）　総合劣化度がⅠと評価された場合には，点検と保守を継続する．
> （2）　総合劣化度がⅡ以上と評価された場合には，以下のように判定する．
> 　①　基本調査・診断で確認された不具合や劣化が仕上げ層に留まっていることが明らかな場合は，詳細調査・診断は実施しないで仕上げ層に対する補修・改修を実施する．
> 　②　基本調査・診断で確認された仕上げ層における不具合または劣化の範囲や程度が評価できない場合には，仕上げ層に対する詳細調査・診断を実施する．
> 　③　基本調査・診断で確認された不具合や劣化が仕上げ層またはシール材の表層に留まっているのか，素地・下地や構造体に及んでいるのかを評価できない場合には，外壁仕上げ，シーリングジョイントおよび構造体に対する詳細調査・診断を実施する．

　基本調査・診断によって評価された総合劣化度がⅠの場合には，これまでの点検・保守を継続することになる．

　また，総合劣化度がⅡ以上で，認められた不具合や劣化が仕上げ層に留まっていることが明らかで，仕上げ層の補修・改修が必要であると判定される場合には，仕上げ層に対する補修・改修設計に対する情報を提供する．

　しかし，認められた仕上げ層またはシール材の表層における不具合や劣化の範囲や程度が十分に評価できない場合は，仕上げ層またはシーリングジョイントに対する詳細調査・診断を実施して特定しなければならない．また，認められた不具合や劣化が素地・下地や構造体に及んでいるか，あるいは素地・下地や構造体から生じているかを判定できない場合には，外壁仕上げ，シーリングジョイントおよび構造体に対する詳細調査・診断を計画したうえで実施することが不可欠である．

　特に，基本調査・診断によって認められた不具合や劣化が漏水，エフロレッセンス，鉄筋のさび，素地の腐食等であり，素地・下地や構造体の不具合や劣化との関係が深いと判定される場合には，表面仕上げを除去して素地・下地や構造体の状態を調査することが必要である．そのような場合に

は，仕上げに対する詳細調査・診断に留まらず，シーリングジョイントおよび構造体に対する詳細調査・診断の計画を立案して実施することが重要である．

3.3　陸　屋　根

3.3.1　目　　　的

> a．対象建築物の陸屋根およびそれに付設された工作物に対し，主に目視による調査を実施して，表面に生じた変状の種類および位置を把握し，劣化の程度を評価する．
> b．基本調査の結果に基づき，点検の継続，補修（局部的な補修）または改修（全面的な補修を含む）に判定する．

a．調査・診断計画書の内容に従って調査を行い，表面に生じた変状を評価する．劣化原因の推定，劣化進行の推定などを実施する場合は特記による．

b．ここで，補修とは，漏水やその痕跡が認められ，その雨水浸入箇所が特定された場合に，その部分のみに防水材料を張り付けたり，塗り付けたりする局部的な補修が該当する．また，改修は，連続した屋根面の全体に対して実施することを基本とする．連続した屋根面の一部に対して行う場合については，既存防水層と新規防水層の境界の処理方法が標準化できないため，陸屋根の改修では想定しないことにした．さらに，メンブレン防水の改修に採用される工法の中には，必ずしも既存防水層の初期の防水性能を上回らないものもあり，しかも初期の防水性能を上回る改修工法とそうでないものを明確に区分することも困難なため，「改修」には，全面的な補修も含めることとした．

3.3.2　調査部材

> 基本調査は，陸屋根の露出防水層，防水保護層（以下，保護層という）およびこれらと取り合う周辺部（以下，取合い周辺部という），付設された工作物，ならびに最上階の天井および天井内に対して実施する．

基本調査では，露出防水層，保護層のほか，ドレン，パラペット，塔屋の壁面や出入口まわり，スラブと一体となった設備基礎など，露出防水層または保護層と取り合う周辺部について，その表面の変状を調査する．また，漏水およびその痕跡の有無を確認するため，最上階の天井なども調査する．工作物の詳細は，3.2.2 項の解説を参照する．

なお，4.5 節の詳細調査は，基本調査において総合劣化度がⅢ（改修）と判定された場合に実施するものであり，露出防水工法・保護防水工法の場合とも既存防水層に対して実施する．その主たる目的は，改修設計において材料および工法を選定する際の参考としたり，選定された材料および工法で施工が可能であることを確認したりすることなどにある．したがって，総合劣化度がⅠ（点検の継続）およびⅡ（補修）と判定された場合は，詳細調査・診断を行わずに基本調査・診断で終了となる．また，Ⅲ（改修）と判定された場合でも，既存防水層を全面撤去して行う改修工法を採用する場合などでは，詳細調査・診断を行わないこともある．

3.3.3　基本調査・診断の手順

a．基本調査・診断は，図3.1 に示す流れに沿って行うことを原則とする．
b．調査の結果は，平面図や立面図等に記録し，代表的な変状については写真撮影などを行い，記録として保管する．

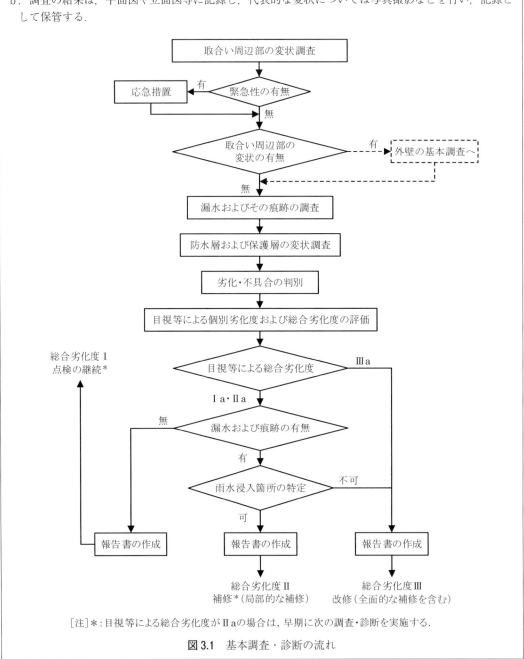

図3.1　基本調査・診断の流れ

a．基本調査の実施に先立ち，十分な安全対策を講ずることが重要である．特に，手すりのない屋根において調査する場合は，転落しないよう，また，道具・資材等を落下させないように，必要な安全対策を講ずる．

　b．目視観察，指触観察，打音検査などによって把握された変状は，平面図，立面図等に変状の種類および位置を記録する．代表的な変状については写真などを撮影して保管する．

　なお，図 3.1 における＊印の理由については，3.3.9 項 b〜e の解説も参照されたい．

3.3.4　取合い周辺部の変状調査

> a．取合い周辺部の変状を調査する．調査する変状の種類および調査方法は，防水層および保護層については 3.3.6 項による．それ以外は外壁の基本調査による．
> b．落下，飛散，排水不良など，緊急の対策を要する場合には，依頼者と協議のうえ，応急措置を講ずる．

　a．取合い周辺部について，調査する変状の種類の例を解説表 3.2 に示す．露出防水層および保護層の変状調査は 3.3.6 項において行う．

解説表 3.2　調査する変状の種類（例）

部　材　等		変状の種類	調査方法
取合い周辺部	露出防水層の押え金物，固定金物など	金物類のあばれ，脱落など	3.2.3 項による
	ドレン	ルーフドレンのがたつき，破損，腐食など	
	設備，手すりなどの基礎	ひび割れ，欠損など	
	トップライト，鳩小屋の立上り	ひび割れ，欠損，剥離など	
	パラペット	パラペットの押出しによる外部側の水平ひび割れ	
	パラペットのあご，天端（笠木）および付属物	モルタル・タイル笠木のひび割れ，浮き，欠損など 金属笠木のがたつき，脱落など	
		パラペット（コンクリート）のひび割れなど	
		丸環や手すりのがたつき，取付け部のひび割れ，さびなど	
	塔屋の腰まわり，出入口建具まわり，屋外階段の足元など	塔屋壁面のひび割れ，浮きなど	
		出入口まわりのひび割れ，損傷など	
		屋外階段足元のひび割れ，損傷など	
	その他	ドレン・排水溝への土砂の堆積，ポリ袋による閉塞など	
		ドレン・排水溝・防水保護層への植物の繁茂など	
		露出防水層への植物の繁茂など	

露出防水層[*1]	アスファルト防水層 改質アスファルト防水層 合成高分子系シート防水層 塗膜防水層	防水層の貫通破断，防水層の表層ひび割れ	目視，スケール
		防水層末端部の剥離	目視，スケール
		ルーフィング接合部の剥離幅・ずれ幅	目視，スケール
		防水層立上り際の入隅の浮き高さ	目視，スケール
		露出防水層の表面仕上げの劣化	目視，指触，スケール
		防水層のふくれ・浮き[*3]	目視，スケール
保護層[*2]	現場打ちコンクリート（平場・立上り）	平場保護層のひび割れ，せり上り，欠損など	目視，スケール
		伸縮目地材の突出・圧密，脱落・折損など	目視
		立上り保護層のひび割れ，倒れ，欠損など	目視，スケール
	アスファルトコンクリート（平場）	摩耗，へこみ，割れなど	目視
	コンクリート平板類（平場）	ずれ，あばれ（不陸），破損など	目視
	砂利（平場）	移動など	目視
	モルタル（平場・立上り）	ひび割れ，浮き，剥離など	目視，テストハンマー
	陶磁器質タイル（平場）	浮き，欠け，はがれなど	目視，テストハンマー
	ポリマーセメントモルタル（平場）	ひび割れ，浮き，剥離など	目視，テストハンマー
	れんが類（立上り）	欠損，倒壊など	目視
	乾式保護板（立上り）	欠け，割れ，脱落など	目視
	ウレタン舗装材	減耗，損傷など	目視
	その他の床材（平場）	減耗，ひび割れ，欠損，浮き，はがれなど	目視

［注］＊1，＊2：露出防水層および保護層の変状調査は3.3.6項による．
　　＊3：合成高分子系シート防水機械的固定工法では固定金具のビスの浮上りおよびシートとの剥離を含む．

　平場の保護コンクリートの熱膨張によって，パラペットが外部側に押し出され，水平に連続したひび割れが生じている場合，パラペットの天端・あご，塔屋壁の足元・出入口まわり，設備基礎，トップライトなどに構造体または構造体と一体となったコンクリートにまで達するひび割れや鉄筋腐食によるさび汁が発生している場合などは，表層だけの補修で済まさずに，適切な補修を実施することが重要である．その他にも，パラペットに取り付けられた丸環や手すりの埋込み部，ドレンまわり，屋外鉄骨階段との取合い部なども，漏水の原因になることが多いので注意が必要である．

　b．基本調査では，脱落や飛散などの危険性の有無を先行して調査し，緊急性が認められた場合は，必要な応急措置を講ずる．

　立上り乾式保護板の割れや脱落，金物類のぐらつきや脱落，パラペット天端のモルタル笠木やタイルの浮きなど，強風や地震などにより，落下・飛散のおそれのある部分は，除去するか，落下防

止の応急措置などを講ずる.

　ドレンや排水溝に，雨水の排水を妨げる土砂やポリ袋などが詰まっている場合は，降雨に備え，これらを除去する．ただし，防水層に植物が繁茂している場合は，安易に除去すると，かえって防水層を痛め，漏水を引き起こすこともあるため，慎重に取り扱う.

　漏水が発生していることが明らかで，台風の接近や大雨が予想される場合は，シート掛けなどの雨養生を施す．その後，露出防水層および保護層よりも先に，取合い周辺部を調査する.

3.3.5　漏水およびその痕跡の調査

---

　a．最上階の天井を目視で調査し，漏水およびその痕跡の有無を確認する．ただし，点検の記録等によって確認できる場合は，この調査を省略することができる.

　b．天井に漏水またはその痕跡が認められた場合は，天井内を目視で調査し，屋根スラブの下面の状態を確認する．点検口がないなど天井内を確認できない場合は，依頼者の許可を得たうえで，天井材の一部を取り外し，天井内の状態を確認する.

---

　a．最上階の各室の天井に，漏水や漏水による汚れ，シミなどの痕跡がないかどうかを確認する．日常点検の記録等によって確認できる場合は，最上階の天井の調査を省略することができる.

　b．天井に漏水またはその痕跡が認められた場合は，天井の内部を調査し，屋根スラブの下面などの状態を確認する．点検口などがなく，天井の内部を確認できない場合は，依頼者に報告し，天井の一部を撤去する方法，復旧する方法などについて協議し，許可を得たうえで，天井内の調査を行う．調査する変状の種類の例を解説表3.3に示す.

解説表3.3　最上階の天井および天井内において調査する変状の種類の例

部　材　等	変状の種類	調査方法
最上階の天井	天井仕上げ材の汚れ，しみなど	目視
最上階の天井内（屋根スラブの下面）	ひび割れ，エフロレッセンス，さび汁など	目視

3.3.6　露出防水層および保護層の変状調査

---

　a．露出防水層および保護層における変状を目視または簡易な器具を用いて調査する.

　b．最上階の天井などに漏水またはその痕跡が確認された場合は，この変状調査において，雨水浸入箇所の調査も併せて実施する．調査方法は目視とする.

---

　a．陸屋根の平場および立上りの露出防水層および保護層について，変状を調査する．調査する変状の種類の例として解説表3.2に示した.

　b．最上階の天井および天井内の変状調査において漏水またはその痕跡が確認された場合は，露出防水層および保護層の変状調査を実施しながら，雨水浸入箇所を特定するための調査も併せて実施する．調査方法は目視とする．雨水浸入箇所を特定するために，ドレン等をふさぎ，屋根に水を張る，いわゆる「水張り試験」を行うこともあるが，直下階では，漏れた水に対する養生が必要と

なる．雨水浸入箇所が絞り込まれている場合は，例えばドレンまわりだけを囲い，部分的に水張りを行う場合もある．

3.3.7 劣化・不具合の判別

> 露出防水層または保護層の変状が，通常の劣化によるものか，不具合によるものかを判別する．

　露出防水層および保護層に確認されたすべての変状について，通常の劣化によるものなのか，あるいは排水勾配の不足による排水障害（水溜り），水切り不良，納まり不良などといった不具合によるものなのかを判別する．そのうえで劣化については劣化度を評価する．不具合が認められた場合には，放置せずに適切な処置を施したうえで，補修・改修設計においてはその影響を十分に考慮して工法および材料を選定し，工事を実施することが重要である．

3.3.8 目視等による個別劣化度および総合劣化度の評価

> a．露出防水層および保護層において確認された劣化の種類ごとに，個別劣化度を評価する．
> b．目視等による個別劣化度は，次の3段階で評価する．
> 　ⅰ：劣化は表面的でかつ軽微か，ほとんど認められない
> 　ⅱ：表面に顕著な劣化が認められるがただちに漏水に繋がるほどではない
> 　ⅲ：劣化が防水層を貫通しているか，貫通している可能性がある
> c．目視等による個別劣化度の評価基準は，劣化の種類ごとに定め，依頼者の承認を受ける．
> d．目視等による総合劣化度は，個別劣化度の次数のもっとも高いものを代表させ，個別劣化度がⅰ，ⅱおよびⅲの場合の目視等による総合劣化度はそれぞれⅠa，ⅡaおよびⅢaとする．

　a．露出防水層および保護層における個別劣化度の考え方は，1980年から5年間にわたって実施された建設省総合技術開発プロジェクト「建築物の耐久性向上技術の開発（以下，耐久性総プロ）」と，独立行政法人（当時）建築研究所が2009年からの2年間で耐久性総プロの成果の一部について見直しを行った「建築物の長期使用に対応した材料・部材の品質確保・維持保全手法の開発」にならっている．ただし，このプロジェクトにおいては，「個別劣化度」ではなく，単に「劣化度」といっている．

　b．上記のプロジェクトでは，劣化度のⅠ，ⅡおよびⅢを下記のように想定している．

　　　劣化度Ⅰ：このまま点検を継続し，しばらくは放置可能な状態
　　　劣化度Ⅱ：早い段階で再度調査・診断を実施することを条件に，短期間の放置は可能な状態
　　　劣化度Ⅲ：原則として詳細調査が必要な状態

　この基本調査における目視等による個別劣化度も，上記の劣化度とほぼ同等の状態を想定し，個別劣化度ⅰ，ⅱおよびⅲを定めている．

　c．目視等による個別劣化度の評価基準は，劣化の種類ごとに定めるが，その場合の参考として解説表3.4（a）および（b）を示す．なお，それぞれの個別劣化度に相当する見本写真が，国立研究開発法人建築研究所のWebサイトに掲載されている．

http://www.kenken.go.jp/japanese/contents/publications/data/145/index.html

d．陸屋根の基本調査・診断では，通常，漏水はもっとも状態の悪い劣化現象によって引き起こされることが多いため，個別劣化度のもっとも評価の悪いものを目視による総合的劣化度とすることにした．

解説表 3.4（a） 目視等による個別劣化度の評価基準の例（露出防水層の場合）

調 査 項 目		個別劣化度		
		i	ii	iii
防水層のひび割れ，破断		外観上の異常を認めず	防水層表面のひび割れ	防水層の貫通ひび割れ（破断）
防水層末端部の剥離	塗膜防水以外	外観上の異常を認めず	押え金物のゆるみ，末端部シールの剥離[*1]端末部に近接するふくれ・浮上り	押え金物・固定金物の脱落，張り仕舞・ドレン部の剥離，口開き
	塗膜防水		−	剥離あり
ルーフィング接合部の剥離幅・ずれ幅[*2]	塗膜防水以外	20％未満	20％以上〜50％未満	50％以上
防水層立上り際の入隅の浮き高さ	塗膜防水以外	30 mm 未満	30 mm 以上 〜50 mm 未満	50 mm 以上
露出防水層の表面仕上げ層の劣化[*3]	アスファルト系	砂落ち 40％未満（面積）	砂落ち 40％以上〜80％未満（面積）	砂落ち 80％以上（面積）
	合成高分子系ルーフィングシート	仕上げ層の変退色	仕上げ層の減耗または白亜化	仕上げ層の消失
	ウレタンゴム系塗膜防水	仕上げ層の変退色または白亜化度：等級 1	仕上げ層の減耗または白亜化度：等級 2 〜 3	仕上げ層の消失または白亜化度：等級 4 〜 5
	FRP 系塗膜防水	外観上の異常を認めず	−	仕上げ層の変退色・ひび割れ
防水層のふくれ・浮き	ウレタンゴム系塗膜防水	面積比 10％未満	面積比 10％以上〜30％未満	面積比 30％以上または 1 個の長径が 300 mm 以上
	FRP 系塗膜防水	面積比 10％未満	面積比 10％以上〜30％未満	面積比 30％以上または 1 個の大きさ（長径）が 1 000 mm 以上
	その他（密着工法,接着工法）	面積比 10％未満	面積比 10％以上〜30％未満	面積比 30％以上
	その他（機械的固定工法）	外観上の異常を認めず	−	固定金具・ビスの浮上り，固定金具とシートの剥離

＊1：エチレン酢酸ビニル樹脂系シートの場合は，末端部ポリマーセメントペーストの剥離とする．
＊2：ルーフィング接合部の剥離幅およびずれ幅は下図に示すとおりとし，初期接合幅に対する割合によって示す．初期接合幅が不明な場合，アスファルト系防水層，加硫ゴム系シート防水層およびエチレン酢酸ビニル樹脂系シート防水層では 100 mm，塩化ビニル樹脂系シート防水層および熱可塑性エラストマー系シート防水層では 40 mm とする．
＊3：塩化ビニル樹脂系シート防水層は塗料なしの場合あり．

 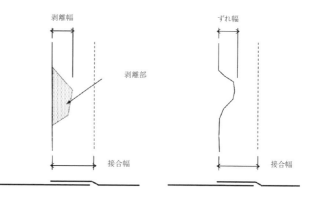

解説表 3.4 (b) 目視等による個別劣化度の評価基準の例 (保護層の場合)

調 査 項 目		個別劣化度		
		i	ii	iii
現場打ちコンクリート (平場・立上り)	平場保護層のひび割れ, せり上り, 欠損など	ひび割れ 1 mm 未満	ひび割れ 1～3 mm	ひび割れ 3 mm 以上, せり上りなど
	立上り保護層のひび割れ, 倒れ, 欠損など	ひび割れ 1 mm 未満	ひび割れ 1～3 mm	ひび割れ 3 mm 以上, 倒れなど
	伸縮目地部の異常	外観上の異常を認めず	突出・圧密	脱落・折損

3.3.9 総合劣化度の評価および判定

a. 総合劣化度は I ～ III の 3 段階で評価する.
b. 露出防水層または保護層の目視等による総合劣化度が I a または II a であり, かつ, 漏水またはその痕跡が認められなかった場合は, 総合劣化度を I とする.
c. 総合劣化度が I の場合は点検を継続する. ただし, 目視等による総合劣化度が II a の場合は, 早い段階で再度, 調査・診断を行う.
d. 露出防水層または保護層の目視等による総合劣化度が I a または II a であり, かつ, 雨水の浸入箇所が特定された場合は, 総合劣化度を II とする.
e. 総合劣化度が II の場合は雨水浸入箇所を補修 (局部的な補修) する.
f. 露出防水層または保護層の目視等による総合劣化度が I a または II a で, かつ漏水またはその痕跡が認められたものの雨水浸入箇所が特定できなかった場合, および, 露出防水層または保護層の目視等による総合劣化度が III a の場合は, 総合劣化度を III とする.
g. 総合劣化度が III の場合は改修 (全面的な補修を含む) する.

　b., c. 露出防水層または保護層の目視等による総合劣化度が I a または II a で, 漏水またはその痕跡がなければ, 補修や改修を行う必要はなく, 点検を継続する. ただし, 目視等による総合劣化度 II a の場合は, 比較的軽微ではあるが変状や劣化現象が顕在化し始めているため, 漏水を未然に防ぐためには, 日常の点検・保守を強化するか, 次回の調査・診断の実施を当初の予定より早めて行うことが必要である. その実施時期については, 全調査項目を総合的に判断する必要があるが, 翌年または遅くても数年後までに行うことが望ましい.

　d.，e.　露出防水層または保護層の目視等による総合劣化度がⅠaまたはⅡaであり，かつ雨水浸入箇所が特定できた場合には，広範囲におよぶ改修は行わずに，雨水浸入箇所のみを部分的に補修することができる．その際，目視等による総合劣化度がⅡaと判断された項目については，その変状が顕在化している部分も併せて補修したうえで，次回の調査・診断の実施を当初の予定より早めて行うようにする．

　f.，g.　露出防水層または保護層の目視等による総合劣化度がⅠaまたはⅡaであり，かつ，漏水またはその痕跡は認められたが，雨水浸入箇所が特定できなかった場合，および，露出防水層または保護層の目視等による総合劣化度がⅢaの場合は，全面的な改修を実施する．

3.4　基本調査・診断の結果の報告

> a.　基本調査・診断の終了後，速やかに「基本調査・診断結果報告書」を作成し，依頼者へ報告する．
> b.　基本調査・診断の結果は，（1）調査・診断の期間，（2）調査・診断の実施者，（3）対象建築物の概要，（4）事前調査の有無，（5）調査・診断の目的，（6）調査部位，調査範囲，（7）調査項目，調査方法に加え，（8）劣化度の評価基準および補修・改修あるいは詳細調査・診断の要否の判定基準，（9）調査・診断の結果，（10）応急措置について記載する．
> c.　調査・診断の結果では，調査範囲に対して，あるいは調査部材または調査区域ごとに劣化および不具合の有無について記載する．また，調査範囲に対して，あるいは調査部材または調査区域ごとに総合劣化度の診断結果を記載し，必要に応じて実施した応急措置などについて記載する．
> d.　実際に設定した調査区域および調査箇所は，その具体の範囲および箇所がわかるように平面図および立面図などを用いて報告する．調査区域および調査箇所の劣化および不具合の状況は，必要に応じて写真や図を整理して報告する．

　a.　基本調査・診断の実施者は，基本調査の結果に基づき診断を行い，その結果を「基本調査および診断結果報告書」として速やかに取りまとめ，依頼者に報告しなければならない．そのため，基本調査の実施に先立ち，調査結果を的確に整理し，その後報告書が容易にかつ迅速に作成できるよう，結果の記録方法や取りまとめ方法などを事前に検討しておくことが望ましい．

　b.～d.　基本調査および診断結果報告書に記載すべき項目についてb項に規定するとともに，総合劣化度診断結果の記載方法をc項に，関連する図版の整理・報告方法についてd項に規定した．

　基本調査・診断結果報告書に限らず，維持保全に関わる情報には一貫性が必要であることから，記載事項の詳細やその記載内容・方法については，他の各種点検記録や新築時情報，新築時の保全計画，補修・改修の履歴，既往の調査報告書などと整合するよう努める必要がある．また，依頼者は，基本調査・診断結果報告書に基づき，補修または改修の実施あるいは詳細調査の実施を決定するが，ここに記載された情報は，その後の維持保全活動の中で長く参照されることを想定し，単に診断結果を残すのみでなく，補修・改修の要否の判定や，詳細調査・診断の要否の判定に至った経緯などについても，出来る限り詳細に記載することが望ましい．記載事項に抜け・落ちが無いよう，必要に応じて関係者と協議して定める．近年では，これら情報のデジタル化が推進されており，さらにはBIM（Building Information Modeling）などを活用した効率的な情報管理が進められており，これらの活用も有用である．いずれにしても，保全に関わる情報は長期にわたり参照されることを

念頭に，データの保存方法についても検討する必要がある．

　また，d.項に定めるように調査箇所の写真資料等については，必ず別途添付する．

　以下に，基本調査・診断に記載すべき事項をまとめる．1）～8）は調査・診断の実施内容を記録・報告するものであり，9）～10）は調査・診断結果を示すものである．9）～10）の調査・診断結果に関わる事項は必要に応じて，調査対象などに分けて複数ページに亘り記載すると良い．また，必要に応じて図面や写真などの別添資料を取りまとめる．

1）　調査・診断の期間

2）　調査・診断の実施者

　　調査・診断を実施した法人名および実施者自身に関する情報を記載する．調査の実施者と診断の実施者が異なる場合は，両者を記載することとする．また，これらが複数に及ぶ場合，すべての実施者に関する情報を報告することが望ましい．

3）　対象建築物の概要

　　名称，所在地，竣工年，構造種別，階数，用途などの情報について記載する．

4）　事前調査の実施の有無

　　事前調査の実施の有無と，事前調査でまとめた事項があれば記載すると良い．

5）　調査・診断の目的

　　基本調査・診断計画書あるいは事前調査結果を踏まえ，最終的な調査の目的を記載する．

6）　調査部位，調査範囲，調査部材，調査項目および調査方法など

　　外壁および陸屋根に分けて，調査対象とした調査部位および調査範囲を明記する．調査部材の具体は，外壁においては3.2.2項，陸屋根においては3.3.2項を参照することとし，報告書には，結果としてどこを対象として調査が行われたかを明確にするため，より具体の調査の範囲を必要に応じて記載する．特に，調査部位や調査項目ごとに設定された調査範囲が異なるような場合は，調査部位や調査項目ごとの調査範囲がわかるよう記載する．

　　なお，調査で発見された変状や不具合，申し送り事項があった個所や範囲だけではなく，実際に調査が行われ変状や不具合が確認されなかった調査範囲についても重要な情報となる．基本調査においては主として調査の実施者の肉眼による外観観察で調査が行われるが，調査項目により調査範囲が異なることも予測されることから，実際にどの範囲を確認したか（確認できたか）について，必要に応じて図面を用いるなどして調査項目ごとにその調査範囲を明記する．

7）　調査項目および調査方法

　　実施した調査項目および調査方法を記載する．具体の調査項目は，外壁においては3.2.2項，陸屋根においては3.3.4～3.3.6項において定められた項目を記載する．なお，ここでいう「実施した調査項目」とは，実際の調査により確認された劣化現象や不具合事象のみを記載するのでは無く，それら事象が確認されなくても，実際に調査を実施した項目を過不足なく記載する必要がある点に注意する．なお，実際の調査結果は9）において記載する．

8）　劣化度の評価基準および補修・改修あるいは詳細調査・診断の要否の判定基準

　　基本調査における劣化度に対する評価基準は，外壁の場合3.2.5項に，陸屋根に関しては3.3.8

項に示される評価基準による．基本調査においては，外壁の場合は調査範囲または調査部材，あるいは調査区域ごとの総合劣化度のみ，陸屋根に関しては個別劣化度および総合劣化度が標準として定められている．なお，陸屋根の調査における防水層と取り合う周辺部については，取合い周辺部の変状が防水層および保護層以外に起因していると判断された場合は，依頼者に外壁の基本調査の実施を提案するとしている点に注意が必要である．

　同様に，補修・改修あるいは詳細調査・診断の要否の判定基準についても，報告書に含めるようにする．具体の内容は外壁の場合3.2.6項に，陸屋根に関しては3.2.8項および3.2.9項による．

　劣化度の評価は，後年の保全において重要な情報となることから，単に評価を報告するだけでなく，劣化度の評価に用いた評価基準について，例えば調査部位ごとの判断基準の詳細や，本仕様書に定めた内容を補足する事項について，出来る限り具体的に記録を残すと良い．

9）　調査・診断の結果

　基本調査・診断の結果では，調査区域ごとに劣化および不具合の有無の調査結果について記載することとし，調査区域ごとに総合劣化度の判定結果を記載し，加えて，必要に応じて応急措置などの対策の実施の有無などについて記載することとした．これは長い将来にわたって，調査・診断報告書を参照する場合に，ある程度簡便にその判断根拠が伝わることを意図したものである．

　具体的には，基本調査の結果については，調査部位または区域ごとに基本調査で明らかとなった変状の位置および範囲等を対象建築物の立面図や平面図に記録する．代表的な調査結果は調査箇所ごと，または調査範囲全域を写真に撮影して記録する．

　ここでの調査・診断結果は，依頼者の直近の判断に用いられるだけでなく，さらには長期的な保全において参照されることから，点検・保守を継続するか，あるいは詳細調査・診断を実施するのかなどの判定に至った経緯や，判定基準についても記載することが望ましい．なお，外壁に対する基本調査の結果では，確認された変状が不具合に起因するか劣化に起因するかが判定できない場合には，詳細調査・診断へ進むこととしており，判定できなかった場合の経緯についても遺漏なく記録される必要がある点に留意する．

　なお，dに定めたように，実際に設定した調査区域および調査箇所は，その具体がわかるように図面などを用いて報告することとし，調査区域および調査箇所の劣化および不具合の状況が明確になるように，必要に応じて写真や図を整理して報告することとした．

10）　対応（応急措置）

　基本調査において応急措置などの対応を行った場合には，箇所や事由，措置内容などについて記録する．

4章　詳細調査および診断

4.1　総　　則

---

a．調査部材は，構造体，外装仕上げ，シーリングジョイントおよびメンブレン防水層とする．

b．調査・診断者は，基本調査で明らかにできなかった劣化および不具合の種類・範囲・区域を特定することができ，かつ劣化および不具合の程度を評価することができる知識および経験を有する技術者，またはそれと同等の能力を有する者とする．

c．詳細調査は，調査可能な時間，立入禁止箇所，調査に必要な電源・水などの供給の有無，その他の安全・衛生・環境保全に関する事項等の制約条件について，調査・診断計画書の内容を確認したうえで実施する．

d．詳細調査では，調査・診断計画書にしたがって，劣化および不具合の種類・範囲・区域を特定するとともに，劣化および不具合の程度を評価し，補修および改修の要否を判定する．

e．構造体の詳細調査は，外壁および陸屋根の基本調査によって，構造体に変状があると推定された場合，または構造体に変状があるか否かが不明な場合，ならびに外装仕上げ，シーリングジョイントおよびメンブレン防水層の詳細調査によって，構造体に変状があると推定された場合に実施する．

---

　a．詳細調査は，構造体，外装仕上げ，シーリングジョイントおよびメンブレン防水層について実施する．コンクリート打放し仕上げについては，基本調査では，目視観察が主体の調査であることから，他の仕上げと同様に外壁の調査として取り扱うこととした．一方，詳細調査では，仕上げの有無および種類によって調査および診断の方法が大きく異なってくるため，他の仕上げとは別に構造体として取り扱うこととする．

　b．詳細調査の調査・診断では，事前調査および基本調査の結果に基づいて，劣化および不具合の種類や要因を想定し，過不足のないように調査範囲を定めて，さまざまな調査の項目および方法の中から適切なものを選定しなければならない．また，調査・診断計画書にしたがって適正な手順で試験等を行い，それらの結果を的確に評価する必要がある．さらに，劣化および不具合の原因，ならびに今後の劣化進行を推定する場合には，より高度な知識と豊富な経験が求められる．以上のことから，詳細調査の調査・診断には，調査部材ごとに，解説表 4.1 のいずれかの資格を有していることが望ましい．解説表 4.1 は，構造体ではコンクリートの材料，製造および施工についての，外装仕上げ，シーリングジョイントおよびメンブレン防水層では，仕上げや防水に関する材料および施工についての，高度な知識および技能を要求するものである．これらとは別に，使用する機器や試薬等の取り扱い，得られた結果の解釈などに特殊な技能や経験等が必要とされ，そのような能力を資格等によって判断できる場合には，該当するものを別途指定するとよい．

解説表 4.1　詳細調査における調査・診断に推奨される資格

調査部材	資　格
構造体	コンクリート診断士[*1]，建築仕上診断技術者[*2]，建築仕上げ改修施工管理技術者[*3]
外装仕上げ，シーリングジョイント，メンブレン防水層	建築仕上診断技術者[*2]，建築仕上げ改修施工管理技術者[*3]

［注］＊1：（公社）日本コンクリート工学会，＊2：（公社）ロングライフビル推進協会，
　　＊3：（一財）建築保全センター

　c．詳細調査では，調査足場のための仮設工事，試料採取のための仕上材の切断およびコンクリートのはつりなどの作業，現地試験のための部分的な破壊および試薬の使用，ならびに試料採取後の修復作業などが生ずる．したがって，これらに伴う騒音・振動・粉じん・廃水・廃棄物などの様々な事項について関連法令・条例を遵守し，立入禁止の措置や養生材の設置などの適切な対策を施して，公衆の安全・衛生を確保しなければならない．また，調査にあたっては，調査機器および工具類の電源，湿式穿孔や試料の洗浄および修復材を練り混ぜるための水，調査車両の駐車スペースおよび資材置場などを使用することになるため，関連する制約条件の確認が重要となる．そのため，調査を実施する前には，調査・診断計画書に記載の制約条件を注意深く確認し，関係者に周知させるとともに，記載のない事項または不明な点がある場合には，依頼者に確認しておく必要がある．また，建築物の利用者や近隣住民の生活および環境への影響が予想される場合には，事前にその旨を説明し，理解と協力を得ておかなければならない．

　d．詳細調査では，事前調査で収集された情報および基本調査・診断の結果に基づいて作成された調査・診断計画書にしたがって，採取した試料の試験や分析，現地での部分的な破壊試験および非破壊検査などを実施する．また，劣化および不具合の程度を評価することによって対象建築物の現在の状態を把握し，補修・改修を行うべきかどうかを判定する．詳細調査・診断によって得られる劣化および不具合の種類，範囲，区域ならびに程度は，その後の補修・改修材料および工法の選定や，補修・改修の範囲を定めるための重要な情報となることから，これらが不足することがないよう調査を実施し，その結果を記録する．

　劣化の程度の評価では，まず個別の劣化現象に対する劣化の程度を個別劣化度として評価し，次にそれらを調査部位・調査範囲の全体，あるいは調査部材または調査区域ごとにまとめて，総合劣化度として評価する．総合劣化度の評価では，劣化の種類，調査箇所あるいは調査項目ごとに個別劣化度が異なった場合には，安全側の評価となるように，次数のもっとも高い個別劣化度で代表させることを基本的な考え方としている．

　なお，詳細調査・診断の内容については，基本調査・診断などの結果に基づき，劣化の種類を想定して定められることになるが，結果として計画時に想定していた劣化の種類とは異なり，その特定が困難となった場合には再度の調査が必要となる．再度の調査の実施については，依頼者との協議となる．また，本仕様書では，基本調査・診断によって変状が特定できなかった場合に詳細調査を実施することを標準としているが，基本調査を実施しない場合でも，依頼者の意向により詳細調

査が必要であると判断された場合にはこの限りではない．

　e．構造体の詳細調査に至る流れには，1）基本調査の結果から3.1項 f の流れによって判定される場合と，2）外装仕上げ，シーリングジョイントおよびメンブレン防水層の詳細調査・診断の結果から判定される場合の2通りがある．1）および2）のいずれの場合も，変状が構造体に及んでいる，変状の原因が構造体にあると推定される場合，または構造体に変状があるか否かが不明な場合に，詳細調査・診断が必要であると判定する．ただし，調査の実施については依頼者の判断となる．なお，構造体の詳細調査・診断にあたっては，構造体の表面を露出させて調査を行うために，仕上げ材や防水層などがある場合には，それらの部分的または全面的な除去が必要となる．

4.2　構　造　体

4.2.1　劣化または不具合の判別および調査・診断の流れ

　a．調査・診断者は，基本調査で得られた建築物外観の変状の状況，位置および環境条件に基づき，次の（1）～（4）の劣化または不具合のいずれに該当するかを判別する．ただし，（1）～（4）の判別が困難な場合は，（1）ひび割れ先行型劣化とする．
　（1）　ひび割れ先行型劣化
　（2）　鉄筋腐食先行型劣化
　（3）　進行型コンクリート劣化
　（4）　不具合
　b．構造体に対する詳細調査・診断は，図4.1に示す基本的な流れに従って実施する．

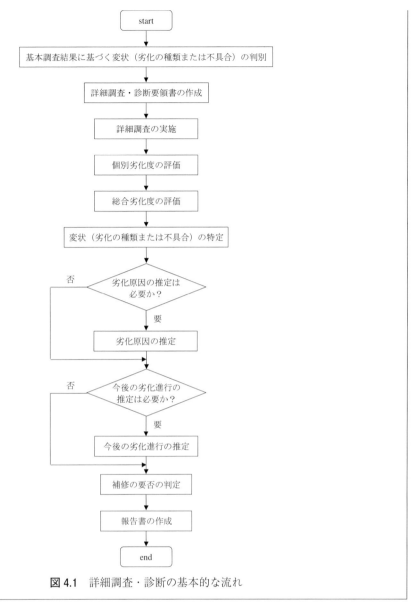

図 4.1　詳細調査・診断の基本的な流れ

　a．，b．詳細調査・診断においては，足場またはゴンドラなどを設置することなく実施された基本調査で得られた変状の発生状況，発生箇所，発生範囲および環境条件に基づき，解説表 4.2 や解説表 4.3 を参考に，構造体の表面に生じた変状を，（1）ひび割れ先行型劣化，（2）鉄筋腐食先行型劣化，（3）進行型コンクリート劣化，または（4）不具合に判別する．これは，劣化の原因や不具合か否かによって詳細調査の方法や診断方法が異なるためである．

　ここで，（1）ひび割れ先行型劣化は，主にコンクリートの乾燥収縮や温度変化によるひび割れを想定したものであり，鉄筋腐食が生ずる前にコンクリートにひび割れが先行して生ずる劣化を指す．

　（2）鉄筋腐食先行型劣化は，コンクリートの中性化またはコンクリート中の塩化物イオンによっ

て構造体内部の鉄筋が腐食し，その結果かぶりコンクリートに鉄筋に沿ったひび割れ，かぶりコンクリートの剥離・剥落，または鉄筋の腐食生成物によるさび汁の滲出（さび汚れ）が生ずる劣化を指す．鉄筋腐食先行型劣化は，主にコンクリートの中性化やコンクリート中の塩化物イオンによって引き起こされるが，酸や塩類などによる化学的侵食に起因する場合もある．また，コンクリート中の塩化物イオンは，海岸線に近い建築物などで見られる飛来塩化物イオンの浸透によるものと除塩しない海砂などを用いたコンクリート中に含まれる内在塩化物イオン（初期塩化物イオン）によるものに分けられる．

（3）進行型コンクリート劣化とは，外部からコンクリートに作用するさまざまな因子によって時間経過に伴って生ずる劣化を指す．その代表例としては，酸や塩類などによる化学的侵食，アルカリシリカ反応によるひび割れおよびゲルの滲出，凍結融解作用によるひび割れおよびスケーリング，コンクリート中の膨張性物質によるポップアウトなどがあげられる．進行型コンクリート劣化では，作用する因子に加えて，これら因子が水が存在する環境で作用するか否かによって鉄筋腐食に至るか否かが異なる．

これに対し，（4）不具合は，JAMS 1-RC（一般共通事項）において，「初期欠陥など，劣化以外の要因で，建築物またはその部分の本来あるべき性能が発揮できない状態」と定義されている．また，日本コンクリート工学会の「コンクリート基本技術調査委員会　不具合補修 WG 報告書」[1]では，コンクリートの不具合を「施工中のコンクリート構造物のある部位，または箇所が所定の性能や機能を満たしていないこと，あるいはその状態」と定義している．さらに，初期欠陥は「不具合のうち，施工時の対応が適切でなかったために，構造物の要求性能や機能が満足しないまま完成直後から残存している状態」としている．すなわち，不具合とは，当該建築物の設計図書どおりに施工されずに，建築物の引渡し前に適切な補修がなされなかったまま残存し，かつ耐久性または防水性能に何らかの影響を及ぼす状態にあることといえる．一般的に，構造体に生じやすい不具合としては，温度ひび割れ，沈下ひび割れ，コールドジョイント，豆板（充填不良，内部空洞），かぶり厚さ不足，砂すじ，変色・色むらなどがある．

構造体に対する詳細調査・診断は，4.1 項 e で記したように，1）基本調査によって構造体に変状（劣化または不具合）があると推定された場合，および 2）外装仕上げ，シーリングジョイントおよびメンブレン防水層の詳細調査によって構造体に変状があると推定された場合に実施する．詳細調査・診断の基本的な流れは，図 4.1 に従う．ただし，構造体に生じている変状が，（1）ひび割れ先行型劣化，（2）鉄筋腐食先行型劣化，（3）進行型コンクリート劣化および（4）不具合のいずれかによってそれぞれの調査・診断の具体的な内容が異なるため，（1），（2），および（4）については，図 4.1 を補うものとして，具体的な調査・診断の流れを解説図 4.1〜解説図 4.3 に示した．なお，（3）進行型コンクリート劣化と判別された場合の調査・診断の流れについては，劣化の種類が多く，劣化の要因やその程度によってそれぞれに具体的な内容も変わってくるため，4.2.3 項 c および 4.2.4 項 e の解説などを参考にし，調査・診断者が決定する．

解説図 4.1 に示す（1）ひび割れ先行型劣化の場合，および変状が判別できない場合の調査・診断の流れでは，変状が生じている箇所が水が作用する環境か否かによって詳細調査・診断実施要領

書の作成の流れを分けている．すなわち，水が作用する環境でひび割れが生じている場合には，構造体内部の鉄筋腐食の可能性を考える必要がある．ここで，水が作用する環境とは雨掛かりの部位のほか，庇やベランダの下側やその下部の外壁部分など，水の影響を受ける可能性のある部位を指し，屋根スラブや外壁の屋内側であっても雨水が浸透してこないとは言い切れないため，水が作用する環境として扱うことが望ましい．また，屋内においても，浴室などを取り囲む壁やスラブなども水が作用する環境として扱うのが安全側の判断となる．水が作用する環境においては構造体のひび割れ幅が 0.3 mm を超える場合，水が作用しない環境においては構造体のひび割れ幅が 0.5 mm を超える場合に，それぞれ鉄筋腐食の可能性を確認すべく，コンクリートの中性化またはコンクリート中の塩化物イオンの調査を行う流れとした．そのため，4.2.2 項では，足場またはゴンドラなどの設置後で調査の範囲にできる限り近づける状態になってから詳細調査・診断実施要領書作成のための目視調査を行うことにしている．詳細は 4.2.2 項に解説するが，ここでは，ひび割れ（ひび割れ状の変状を含む）の状況を記録するとともに，鉄筋腐食によるさび汁の滲出，点さび，鉄筋に沿ったひび割れ，かぶりコンクリートの浮き・剥離などについても確認する．

　また，仕上げ材が施されている建築物にあって，構造体に生じた変状が，（1）から（4）のいずれかであるかが判別できない場合は，（1）ひび割れ先行型劣化として調査を進めることとした．これは，（1）ひび割れ先行型劣化と想定した詳細調査の途中で，ひび割れ状の変状がコンクリートの中性化またはコンクリート中の塩化物イオンに起因した鉄筋腐食によることが判明しても，解説図 4.1 に示すように，その後（2）鉄筋腐食先行型劣化としての詳細調査が継続できる流れにしたこと，同様に，詳細調査の途中で，（4）不具合であることが判明した場合についても，解説図 4.1 に示すように，詳細調査の途中から不具合の調査に移行できるようにしたことによる．さらには，詳細調査の途中で，（3）進行型コンクリート劣化であることが判明した場合は，依頼者の承認を受けたうえで，新たに詳細調査・診断実施要領書を作成し，調査・診断を実施することとした．

　構造体に生じた変状が，（4）不具合と判別された場合については，解説図 4.3 に示すように，その不具合が水が作用する環境で生じていた場合においては，不具合の程度を評価した後で鉄筋の腐食状態の調査を実施することとした．これは，不具合の発生箇所では，豆板に代表されるように，構造体内部の鉄筋に酸素や水分が供給され腐食しやすい状態となっている場合があるためである．

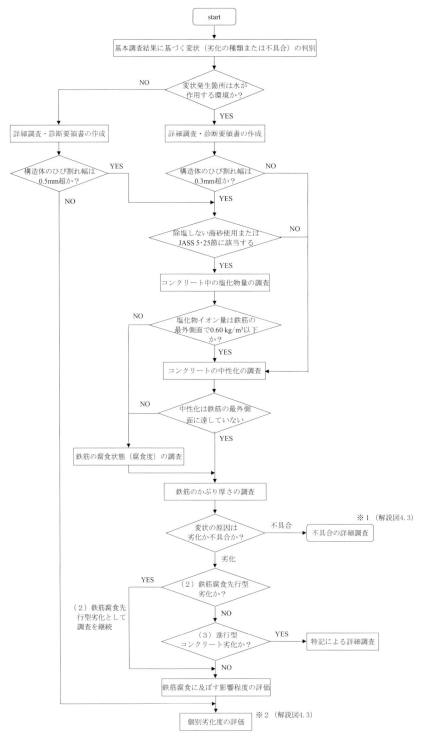

解説図 4.1（1） （1）ひび割れ先行型劣化の場合および変状が判別できない場合の詳細調査・診断の流れ
（鉄筋腐食先行型 YES の場合は鉄筋腐食先行型の流れ（解説図 4.2）へ）

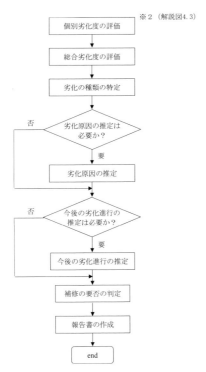

解説図 4.1（2）　（1）ひび割れ先行型劣化の場合および変状が判別できない場合の詳細調査・診断の流れ
　　　　（つづき）

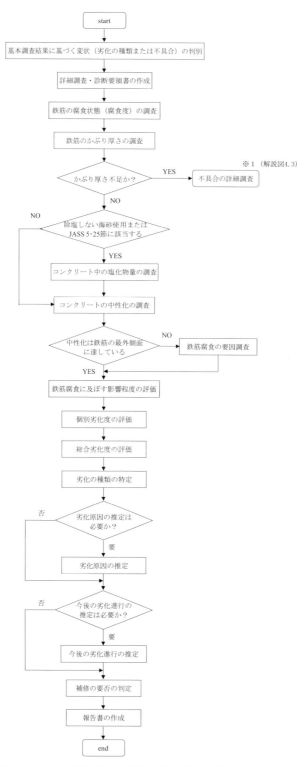

解説図 4.2 （2）鉄筋腐食先行型劣化の場合の詳細調査・診断の流れ

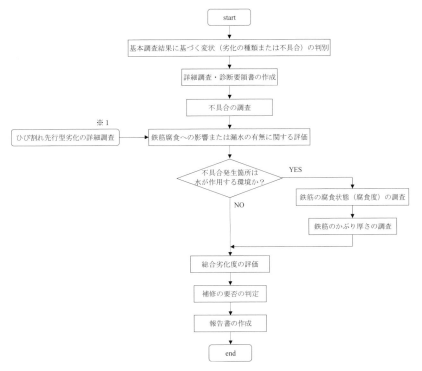

解説図 4.3 （4）不具合の場合の詳細調査・診断の流れ

解説表 4.2 各種劣化の発生パターン[2], [3]

劣化の分類	劣化現象と発生原因	劣化現象の発生パターン	特　徴
（1）ひび割れ先行型劣化	乾燥収縮によるひび割れ		柱や梁では材軸と直交する方向にひび割れが生ずる. スラブでは短手方向と平行の方向にひび割れが生ずる. 大きい壁では拘束力が大きい部材の上部で斜め方向にひび割れが生ずる. 開口まわりでは斜め方向にひび割れが生ずる.
（2）鉄筋腐食先行型劣化	中性化または塩化物イオンによる鉄筋腐食		いずれの部材でも鉄筋（主筋,補強筋）に沿ってひび割れが生じ, さび汁（さび汚れ）やかぶりコンクリートの剥離・剥落を伴うことがある.

（3）進行型コンクリート劣化	酸・塩類による化学的侵食		コンクリート表面が侵食され，鉄筋に沿ったひび割れやコンクリート表面での剥離が生ずる．
	アルカリシリカ反応によるひび割れまたはゲルの滲出		柱や梁で主筋に沿ったひび割れが，壁やスラブでは亀甲状にひび割れが生ずる．ゲルの滲出が伴うことがある．
	凍結融解作用によるひび割れまたはスケーリング		建築物の屋外に面する面で亀甲状のひび割れやスケーリングが見られる．
	膨張性物質によるポップアウト		コンクリートの表層部で薄い皿状（円錐状）に剥離が生ずる．

解説表 4.3　ひび割れ状の不具合の発生パターン[2]

ひび割れ状の変状の発生原因	発生パターン	特　徴
セメントの水和熱（温度ひび割れ）		大断面の地中梁，厚い地下壁などに発生しやすい．
コンクリートの沈下・ブリーディング（沈下ひび割れ）		コンクリート打込み後 1～2 時間で上端鉄筋の上部に，鉄筋に沿って発生する．また，セパレータの直下でも発生する．
急速な打込み（沈下ひび割れ）		下層部のコンクリートが締め固まり沈降することで発生する．
型枠のはらみ支保工の沈下（沈下ひび割れ）		部材の材軸方向や部材厚さに大きな差がある箇所で生じやすい．

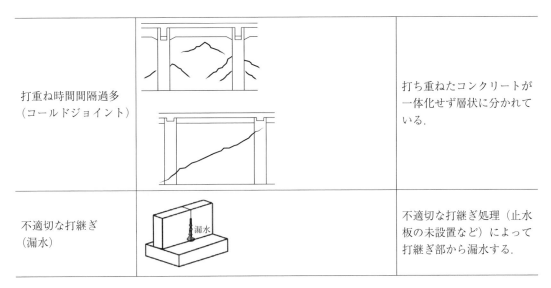

| 打重ね時間間隔過多
（コールドジョイント） | | 打ち重ねたコンクリートが一体化せず層状に分かれている． |
| 不適切な打継ぎ
（漏水） | 漏水 | 不適切な打継ぎ処理（止水板の未設置など）によって打継ぎ部から漏水する． |

　構造体に生じた不具合には，ひび割れ状の変状，構造体の表面の剥離・剥落および欠損，かぶり厚さ不足，ならびに砂すじおよび変色・色むらなどがある．これらの不具合を（1）〜（3）の劣化と判別するには，以下のような方法によるのがよい．

　1）ひび割れ状の不具合（温度ひび割れ，沈下ひび割れ，コールドジョイント，不適切な打継ぎ処理）

　　構造体の表面に生じたひび割れ状の変状が，乾燥収縮によるひび割れか，あるいは施工中に生じた温度ひび割れ，沈下ひび割れ，コールドジョイントまたは不適切な打継ぎなどの不具合かは，解説表4.3に示すひび割れ状の不具合の発生パターンとその発生状況に基づき判別する．解説表4.3に示すようなひび割れ状の不具合でないことが明らかになれば，乾燥収縮によるひび割れ〔解説表4.2を参照〕の可能性が高いと考えられる．

　2）構造体の表面の剥離・剥落および欠損

　　構造体の表面のコンクリートが剥離・剥落している場合，または構造体の表面のコンクリートが欠損している場合は，構造体内部の鉄筋腐食，酸・塩類などによる化学的侵食，アルカリシリカ反応によるひび割れおよびゲルの滲出，コンクリート中の膨張性物質によるポップアウトといった劣化によるものと，豆板（充填不良，内部空洞）またはかぶり厚さ不足のような不具合によるものに分けられる．このうち，構造体の断面の一部が欠損することが多い豆板については，外観上コンクリートの剥離・剥落とは明らかに異なるため，4.2.2項に示すような目視調査を実施することで判別することが可能である．

　　一方，かぶり厚さ不足については，コンクリートが剥離・剥落した箇所において，かぶり厚さをノギスまたはメジャーなどで測定することで明らかにすることができる．また，かぶり厚さ不足が懸念される箇所においては，電磁誘導法や電磁波レーダ法などの非破壊検査によって一定の精度でかぶり厚さの測定（推定）が可能である．非破壊検査によるかぶり厚さの測定（推定）方法については，後述する4.2.4項eを参考にされたい．

3）砂すじおよび変色・色むら

　構造体の表面に生じている変状のうち，砂すじおよび変色・色むらは，コンクリート打放し仕上げの場合においては，意匠的な面から不具合として扱うべきであるが，構造体の表面に仕上げ材が施されている場合には不具合としては扱わず，詳細調査は実施しないこととする．これは，砂すじや変色・色むらがコンクリート表面のみで生ずる現象であり，構造体の耐久性や防水性能に影響を及ぼす可能性が低いことによる．

　ただし，依頼者によって，砂すじおよび変色・色むらに対して補修が求められる場合には，変状を不具合として扱い，詳細調査を実施する．この場合の詳細調査では，その発生状況を目視確認するとともに，砂すじおよび変色・色むらがコンクリート表面にとどまっているか否かを確認し，構造体の耐久性または防水性能に対する影響を評価する．また，例えばコールドジョイントの直上に仕上げ材が施工されているために変色または色むらが生じているような場合については，耐久性または防水性能に影響が及ぶ可能性がある限りは詳細調査を実施しなければならない．

4.2.2 詳細調査・診断位置の選定

> a．詳細調査が必要とされた調査対象・調査範囲ごとに近接した状態で目視調査を実施し，変状の種類ごとに変状の程度が大きいものから3か所を選定する．ただし，異なる変状が同じ位置に生じている場合はひとつの調査箇所としてまとめてよい．なお，変状の数が3に満たない場合は，すべての変状の位置を選定する．
> b．a項に示す目視調査結果が基本調査によって得られている場合には，それを用いてもよい．

　a．，b．ひび割れ状の変状は，解説表4.2や解説表4.3に示すような発生パターンになることが多い．また，スラブや梁の上面では，網目状で不規則に微細なひび割れが生ずることもある．このように，ひび割れ状の変状は，その発生箇所（階数，部位，方位，雨掛かりの有無，日当たりの相違など）や発生パターンによって，発生要因をある程度特定することができるため，詳細調査に先立ち，足場またはゴンドラなどを用いて，可能な限り近接した状態で注意深く観察することが重要である．

　調査方法は目視が主であるが，ひび割れ発生の詳細な状況（幅，長さ，部位・位置など）を把握するため，ルーペ，クラックスケール，ノギス，スケール，スポット照明などの器具やデジタルカメラなどを用いることが望ましい．また，詳細調査の項目および方法を定めるとともに，詳細調査において個別劣化度を評価するために，ひび割れ幅を特定する必要がある．

　ひび割れ幅は，調査箇所のひとつの部材における代表的な最大幅を採用する．ひび割れ発生状況の記録方法としては，当該建築物の平面図や立面図にひび割れの幅，長さおよびパターンを書き写すこととし，部材あるいは建築物全体のひび割れ発生状況が俯瞰できるよう，ひび割れマップを作成するとよい．ひび割れの目視調査方法に関しては，日本非破壊検査協会 NDIS 3418：コンクリート構造物の目視試験方法[4]などが参考になる．

4.2.3　詳細調査・診断実施要領書の作成

a．調査・診断者は，詳細調査の項目，方法，調査箇所を定めた調査・診断実施要領書を作成し，依頼者の承認を受ける．

b．詳細調査・診断実施要領書には次のものを含む．

（1）　詳細調査の調査箇所および数量

（2）　詳細調査の項目

（3）　詳細調査の方法

（4）　劣化度および不具合の評価方法

（5）　劣化原因の推定の実施の有無および方法

（6）　今後の劣化進行の予測の実施の有無および方法

（7）　補修の要否の判定方法

c．詳細調査・診断の項目および方法は特記による．特記のない場合は，4.2.1 項 a の（1）〜（4）の劣化もしくは不具合の分類に従い，表 4.1 による．

表 4.1　変状の分類別の詳細調査項目および調査方法

変状の分類	調査の対象の環境条件	詳細調査の項目および方法
（1）　ひび割れ先行型劣化	水が作用する環境	コンクリートの中性化：4.2.4 項 a による． コンクリート中の塩化物イオン：4.2.4 項 b による*²． 構造体のひび割れ幅＞0.3 mm の場合に，以下の項目を実施する． 鉄筋の腐食状態：4.2.4 項 c による． 鉄筋のかぶり厚さ：4.2.4 項 d による．
	水が作用しない環境	構造体のひび割れ幅＞0.5 mm の場合に，以下の項目を実施する． コンクリートの中性化：4.2.4 項 a による． コンクリート中の塩化物イオン：4.2.4 項 b による*²． 鉄筋の腐食状態：4.2.4 項 c による． 鉄筋のかぶり厚さ：4.2.4 項 d による．
（2）　鉄筋腐食先行型劣化	−*¹	鉄筋の腐食状態：4.2.4 項 c による． 鉄筋のかぶり厚さ：4.2.4 項 d による． コンクリートの中性化：4.2.4 項 a による． コンクリート中の塩化物イオン：4.2.4 項 b による*²˒*³． 鉄筋腐食の要因が中性化，塩化物イオンのいずれでもない場合に，（3）進行型コンクリート劣化に関する調査を実施する．調査項目および方法は 4.2.4 項 e による．
（3）　進行型コンクリート劣化	−*¹	4.2.4 項 e による．
（4）　不具合	水が作用する環境	不具合の状態：4.2.4 項 f による． 鉄筋の腐食状態：4.2.4 項 c による． 鉄筋のかぶり厚さ：4.2.4 項 d による．
	水が作用しない環境	不具合の状態：4.2.4 項 f による．

［注］＊1：「−」は環境条件によらないことを意味する．
　　　＊2：除塩しない海砂の使用が想定される場合，または JASS 5 の 25 節に該当する場合に実施する．
　　　＊3：鉄筋腐食が中性化によらないことが明らかになった場合に実施する．

> d．詳細調査・診断を実施した結果，再度の詳細調査・診断が必要となった場合には，調査・診断者は，
> 　依頼者に対してその承認を得たうえで，詳細調査・診断要領書を再作成する．

　a．詳細調査・診断実施要領書は，3章の基本調査結果，4.2.3項の目視調査結果および信頼できる資料に基づいて作成する．これは，基本調査の時点では，部材または部位から離れた位置で目視調査が行われることが多く，詳細調査・診断要領書を作成するうえで情報が不足している可能性があるためである．作成した詳細調査・診断実施要領書については，依頼者の承認を受けなければならない．なお，詳細調査・診断実施要領書の作成前においては，仕上げ材またはかぶりコンクリートの一部あるいはすべてを除去するような詳細調査は実施してはならない．

　b．詳細調査・診断要領書は，本文中に示した（1）～（7）の項目を含むものとする．（5）劣化原因の推定および（6）今後の劣化進行の予測については，実施の有無と実施する場合には推定および予測方法を示す．

　c．構造体に生ずる劣化の種類としては，下記の（ア）～（キ）にあげるものがその大半を占めると考えられる．
　（ア）　乾燥収縮および温度変化によるひび割れ
　（イ）　コンクリートの中性化による鉄筋腐食
　（ウ）　コンクリート中の塩化物イオンによる鉄筋腐食
　（エ）　酸・塩類などによる化学的侵食
　（オ）　アルカリシリカ反応によるひび割れおよびゲルの滲出
　（カ）　凍結融解作用によるひび割れおよびスケーリング
　（キ）　コンクリート中の膨張性物質によるポップアウト

　とりわけ，（ア）～（ウ）の劣化については，これまで数多くの調査・診断が実施され，調査方法などは確立しており，本会編「鉄筋コンクリート造建築物の耐久性調査・診断および補修指針（案）・同解説」[3]などに詳細が示されている．また，（エ）～（カ）の劣化についても，調査方法や調査結果が報告されており，これらの資料を参考にすることで，詳細調査・診断実施要領書を作成することが可能である．詳細調査・診断実施要領書は，これらの劣化の種類をある程度想定したうえで作成する．そのためには，4.1項で示したような詳細調査・診断を実施するのに適した資格を有する者があたるのが望ましい．

　構造体の表面に生じた変状の分類によって詳細調査の項目や方法が異なるため，ここでは，（1）ひび割れ先行型劣化，（2）鉄筋腐食先行型劣化，（3）進行型コンクリート劣化，および（4）不具合の場合に分けて，詳細調査の項目と方法を表4.1のようにまとめた．

（1）　ひび割れ先行型劣化の場合

　構造体の表面に生じた変状が（1）ひび割れ先行型劣化と判別された場合は，調査の箇所が水が作用する環境にあるか否かによって調査項目が異なる．ひび割れ（ひび割れ状の変状）が水が作用する環境で生じており，かつ構造体のひび割れ幅が0.3 mmを超えていた場合，または0.3 mmを超えていると想定された場合には，構造体内部の鉄筋が腐食している可能性があるため，ひび割れ

が顕著に生じている代表的な箇所において，コンクリートの中性化深さを測定し，中性化が鉄筋の最外側面に達しているか否かを確認する．一方，ひび割れ（ひび割れ状の変状）が水が作用しない環境（乾燥条件下）で生じており，かつ構造体のひび割れ幅が 0.5 mm を超えていた場合，または 0.5 mm を超えていると想定された場合においても，構造体内部の鉄筋が腐食している可能性があるため，ひび割れが顕著に生じている代表的な箇所において，コンクリートの中性化深さを測定し，中性化が鉄筋の最外側面に達しているか否かを確認する．

　上記いずれの場合も，中性化が鉄筋の最外側面に達していないなど中性化の進行が顕著でなく，かつ細骨材に除塩されない海砂が用いられたと考えられる場合，または JASS 5-25 節「海水の作用を受けるコンクリート」の重塩害環境，塩害環境および準塩害環境のいずれかに該当する場合は，当該箇所からコンクリート試料（コア）を採取してコンクリート中の塩化物イオン量を測定する．

　コンクリートの中性化深さを測定した結果，中性化深さが鉄筋の最外側面に達していた場合，またはコンクリート中の塩化物イオン量を測定した結果，塩化物イオン量が鉄筋の最外側面の位置において 0.60 kg/m^3 を超えていた場合については，鉄筋の腐食状態を調査することとした．鉄筋の腐食状態を調査した箇所においては，必ずかぶり厚さを測定し，鉄筋の腐食状態との関係を明らかにする．

（2）　鉄筋腐食先行型劣化と判別された場合

　構造体の表面に生じた変状が（2）鉄筋腐食先行型劣化と判別された場合は，構造体内部の鉄筋が腐食している可能性が高いため，原則として，かぶりコンクリートを除去して鉄筋の腐食状態を調査し，表 4.2 にしたがって腐食グレードを評価する．また，鉄筋腐食の原因を明らかにするため，鉄筋の腐食状態を調査した箇所において，鉄筋のかぶり厚さを測定するとともに，コンクリートの中性化深さを測定する．

　中性化が鉄筋の最外側面に達していないなど中性化の進行が顕著でなく，かつ細骨材に除塩されない海砂が用いられたと考えられる場合，あるいは JASS 5-25 節「海水の作用を受けるコンクリート」の重塩害環境，塩害環境および準塩害環境のいずれかに該当する場合は，当該箇所からコンクリート試料（コア）を採取してコンクリート中の塩化物イオン量を測定する．

　なお，鉄筋腐食の要因がコンクリートの中性化またはコンクリート中の塩化物イオンのいずれにもよらない可能性が高い場合には，（3）進行型コンクリート劣化であると想定して詳細調査を実施する．

　また，構造体にひび割れを伴わず欠損のみが生じていた場合には，鉄筋の露出やさび汁の有無などによって鉄筋腐食の可能性を検討し，鉄筋腐食が懸念される場合には鉄筋腐食先行型の劣化として詳細調査・診断要領書を作成する．

（3）　進行型コンクリート劣化と判別された場合

　進行型コンクリート劣化は，①酸・塩類による化学的侵食，②アルカリシリカ反応によるひび割れおよびゲルの滲出，③凍結融解作用によるひび割れおよびスケーリング，④膨張性物質によるポップアウトなどが考えられるが，これらの劣化に対する調査項目および調査方法は，JIS などの基準類が整備されていないため，信頼できる資料に基づくことにした．なお，具体的な詳細調査の

項目および方法については，4.2.4 項 e の解説を参照されたい.

（4）　不具合と判別された場合

　構造体の表面に生じた変状が（4）不具合と判別された場合は，不具合に対する目視調査を行った後，不具合による構造体の耐久性または防水性能に及ぼす影響を評価する．その不具合が水が作用する環境下で生じている場合には，鉄筋の腐食状態および鉄筋のかぶり厚さを調査することとした.

　一方，不具合が水が作用していない環境下で生じている場合には，鉄筋腐食の可能性が低いと判断されるため，鉄筋の腐食状態の調査は実施しないこととした．なお，鉄筋のかぶり厚さに関しては，不具合によってかぶり厚さ不足が懸念される場合は，4.2.4 項 d にしたがってかぶり厚さを測定する.

　ここでいう不具合とは，①マスコンクリートにおける温度ひび割れ，②沈下ひび割れ，③コールドジョイント，④豆板（充填不良，内部空洞），⑤かぶり厚さ不足，⑥砂すじ，⑦変色・色むらなど施工中に生じたものが該当する．これらのうち，構造体の耐久性や防水性能に影響を及ぼす可能性がある不具合としては，①マスコンクリートにおける温度ひび割れ，②沈下ひび割れ，③コールドジョイント，④豆板，⑤かぶり厚さ不足が，主にコンクリート打放し仕上げの場合に美観に影響を及ぼす可能性がある不具合としては，⑥砂すじ，⑦変色・色むらがそれぞれ該当する.

　これらの不具合のうち，⑤かぶり厚さ不足については，建築基準法施行令第 79 条に不適合であった場合には，所要のかぶり厚さを確保する必要があることから，かぶり厚さに関する詳細調査は必ず実施しなければならない．また，⑥砂すじおよび⑦変色・色むらに関しては，構造体内部の鉄筋腐食への影響がない，または構造体における漏水発生がないと考えられる場合は，依頼者の承認を受けて詳細調査を省略してもよい.

　なお，前述のような不具合に関しては，その定義，発生原因，調査方法および補修方法などが，日本コンクリート工学会「コンクリート基本技術調査委員会　不具合補修 WG 報告書」[1]にまとめられているので，参考にするとよい.

　詳細調査の箇所数を増やせば，対象建築物の変状に関してより詳細な情報が得られるが，詳細調査の一部では仕上げ材やかぶりコンクリートの除去を伴っており，調査後の修復などを考えると，調査の箇所数は必要最小限にとどめた方がよい．その一方で，コンクリートの中性化深さなど，コンクリートの品質のばらつきを考慮した評価が求められる項目もある．このように，対象となる建築物の規模，変状の数量やその程度，構造物への損傷の許容程度，予算上の制約など，一概に数量を示すことが困難であることから，本仕様書においては，調査の箇所数は調査・診断者が定め，調査・診断実施要領書に記載して，依頼者の承認を受けることとした．ここで，調査箇所数の目安としては，調査の対象となる範囲に対して，4.2.2 項で特定した 3 か所を標準とする．3 か所での調査結果が得られれば，前述のようなコンクリートの品質のばらつきなどを踏まえた平均的な評価が可能になる．ただし，建物の規模が大きい場合や変状が著しい場合などにおいては，調査対象とする範囲を区分したり，調査箇所数を増やすことを考慮することが望ましい．なお，ここで，ひとつの調査の箇所は，解説図 4.4 に示すように，主筋と補強筋の両方合わせて 2 ～ 6 本程度，面積とし

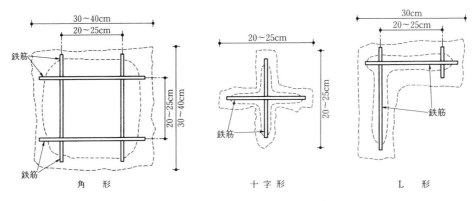

解説図 4.4　詳細調査実施箇所の例[3]

ては 20〜40 cm×20〜40 cm 程度を目安として考える．この程度の面積で詳細調査を実施すれば，コンクリートの中性化深さや鉄筋のかぶり厚さに関して，平均的な値が得られると考えられる．

　d．基本調査および詳細調査・診断要領書作成のための目視調査の結果などを踏まえて詳細調査・診断を実施した結果，4.2.1 項で判別した劣化または不具合が当初の想定と異なる結果となり，劣化の種類の特定などが困難となる場合があり得る．例えば，鉄筋腐食先行型の劣化と判断した場合に，中性化や塩化物イオン量，かぶり厚さの調査結果などからは，ひび割れなどの変状が鉄筋腐食に起因すると考えられない場合などである．このような場合には，再度 4.2.1 項の劣化および変状の判別を行い，詳細調査・診断要領書を再作成する．ただし，再作成にあたっては，依頼者にそれまでの調査結果および当初の想定と異なる結果となった理由を説明し，承認を得ることとする．

4.2.4　詳細調査の方法

　a．コンクリートの中性化の調査方法は特記による．特記のない場合は，構造体からコアを採取し，採取したコアに対して，JIS A 1152 にしたがって中性化深さを測定する．コンクリートの中性化深さは，鉄筋の腐食状態の調査を行う箇所では必ず測定する．なお，中性化の調査のためのコア試料を構造耐力に影響を及ぼす部材から採取せざるを得ない場合は依頼者の承認を得る．

　b．コンクリート中の塩化物イオン量の調査方法は特記による．特記のない場合は，構造体からコアを採取し，採取したコアに対して，JIS A 1154 にしたがって塩化物イオン量を測定する．塩化物イオン量の測定は，採取したコアの深さ方向の分布を求めることとし，その方法は信頼できる資料による．コンクリート中の塩化物イオン量は，鉄筋の腐食状態の調査を行う箇所では必ず測定する．なお，塩化物イオン量の調査のためのコア試料を構造耐力に影響を及ぼす部材から採取せざるを得ない場合は依頼者の承認を得る．

　c．鉄筋の腐食状態については，かぶりコンクリートを除去したうえで腐食状態を目視確認し，表 4.2 にしたがって腐食グレードを評価する．かぶりコンクリートを除去して鉄筋の腐食状態を調査した箇所に対しては，鉄筋のかぶり厚さを測定する．ただし，信頼できる方法によって鉄筋の腐食状態が評価できる場合は，依頼者の承認を受けたうえで，かぶりコンクリートを除去せずに鉄筋の腐食状態を評価してもよい．

表 4.2 鉄筋の腐食グレードと腐食状態

腐食グレード	鉄筋の腐食状態
1	腐食がない状態，または表面にわずかに点さびが生じている状態
2	表面に点さびが広がっている状態
3	点さびがつながって面さびとなり，部分的に浮きさびが生じている状態
4	浮きさびが広がって生じ，コンクリートにさびが付着し，鉄筋断面積の5％以下の欠損が生じている箇所がある状態
5	厚い層状のさびが広がって生じ，鉄筋断面積の5％を超える欠損が生じている箇所がある状態

d．コンクリートの中性化による鉄筋腐食およびコンクリート中の塩化物イオン量による鉄筋腐食の調査を実施する場合には，かぶり厚さを測定する．かぶり厚さの調査方法は非破壊試験によることとし，その方法は特記による．特記のない場合は信頼できる方法による．ただし，鉄筋腐食の調査においてかぶりコンクリートを除去した場合は，ノギス等を用いてかぶり厚さを測定する．非破壊試験によるかぶり厚さの測定が困難な場合は，依頼者の承認を受けて，設計図書に規定される最小かぶり厚さを用いる．

e．酸・塩類などによる化学的侵食，アルカリシリカ反応によるひび割れおよびゲルの滲出，凍結融解作用によるひび割れおよびスケーリング，コンクリート中の膨張性物質によるポップアウト，ならびにその他詳細調査が必要と判断される変状に関する調査方法，調査箇所は信頼できる資料による．

f．不具合の詳細調査においては，構造体内部の鉄筋腐食への影響の評価または構造体における漏水発生の有無が評価できるよう，不具合の程度が顕著な箇所に対して目視調査を実施する．目視調査にあたっては，仕上げ材の一部またはすべてを除去する．ただし，仕上げ材を除去せずとも，構造体内部の鉄筋腐食への影響評価または構造体における漏水発生の有無が評価できる場合は，仕上げ材を除去しなくてもよい．

　a．コンクリートの中性化による主な劣化現象は，鉄筋腐食である．したがって，詳細調査においては，コンクリートの中性化深さを求めるとともに，中性化領域において鉄筋が腐食しているか否かを確認する必要がある．コンクリートの中性化深さは，原則として，コア採取による方法で求める．コア採取は，ひび割れの直上を避けて行うようにする．これは，ひび割れに沿って二酸化酸素が侵入し局所的に中性化が進行し，ひび割れを含む箇所の中性化深さが過大に評価される可能性があるためである．採取コアに対しては，JIS A 1152（コンクリートの中性化深さの測定方法）にしたがって中性化深さを測定する．調査した箇所の状況によっては，構造体コンクリートの表面をはつり取り（除去し），その場でフェノールフタレイン溶液を噴霧して中性化深さを測定することは可能であるが，はつり面が凹凸となって中性化深さの正確な測定が難しく，測定精度が低下する可能性があるため，可能な限り採取コアによるのがよい．構造体からのコンクリートコアは，JIS A 1107（コンクリートからのコアの採取方法及び圧縮強度試験方法）に準拠し，対象となる部材において作用応力が比較的小さい箇所から採取する．

　JIS A 1152以外の中性化深さの測定方法としては，日本非破壊検査協会　NDIS 3419（ドリル削孔粉を用いたコンクリート構造物の中性化深さ試験方法）[5]がある．ドリル削孔粉を用いた方法は，採取コアによる方法に比べ，構造体の損傷を少なくすることができるが，調査の際にドリル削孔粉

が風で飛散しないよう養生する必要がある．また，ドリル削孔粉を用いた方法は，解説図 4.5 に示すように，中性化深さを若干大きめに評価する傾向にある[6]ため注意を要する．

コンクリートの中性化の調査は，鉄筋の腐食状態に関する調査を実施している場合は，腐食が著しく生じている点（腐食がもっとも顕著な点）の近傍で実施し，鉄筋腐食が中性化に起因するか否かを明らかにする．鉄筋腐食の調査を実施しない場合は，4.2.2 項により選定した調査位置で調査を実施する．ただし，複数の調査位置で調査を行う場合にあって，雨掛かりなどの環境条件や仕上げ材の種類等が同じである場合などは，ひとつの調査結果を複数の位置に適用することで構造物への損傷を減らすことも考えられる．また，劣化の進行予測を行う場合などは，環境条件や仕上げ材の種類が異なる位置での調査を増やすことなども考えられる．このような場合には必ず依頼者と協議のうえ，調査位置や数量を決定する．

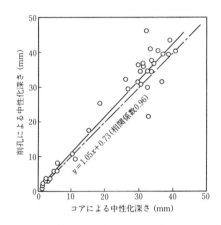

解説図 4.5　コアによる中性化深さとドリル削孔による中性化深さの比較[6]

b．コンクリート中の塩化物イオンによる鉄筋腐食

コンクリート中の塩化物イオンは鉄筋腐食の可能性を把握するうえで重要な因子のひとつである．したがって，コンクリート中に含まれる塩化物イオン量と鉄筋腐食との関係を評価する必要がある．詳細調査において，コンクリート中に含まれる塩化物イオン量は，構造体から採取したコア試料を用いて，JIS A 1154（硬化コンクリート中に含まれる塩化物イオンの試験方法）に基づいて測定する．

塩化物イオンが外部から侵入したか，コンクリートの製造時から含まれていた（いわゆる初期内在塩化物イオンによる）かによって，その後の補修方法が異なるため，詳細調査においては，これらを明確にする必要がある．そのため，採取コアを用いて，部材の深さ（厚さ）方向に塩化物イオン量の分布を求める．深さ方向の分布は，コアの表層から 10～15 mm 程度の間隔でコアをスライスし，かぶり厚さよりも若干深い位置までの分布を求めるとよい．これにより 3～5 試料の塩化物イオン量が得られることになる．JIS A 1154 では，コアのスライスは乾式カッターによることとされているが，乾式カッターではスライス厚さを小さくすることは難しく，試料を破損しやすいため，スライス幅や試料の状態などにより湿式カッターを用いるとよい．なお，部材の深さ方向に塩化物

イオンが分布していれば（表層付近で塩化物イオン量が多ければ），外部から塩化物イオンが侵入したと推定することができる．これに対し，部材中心部に近い内部側で規定量（例えば $0.30\,\mathrm{kg/m^3}$ 以上）の塩化物イオンが確認された場合，および深さ（厚さ）方向で塩化物イオンがほぼ一様の分布を示した場合は，塩化物イオンがコンクリートの製造時から含まれていたと推定される．

このように，塩化物イオン量の分布が得られれば，今後塩化物イオンが部材内部にどのように拡散し，劣化（鉄筋腐食）がどのように進行するのかを知る（劣化進行を推定する）目安になるうえ，補修工事の際に，有害量以上の塩化物イオンが侵入したコンクリートをどの範囲（深さ）まで除去するかの判断材料になる．

構造体からのコンクリートコアの採取は，コンクリートの中性化深さの場合と同様に，JIS A 1107 に準拠して行う．コアの採取深さは，深さ方向の測定を行う深さ以上かつ当該位置の鉄筋のかぶり厚さ以上とする．ただし，構造体内部の鉄筋と干渉するなどコアの採取が困難な場合は，日本非破壊検査協会　NDIS 3433（硬化コンクリート中の塩化物イオン量の簡易試験方法）[7] を参考に，塩化物イオン量を求めることも可能である．NDIS 3433 による方法は，採取する試料の量が少なくてすみ，試料採取跡の修復に要する期間や費用を抑えることができる利点がある．ただし，NDIS 3433 による方法を採用する場合は，塩化物イオン量の測定に必要な量の試料を得るため複数点で削孔を行う必要があるのに加え，試料採取時に風や雨など気象作用の影響を受けないよう養生する必要がある．

なお，4.2.7 項の（解 4.8）によって，塩化物イオンの浸透量について今後の推定を行う場合には，コンクリート中の塩化物イオン量の分布とともに初期塩化物イオン量に関する情報も必要となる．そのため，これが不明な場合には，塩化物イオン量の分布が見られなくなると深さ（初期塩化物イオン量のままであると見なせる深さ）までの測定も計画しておくとよい．コアの採取位置は，調査を行う箇所ごとに 1 か所が原則であるが，中性化深さの測定と同様に飛来塩分を受ける環境条件や仕上げ材の種類が同じ場合などは，ひとつの調査位置の結果を同様の条件の調査箇所の結果として構造物への損傷を低減させるとよい．

中性化深さや塩化物イオン量を測定するためのコア採取跡またはドリル削孔跡は，解説表 4.4 に例示する材料（収縮量が少なく多少膨張性があるもの）で修復する．コア採取は，対象となる部材に作用する応力が比較的小さめの箇所で，かつ構造体内部の鉄筋と干渉しない箇所で行うことを原則とする．そのため，元の構造体コンクリートと同等のコンクリートで修復するのではなく，修復用の材料を用いることとした．ただし，修復用の材料を元のコンクリートと隙間なく密着させ，修復用の材料が経年で剥離・剥落することがないよう注意深く施工しなければならない．したがって，コア採取跡の修復には，収縮量が比較的大きい左官用モルタルは使わない方がよい．また，スラブや梁の下面（底面）からコアを採取した箇所またはドリル削孔した箇所では，上向きに修復用の材料を充填することになるため，こうした箇所では，採取跡や削孔跡を型枠などでふさいでから修復用の材料を注入し，修復用の材料が漏れ出ないようにするとともに，修復用の材料が剥離・剥落することがないよう，ポリマーセメントモルタルをコア採取跡やドリル削孔跡に密着させる．

解説表 4.4 コア採取後およびドリル削孔後の修復方法の例

	鉛直部材の側面	水平部材の下面
コア採取箇所	無収縮モルタルまたはポリマーセメントモルタルを充填する.	コア採取跡を塞いだうえで，ポリマーセメントモルタルを注入する（無収縮モルタルは使用してはならない）.
ドリル削孔箇所	ポリマーセメントモルタルを充填する.	削孔跡を塞いだうえで，ポリマーセメントモルタルを注入する.

［注］鉛直部材の側面とは，壁や柱の側面に対して水平方向にコア採取やドリル削孔を行った箇所を指す．
水平部材の下面とは，スラブや梁の下面（底面）に対してコア採取やドリル削孔を行った箇所を指す.

c．基本調査結果に基づく変状の状態から構造体内部で鉄筋腐食が予想される場合には，かぶりコンクリートを除去したうえで鉄筋腐食の調査を実施する．詳細調査においては，鉄筋の腐食グレード，腐食の位置と範囲，腐食の特徴，構造体の表面のひび割れや剥離・剥落との関係について記録する．鉄筋腐食を確認する際には，鉄筋の裏面までかぶりコンクリートを除去し，鉄筋の全周が確認できるようにする．また，解説図 4.4〔4.2.3 項 c 解説〕に示したように，1 本の鉄筋に対して長さ 20〜40 cm 程度が露出するよう，鉄筋に沿ってかぶりコンクリートを除去するとよい．特に，明らかに大きく断面欠損している腐食（孔食）が生じている箇所については，その発生位置や範囲および環境条件などを記録する.

鉄筋腐食の調査におけるかぶりコンクリートの除去作業には，電動や空圧式のドリル（チッパー）が多用されるが，その際，構造体内部の鉄筋を損傷しないよう十分に注意する．また，作業時には，コンクリート片が飛散したり，粉じんが発生するため，調査する箇所の周囲を養生するなど対策を講ずるとともに，調査実施者は保護具を着用して作業にあたらなければならない．かぶりコンクリートの除去作業は騒音を伴うことが多いため，作業計画を立てる際には，当該建築物の使用者や管理者と協議し，作業時間帯や使用工具などに配慮する.

かぶりコンクリートを除去して鉄筋の腐食度を評価した箇所（はつり調査跡）に対しては，解説表 4.5 に例示したように，鉄筋腐食が確認されたか否かによって断面修復の方法が異なる．鉄筋腐食が確認された場合は，詳細調査の後に実施されるであろう補修工事までの期間中に鉄筋腐食が現状よりも進行しないような修復方法を採る必要がある．なお，コンクリート中の塩化物イオンに起因した鉄筋腐食が確認された場合に樹脂モルタルで修復すると，修復部と元のコンクリートとの境界領域において，断面を修復する材料と元のコンクリートとの間で塩化物イオンの濃度差が生じ，鉄筋を介して電気的な回路が形成され，新たな鉄筋腐食（マクロセル腐食）が生ずる可能性があるため，樹脂モルタルを修復に用いてはならない．断面修復に用いる材料は元のコンクリートと確実に密着させ，修復用の材料が剥離・剥落しないよう注意する.

解説表 4.5　かぶりコンクリート除去後の修復方法の例

	鉛直部材の側面	水平部材の下面
詳細調査で鉄筋腐食が確認された場合	無収縮モルタルまたはポリマーセメントモルタルで断面を修復する（樹脂モルタルは使用してはならない）．	ポリマーセメントモルタルで断面を修復する（樹脂モルタルは使用してはならない）．
詳細調査で鉄筋腐食が確認されなかった場合	無収縮モルタル，ポリマーセメントモルタルまたは樹脂モルタルで断面を修復する．	ポリマーセメントモルタルまたは樹脂モルタルで断面を修復する．

　鉄筋腐食度の評価基準は，表 4.2 のように定めている．表 4.2 に示す腐食グレード 4 とグレード 5 に関しては，「鉄筋断面積の 5 ％の欠損」を評価基準としている．この「断面積の 5 ％の欠損」（断面欠損率 5 ％）は，本会編「鉄筋コンクリート造建築物の耐久性調査・診断および補修指針（案）・同解説」[3]においては，「20％の欠損」としていた．しかし，本仕様書の制定に際し，この数値を見直し，断面欠損率の評価基準を 20％から 5 ％に変更した．

　これは，解説図 4.6 に示すように，鉄筋の腐食グレード[※1]と質量減少率（鉄筋がその全周面で一様に腐食したとすれば，質量減少率＝断面欠損率となるため，ここでは断面欠損率と表記する）の関係を示した解説図 4.6 にあるように，グレードⅣとグレードⅤの境界領域が断面欠損率で約 5 ％であること，さらには，解説図 4.7 に示すように，鉄筋腐食による断面欠損率が 5 ％程度になると鉄筋の降伏点が 90％程度まで低下する[8),9)]ことによる．このように，断面欠損率は鉄筋の機械的

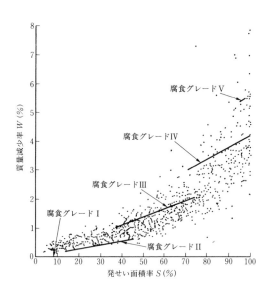

解説図 4.6　鉄筋の発せい面積率，質量減少率および腐食グレードの関係[3)]

[注]※ 1：解説図 4.6 の腐食グレードは表 4.2 の腐食グレードとは内容が異なり，以下のように定義されている．
　　グレードⅠ：腐食がない状態
　　グレードⅡ：表面にわずかに点さびが生じている状態
　　グレードⅢ：表面に点さびが広がって生じている状態
　　グレードⅣ：ところどころに浮きさびが生じており，コンクリートにさびが付着している状態
　　グレードⅤ：浮きさびが広がって生じており，コンクリートにさびが付着している状態

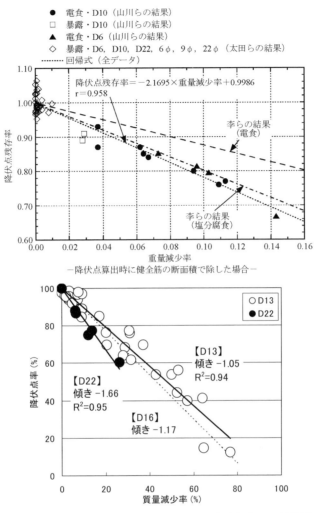

解説図 4.7　腐食による質量減少率と降伏点減少率の関係[8), 9)]

性質に大きく影響すること，および鉄筋腐食による断面欠損率が5％以上になるとかぶりコンク
リートの剥落につながる可能性が高まることから，断面欠損率5％を評価基準とした．

　かぶりコンクリートを除去せずに構造体内部の鉄筋腐食を評価する手法としては，自然電位法や
分極抵抗法などの非破壊試験方法がある．自然電位法や分極抵抗法は電気化学的手法で，鉄筋腐食
が構造体の表面に顕在化していない場合において，鉄筋の腐食状況，腐食傾向あるいは腐食速度を
推定するものであって，腐食グレードや腐食による質量減少率を直接推定するものではない．

　これらの非破壊検査法は，仕上げ材が施されていない土木構造物への適用が主であり，対象とな
る構造物の鉄筋を一部露出させ，その鉄筋に測定装置のリード線あるいは電極を接続する必要があ
る．そのため，仕上げ材が施されていることが多い建築物にこれらの手法を適用するに際しては，
依頼者の承認を受けたうえで，仕上げ材の一部を除去する必要がある．併用中の建物や，歴史的建
造物など，かぶりコンクリートを除去して鉄筋の腐食状況を確認することが困難な場合には，これ
らの非破壊試験方法の適用や併用を含めて検討するとよい．

解説表 4.6　分極抵抗測定値による腐食速度の判定基準[11]

分極抵抗測定値 R_p（k Ω・cm^2）	腐食速度推定値		腐食速度の判定
	腐食電流密度 I_{corr}（μA/cm^2）	侵食速度 PDY（mm/年）	
$R_p \geqq 130$	0.1〜0.2 未満	0.0023 未満	不動態状態（腐食なし）または極めて遅い腐食速度
$130 > R_p \geqq 52$	0.2 以上 0.5 以下	0.0023 以上 0.058 以下	低〜中程度の腐食速度
$52 > R_p \geqq 26$	0.5 以上 1 以下	0.0058 以上 0.0116 以下	中〜高程度の腐食速度
$26 > R_p$	1 より大	0.0116 より大	激しい，高い腐食速度

　なお，自然電位法に関しては，土木学会から自然電位測定方法[10]が示されている．また，分極抵抗に関しては，解説表 4.6 に示すような CEB（ヨーロッパ国際コンクリート委員会）による基準[11]によって評価が行われる例が多いので，これらを参考にするとよい．

　d．鉄筋のかぶり厚さは，鉄筋の腐食状態を調査した箇所において必ず測定する．鉄筋の腐食状態の調査は，かぶりコンクリートを除去して行うため，かぶり厚さを測定することは比較的容易である．測定方法としては，ノギスやメジャーなどを用いて鉄筋の最外側面と構造体の表面までの距離を測定する．かぶり厚さは，1 本の鉄筋の異なる点で同じ値になることは少ないため，露出させた鉄筋 1 本に対して 3 点程度でかぶり厚さを測定し，その平均値を当該鉄筋のかぶり厚さとする．

　なお，かぶりコンクリートの除去が難しい箇所については，電磁誘導法または電磁波レーダ法などの信頼できる非破壊検査法によってかぶり厚さを求める．電磁誘導法に関しては，本会 JASS 5 T-608（電磁誘導法によるコンクリート中の鉄筋位置の推定方法）があり，これを参考にして調査を実施する．この他にも，下記のような方法が標準化されており，これらの規格を参考に調査を実施するとよい．

　・日本非破壊検査協会　NDIS 3429：電磁波レーダ法によるコンクリート構造物中の鉄筋探査方法[12]
　・日本非破壊検査協会　NDIS 3430（電磁誘導法によるコンクリート構造物中の鉄筋探査方法）[13]
　・日本非破壊検査協会　NDIS 3435（コンクリートの非破壊試験－鉄筋平面位置及びかぶり厚さの試験方法の種類とその選択）[14]

　e．4.2.3 項 c の解説（エ）〜（キ）に該当する進行型コンクリート劣化を引き起こす劣化の種類に対する調査方法，ならびに（ア）〜（キ）以外に詳細調査が必要と判断される変状に対する調査方法は，下記による．

　（エ）　酸・塩類などによる化学的侵食

　コンクリートの化学的侵食は，①酸，②アルカリ，③塩類，④油類，⑤腐食性ガスなどの化学物質がコンクリート（セメント硬化体）と反応することで生ずる劣化現象である．コンクリートが化学的侵食を受けると，一般的に，コンクリートの表層部から脆弱化し始め，その後剥離・剥落が生じ，やがてコンクリートの組織全体が崩壊する．とりわけ，①酸，③塩類，⑤腐食性ガスによる化

学的侵食が生じている場合は，コンクリートの組織のみならず構造体内部の鉄筋も腐食する可能性が高いため，詳細調査では鉄筋の腐食状況についても確認する必要がある．鉄筋腐食に関する調査は，本項dに示した方法で実施する．

　化学的侵食の調査の箇所としては，劣化が生じている箇所を必ず含めるようにし，構造体の周辺に上記①〜⑤のような化学物質が存在する，あるいは存在していたことを確認するとともに，上記のような化学物質が存在した場合にはその濃度を測定する．そのため，劣化が生じている箇所の構造体周辺の空気や水，あるいは構造体と接する土壌や水を採取し，EPMA（電子線マイクロアナライザ）による元素マッピング分析やX線回折などの化学分析を行い，化学物質を特定する．

　化学的侵食を引き起こす可能性がある化学物質は，解説表4.7のようにまとめられているので参考にされたい．

解説表 4.7　種々の化合物がポルトランドセメントコンクリートを侵食する程度[15)より抜粋]

ほとんど作用しないか，全く作用しないもの	ある条件のもとでは侵食	普通の侵食	かなり激しい侵食		非常に激しい侵食
しゅう酸 硫酸カルシウム 過マンガン酸カリウム すべてのけい酸塩 パラフィン ピッチ コールタール ベンゾール カーボゾール アセトラセン Cumol アリザニン トリオール すべての石油または鉱物油 ロジン油 テレピン油 アルコール さらし粉 塩水 ほう砂 ほう酸 フルーツジュース ぶどう酒 タンニン油（酸性でなければ） 蜂蜜 酢酸ナトリウム塩 10%以下の水酸化アルカリ溶液 10%以下の硝酸アルカリ溶液および硝酸カルシウム溶液	次のものは，もし濃度が高い溶液であれば普通の侵食をなす． 炭酸カリウム 炭酸アンモン 炭酸ソーダ 次のものは，もしそれがコンクリートの乾燥湿潤を繰り返すときには，軽く表面を分解する． 塩化カリ 塩化ストロンチウム 塩化ナトリウム 塩化カルシウム 次のものは，コンクリートが空気に露出されるとき，かなり激しい侵食をする． 綿実油 オリーブ油 なたね油 ひまし油 やし油 さらし粉の溶液 重炭酸ソーダはその溶液の濃度が高ければ必ず侵食する． グリセリンはその溶液の濃度が4％以下であれば，仕上げされたコンクリートに影響をほとんど与えない． シンダーおよび石炭は，普通ごくわずかである．	天然における酸性の水 オリーブ油 魚油 重硫酸塩液 クレオソート 酢酸カルシウム液 重炭酸アンモン 塩化アルミニウム 硝酸アルミニウム 洗浄剤 遊離を含んだインク ほう酸ソーダ（ほう砂）	酢 酢酸 フミン酸 炭酸 石炭酸 リン酸 乳酸 タンニン酸 酪酸 没食子酸 ぎ酸 酒石酸 オレイン酸 ステアリン酸 パルミチル酸 塩化マグネシウム 塩化第二水銀 塩化鉄 塩化亜鉛 塩化銅 塩化アンモニウム 塩化カルシウム 硝酸カリウム 硝酸ソーダ 硝酸アンモニウム 硝石 クレゾール フェノール キシロール カーボレニウム	リゾール jeyesfluid アンモニア塩 水酸化アンモニウム 酢酸アンモニウム ソーダ水 コーンシロップ 乳漿 窒化物 ぶどう糖 重硫酸カルシウム塩 フタール酸塩 硫化ナトリウム 亜硫酸ナトリウム 重硫酸ナトリウム チオ硫酸ナトリウム	硝酸 塩酸 ふっ化水素酸 硫酸 亜硫酸 水酸化カリ 水酸化アンモニウム 水酸化ナトリウム 硝酸アンモニウム 硫酸アンモン 硫酸コバルト 硫酸銅 硫酸カルシウム 硫酸第一鉄 硫酸アルミニウム 硫酸カリ 硫酸ソーダ 硫酸ニッケル 硫酸亜鉛 硫酸マグネシウム 硫酸マンガン ぎ酸アルデヒド溶液 灰汁

（オ）　アルカリシリカ反応によるひび割れおよびアルカリシリカゲルの滲出

　アルカリシリカ反応に関する詳細調査は，構造体の表面に生じた変状（ひび割れやアルカリシリカゲルの滲出）がアルカリシリカ反応によるものかを明らかにする原因調査と，アルカリシリカ反応が今後さらに進行する可能性があるかを明らかにする残存膨張量予測に分けられる．詳細調査においては，構造体の表面に対する目視観察によってアルカリシリカ反応が生じているかを絞り込み，さらに変状の原因を特定するため試料を採取して分析を行う．詳細調査では，その目的を明確にしたうえで臨まなければならない．このうち，原因調査は，変状が生じている箇所に対しては必ず実施する．

　アルカリシリカ反応によって構造体の表面に生ずる変状（劣化現象）としては，①網目状または亀甲状のひび割れ，②軸方向の鋼材に沿ったひび割れ，③アルカリシリカゲルの滲出（生成）などが主なものであるが，これらについては目視にて確認する．アルカリシリカ反応による①から③のような現象は，いずれも水が作用する環境で生ずるため，これらと類似する変状が確認された場合は，構造体が置かれた環境で水の作用（水の存在の可能性を含む）について必ず確認する．一方で，構造体の表面の変状が，水が作用しない（または水が作用していなかった）箇所で生じた場合には，アルカリシリカ反応による劣化の可能性は排除してよい．

　変状の原因を特定するには，コンクリート中の骨材が反応性骨材であるか否かを，JIS A 1145（骨材のアルカリシリカ反応性試験方法）によって確認する方法もあるが，本来コアから採取した骨材で実施する試験ではないため，同じ種類の骨材が入手できる場合に限られる．また，アルカリシリカ反応が生じている箇所から，JIS A 1107（コンクリートからのコアの採取方法及び圧縮強度試験方法）に準拠してコアを採取し，JIS A 1149（コンクリートの静弾性係数試験方法）に基づいてヤング係数を求めることで，アルカリシリカ反応による劣化の進行の目安を得ることが可能である．

　一方，今後のアルカリシリカ反応による残存膨張量（膨張量のポテンシャル量）の予測，すなわち今後どの程度の膨張量を示すのかを依頼者から求められた場合には，日本コンクリート工学会のJCI-S-011（コンクリート構造物のコア試料による膨張率の測定方法）[16]にしたがって解放膨張率および促進膨張率を評価するとよい．なお，膨張率の評価にはかなりの時間を要するため，この手法を採用する場合には依頼者に周知する．

（カ）　凍結融解作用によるひび割れおよびスケーリング

　凍結融解作用による劣化については，目視調査によって，ひび割れやスケーリングが生じているか否かを確認する．その際，解説図 4.8 などに基づき，調査の対象となる建築物の所在地における凍害危険度[17]を参考にするとよい．凍結融解作用による劣化現象は，解説表 4.2 に示すように，コンクリート表面に生ずるひび割れやスケーリングが主で，これらの劣化現象は水に接した状態で生ずるため，一般的に建築物の外周部，すなわち屋根，庇，軒先，パラペット，ベランダ，水切り部など建築物外部で温度変化の影響を受けやすい薄い部材で生じやすい特徴がある．このように，凍結融解作用による劣化は，その発生状況，当該建築物または部材が置かれている地域や環境などから判断できるため，これらの条件に該当しない場合は，凍結融解作用は変状の原因から排除してよい．

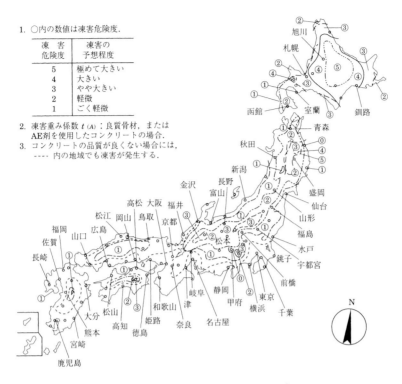

解説図 4.8　凍害危険度の分布図 [17]

（キ）　コンクリート中の膨張性物質によるポップアウト

ポップアウトは，解説表 4.2 に示すように，コンクリート中に膨張性の物質（CaO，MgO，硫化物，吸水性粘土鉱物など）が混入し，そこに局所的な力の作用や水和反応などによってコンクリートの表層部が薄い円錐状に剥離する現象である．ポップアウトの発生状況は目視調査によって確認し，併せてポップアウトの発生条件（材料条件，環境条件など）を明確にする．

また，ポップアウトの発生箇所から採取した試料に対して粉末 X 線回折装置，光学顕微鏡，電子顕微鏡等による分析を行うことで，ポップアウトを引き起こした膨張性物質を特定することが可能である．とりわけ，ポップアウトは水が作用する環境下で発生することが多いため，雨掛かりの有無についても確認する．

（ア）〜（キ）以外に詳細調査が必要と判断される変状

（ア）〜（キ）にあげた劣化の種類以外の代表例としては，疲労・摩耗があげられる．疲労または摩耗による劣化現象としては，物流倉庫や駐車場の床などで繰り返し走行するフォークリフトや車両によって引き起こされるコンクリート表層のひび割れや剥離があげられる．こうしたひび割れや剥離は，コンクリートの比較的表層に近い部分において亀甲状に生ずることが多く，そのパターンや使用状況などから疲労または摩耗であることが推定可能である．使用状況については，床上を走行する車体の重量，車輪の形状，1 日の繰返し走行数などを，当該建築物の使用者や管理者からヒアリングするとともに，使用状況を現地視察して確認するのがよい．なお，前記（ア）〜（キ）の劣

化の種類以外に詳細調査が必要と判断された変状については，信頼できる資料に基づいて調査方法を定める．

また，書類調査などからコンクリートの圧縮強度に疑義がある場合，または建築物の供用年数が長く，仕上げ材の下地となる構造体コンクリートの品質や性状を把握する必要がある場合には，JIS A 1107（コンクリートからのコアの採取方法及び圧縮強度試験方法）に準拠し，直径 100 mm のコアを採取し，コンクリートの圧縮強度を求めるとよい．ただし，構造体から直径 100 mm のコアを採取することが困難な場合には，以下のような方法が提案されているので参考にするとよい．

1）直径 100 mm より小さい径のコアによる方法

本会編「原子力施設における建築物の維持管理指針・同解説」[18]の付録 I.4 には，MMS-001：コンクリートからの中径コアの採取方法および中径コア供試体を用いた圧縮強度試験方法（案）が示されており，この方法を参考にして圧縮強度を求めることが可能である．この「中径コア」は，直径が 50 mm を超え 100 mm 未満のコア供試体と定義されており，鉄筋と干渉するなど構造体から直径 100 mm のコアを採取できない場合に適用するとよい．

2）非破壊検査による方法

ⅰ）反発度による方法

構造体コンクリートに対する反発度に基づく方法は，JIS A 1155（コンクリートの反発度の測定方法）が制定されており，本会からも，1983 年に「コンクリート強度推定のための非破壊試験方法マニュアル」[19]（以下，非破壊試験方法マニュアルと略記）が出されていた．しかし，反発度からコンクリートの圧縮強度を精度よく評価する手法は確立されているとはいい難く，本仕様書においては，その評価方法を参考として示すにとどめた．なお，反発度に基づくコンクリートの圧縮強度の評価式は，この非破壊試験方法マニュアルを含め，いくつかの文献で示されており，これらの評価式を参考にすることは可能である．なお，土木学会では，2007 年に JSCE-G504-2007（硬化コンクリートのテストハンマー強度の試験方法）[20]が定められているが，（解 4.3）がそれにあたる．

① 日本建築学会 $F = (7.3 \times R + 100) \times 0.098$ （解 4.1）

② 材料学会 $F = (13 \times R - 184) \times 0.098$ （解 4.2）

③ 土木学会[20] $F = -18.0 + 1.27 \times R$ （解 4.3）

④ 谷口ら[21] $F = 41.8 \times (R/100)^{2.38}$ （解 4.4）

⑤ 斯波ら[22] $F = 0.561 \times R/(1 - 0.0135 \times R)$ （解 4.5）

ここに，F：構造体コンクリートの圧縮強度（N/mm²）

R：反発度

注：（解 4.1）と（解 4.2）は，出典に示されている式に重力加速度を乗じて N/mm² 単位に変換してある．

ⅱ）衝撃弾性波による方法

衝撃弾性波を用いた方法については，特定の範囲のコンクリートに対する弾性波速度 V_p と圧縮強度の関係が示されているが，すべてのコンクリートに対して共通の評価が可能というわけではなく，また衝撃弾性波法による圧縮強度の評価法についても十分に確立されていないのが現状である．

参考として，衝撃弾性波法による圧縮強度の評価式[23]を示すが，解説図 4.9 に示すように，（解 4.6）によって推定される圧縮強度も ± 15% 程度のばらつきを有している．

$$F = 1.224 \times 10^{-17} \times V_p^{5.129}$$ （解 4.6）

ここに，V_p：弾性波速度（m/sec）

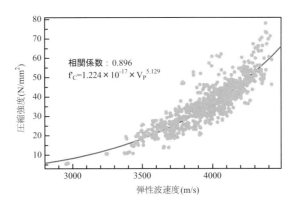

解説図 4.9　弾性波速度と圧縮強度の関係[23]

f．構造体に生じた不具合としては，マスコンクリートにおける温度ひび割れ，沈下ひび割れ，コールドジョイント，打継ぎ部からの漏水，豆板（充填不良，内部空洞），かぶり厚さ不足，砂すじ，変色・色むらなどがある．これら不具合の特徴，主な発生原因および調査方法をまとめて，解説表 4.8 に示す．

解説表 4.8　不具合の特徴，主な発生原因および調査方法

不具合の種類	不具合の特徴	不具合の主な発生原因	調査方法
マスコンクリートにおける温度ひび割れ	厚い部材などの表面にある間隔をおいて直線状に生じている．	マスコンクリート施工時の内外温度差（早期脱型），温度応力	目視調査
沈下ひび割れ	セパレータや埋込み金物の直下，鉄筋の直上，部材断面の急変部で生じている．	打込み速度過多，不適切な締固めまたはタンピングのタイミング	目視調査
コールドジョイント	構造体の表面に斜めまたは直線状に不連続面が生じている．	打重ね時間間隔の超過，締固め不足，スランプロス	目視調査 散水（注水）
打継ぎ部からの漏水	打継ぎ部から漏水跡またはエフロレッセンスが生じている．	不適切な打継ぎ部の処理（止水板の未設置など）	目視調査
豆板（充填不良，内部空洞）	粗骨材粒子や鉄筋が構造体の表面から露出している．	打込み速度過多，締固め不足，過密配筋，スランプロス	目視調査 非破壊試験[1]
かぶり厚さ不足	鉄筋が構造体の表面に露出している，あるいは鉄筋に沿った模様が生じている．	不適切なスペーサの使用，鉄筋の固定不良，鉄筋の加工精度不良，不適切な配筋作業	目視調査 非破壊試験[2]
砂すじ	構造体の表面に細骨材の粒子がまだら状または縞状に生じている．	打込み速度過多，ブリーディング，型枠内面の散水過多，型枠の目違い	目視調査

| 変色・色むら | 構造体の表面でコンクリートの色の濃淡（黒っぽく見える部分と白っぽく見える部分）が不連続に生じている. | 型枠剥離剤の塗りむら，せき板の転用回数，打重ね時間間隔，締固め過多，コンクリートの養生条件 | 目視調査 |

注： 1）豆板の調査で適用可能な非破壊試験方法としては，打音法，超音波法，衝撃弾性波法などがあげられる.
　　 2）かぶり厚さ不足の調査で適用可能な非破壊試験方法としては，電磁誘導法や電磁波レーダ法があげられる.

　マスコンクリートにおける温度ひび割れ，沈下ひび割れ，コールドジョイント，打継ぎ部からの漏水，砂すじおよび変色・色むらは，目視調査によって不具合の種類を判別するが，不具合のうち，ひび割れ状の変状については，その発生パターンに特徴があるため，解説表 4.3 などを参考にするとよい.

　構造体の表面に生じた不具合は，主に目視調査によって発生箇所や発生範囲を明らかにすることができるが，構造体の表面に顕在化していない豆板やかぶり厚さ不足などの不具合については，非破壊試験方法を適用することも検討する.

　豆板に関しては，細い針金や薄い金属板などを豆板部に挿入することで，その発生深さや範囲の概略を把握することが可能である. また，打音法，超音波法あるいは衝撃弾性波法などの非破壊試験方法を構造体の表面に露出している豆板の近傍に適用すれば，構造体の表面に露出していない内部の豆板の存在やその範囲の概略を把握することが可能である. なお，ここにあげた非破壊試験方法は，限定的な箇所（小面積）に対して豆板の存在を明らかにすることはできるが，構造体全面にわたる調査を実施するとかなりの時間を要するため，調査実施の可能な時間帯，調査実施期間などを考慮し，依頼者と協議したうえで，これら非破壊検査法の採否を決めるのがよい.

　鉄筋が構造体の表面に露出していないものの，かぶり厚さ不足が懸念される場合（例えば，構造体の表面に鉄筋に沿った格子状パターンが見える状況）には，かぶり厚さを確認することが望ましい. 詳細調査を進める途中で，調査・診断実施要領書に記載されていない調査が必要と判断された場合は，依頼者にその旨を報告し，承認を受けたうえで，追加となる調査を実施する.

4.2.5　劣化度および不具合の程度の評価

　a．調査・診断者は，劣化の種類および調査箇所ごとに個別劣化度を評価する. 4.2.1 項 a に示す（1）ひび割れ先行型劣化，または（2）鉄筋腐食先行型劣化の調査を行った場合，個別劣化度は，表 4.3 および表 4.4 に示す基準にしたがって評価する.（3）進行型コンクリート劣化の調査を行った場合については，個別劣化度の評価基準は，信頼できる資料による.
　b．コンクリートの中性化およびコンクリート中の塩化物イオン量の調査を行った場合，調査・診断者は，表 4.5 および表 4.6 に示す基準にしたがって鉄筋腐食に及ぼす影響程度を評価する. ここで，両者もしくはいずれかの鉄筋腐食に及ぼす影響度が「大」となった場合で 4.2.3.項 c に示す鉄筋腐食の調査を行っていない場合は，個別劣化度を ii とする.
　c．4.2.1 項 a に示す（4）不具合の調査を行った場合，調査・診断者は，表 4.7 に示す基準にしたがって不具合の程度を評価する. ただし，不具合が水の作用する環境で生じていた場合は，4.2.3 項 c にしたがって鉄筋の腐食状況の調査を実施するとともに，表 4.3 に示す基準によって個別劣化度を評価

する.

d．総合劣化度は，以下の 3 段階で評価する．なお，総合劣化度は，劣化および不具合の発生状況に応じて，調査区域に区切って評価してもよい．また，劣化の種類別の個別劣化度，あるいは調査箇所別の個別劣化度がそれぞれに異なった場合は，個別劣化度の高い次数で評価する．不具合については，不具合のグレードが 1 の場合は総合劣化度を I とし，不具合のグレードが 2 の場合は総合劣化度を II と評価する．

　　総合劣化度 I：個別劣化度が i，または不具合のグレードが 1
　　総合劣化度 II：個別劣化度が ii，または不具合のグレードが 2
　　総合劣化度 III：個別劣化度が iii

e．調査・診断者は，詳細調査結果に基づき，4.2.1 項 a で判別した劣化または不具合，および劣化の種類を確定する．

表 4.3　鉄筋腐食先行型劣化の個別劣化度の評価基準

個別劣化度	鉄筋の腐食状況に基づく評価基準
i	鉄筋の腐食グレードはすべて 3 以下である．
ii	腐食グレードが 4 の鉄筋がある．
iii	腐食グレードが 5 の鉄筋がある．

表 4.4　ひび割れ先行型劣化の個別劣化度の評価基準

個別[*1]劣化度	評価基準	環境条件別のひび割れ幅 w の範囲 [mm]		
		屋内	一般の屋外	塩害環境[*2]の屋外
i	目立った変状は認められない．	−	−	−
	幅 w のひび割れが認められる	$w \leqq 0.5$	$w \leqq 0.3$	$w \leqq 0.2$
ii		$0.5 < w$	$0.3 < w$	$0.2 < w$

[注]　*1：鉄筋腐食によるひび割れが認められた場合は「ii」とする．
　　　*2：JASS 5-25 節「海水の作用を受けるコンクリート」の重塩害環境，塩害環境および準塩害環境とする．

表 4.5　コンクリートの中性化が鉄筋腐食に及ぼす影響程度の分類

鉄筋腐食に及ぼす影響程度	かぶり厚さと中性化深さの関係 [mm]	
	水が作用する環境	水が作用しない環境
小	$D - 10 \geqq C_d$	$D \geqq C_d$
中	$D - 10 < C_d \leqq D$	$D < C_d \leqq D + 20$
大	$D < C_d$	$D + 20 < C_d$

ここで，D：調査した鉄筋のかぶり厚さの平均値
　　　　C_d：調査箇所ごとの中性化深さ

表 4.6　コンクリート中の塩化物イオン量が鉄筋腐食に及ぼす影響程度の分類

鉄筋腐食に及ぼす影響程度	鉄筋の最外側面における塩化物イオン量 [kg/m³]
小	0.60 以下である．
中	0.60 を超え 1.20 以下である．
大	1.20 を超えている．

表 4.7　不具合の程度の評価基準

不具合のグレード	不具合の程度
1	構造体内部の鉄筋腐食への影響および構造体における漏水発生のいずれもがない状態
2	構造体内部において鉄筋腐食が生じているか，または構造体において漏水が生じている状態

　a．構造体に生ずる劣化の種類やそれらの進行速度は，供用環境やコンクリートの使用材料および調合などの条件によって異なってくる．また，調査および診断を行った後，保守点検や補修を効果的かつ合理的に行うためにも，劣化の位置および状態を明らかにし，これらと環境条件などの情報とを関連付けられるようにしておくことが重要である．そのため，調査・診断者は，調査箇所ごとに個別劣化度を評価するとともに，事前調査および詳細調査で得られた環境条件などの情報を併せて記録しておく必要がある．環境条件などの情報には，建築物の周囲の環境，築年数，施工時期，コンクリートの使用材料および調合などのほか，調査を行った箇所の屋外・屋内の別，階数，仕上げの有無，日射の有無および雨掛かりの有無などが挙げられる．

　構造体に生ずる劣化事象には，ひび割れ，鉄筋腐食，スケーリング，脆弱化・溶解，ポップアウト，すり減りおよび変色などさまざまなものがあげられるが，このうち，ひび割れおよび鉄筋腐食については，発生する頻度が高く，構造体に大きな影響を及ぼす可能性があるため，特に注意が必要である．ひび割れは，4.2.3 項 c の解説に挙げられている劣化の種類では，（ア）乾燥収縮によるひび割れ，（イ）コンクリートの中性化による鉄筋腐食，（ウ）コンクリート中の塩化物イオンによる鉄筋腐食，（オ）アルカリシリカ反応によるひび割れおよびアルカリシリカゲルの滲出，および（カ）凍結融解作用によるひび割れおよびスケーリングなど，多くの場合において主要な劣化事象として現れる（（イ）および（ウ）では，これらによる鉄筋腐食が著しく進行した場合）．また，ひび割れ幅が拡大するとコンクリート中に劣化因子が浸入しやすくなるため，劣化の促進や鉄筋腐食などの原因にもなる．一方，鉄筋腐食については，かぶりコンクリートのひび割れや剥離・剥落を生じさせたり，部材の力学的性能の低下に影響を及ぼしたりする可能性がある．以上のことから，ひび割れ先行型劣化および鉄筋腐食先行型劣化の個別劣化度は，鉄筋腐食に対する耐久性から評価することに主眼を置き，鉄筋の腐食状態またはひび割れ幅によって判定することを標準とした．また，本仕様書における構造体の補修の目的から，当初の性能が低下したり，実用上支障が生じたりするおそれがある状態を最終的に補修の必要性があると判定することとし，その判定基準を表 4.3 および表 4.4 のように定めた．

　鉄筋腐食先行型劣化の調査を行った場合，個別劣化度は，鉄筋腐食の程度もしくは鉄筋腐食に及ぼす影響の程度により評価を行う．はつり調査により鉄筋腐食の程度を直接評価した場合には，表 4.3 に従い，グレード 4 すなわち浮きさびが生じ断面欠損が生じている状態を個別劣化度 ii，グレード 5 すなわち鉄筋腐食が構造性能に影響を及ぼすような状態を個別劣化度 iii とした．

　ひび割れ先行型劣化の個別劣化度は，表 4.4 のひび割れ幅によって評価する．また，鉄筋腐食先

行型劣化の調査において，依頼者の承認を受けて鉄筋の腐食状態の調査を省略する場合であって，ひび割れ等の劣化が顕在化していない箇所に限っては，表4.4 によって個別劣化度を「i」と判定してもよい．ただし，ひび割れ先行型劣化調査を行う中で，鉄筋に沿ったひび割れやさび汁を伴うものなど，鉄筋腐食によると考えられるひび割れが認められた場合には，表4.4 のひび割れ幅にかかわらず個別劣化度は「ii」と評価する．

　表4.4 の環境条件のうち，「屋内」とは水が作用しない環境を指しており，屋内であっても外周に面した屋内の部材，水まわり部分および常時湿潤状態にある環境の場合には，「一般の屋外」の評価基準を用いる．また，塩害環境とは，海水および飛来塩分の影響を受ける環境のことであり，JASS 5-25 節「海水の作用を受けるコンクリート」の塩害環境による．塩害環境の条件については，JASS 5 の飛来塩分量または地域と立地条件の例による区分を参考にするとよい．なお，水が作用しない屋内では，ひび割れが生じていても鉄筋腐食は生じないか，あるいは軽微なままである可能性も高いため，内部塩害のおそれがない場合など当該環境において鉄筋腐食が進行しないと考えられる場合は，表4.4 の評価基準の限りではない．

　鉄筋腐食とひび割れ幅の関係については多くの研究がなされているが，ひび割れ幅が大きくなると劣化因子が侵入しやすくなり腐食量が増加するとするものと，ひび割れが鉄筋と直交する場合に腐食の開始時期は早くなるものの長期的な腐食量に影響しないとするものがある[24]．しかしながら，これらの影響は必ずしも明確ではないため，本仕様書では環境条件に応じたひび割れ幅によって，個別劣化度を評価することとした．表4.4 のひび割れ幅は，国内外の既往の指針類における許容ひび割れ幅と同程度であり，塩害環境にある屋外において個別劣化度が「i」となるひび割れ幅については，JASS 5 の 25 節における海水および飛来塩分を受ける部分のコンクリートの許容ひび割れ幅と同じである．

　なお，防水性の観点から個別劣化度を判定する場合については，調査・診断者は，水圧の作用の有無やひび割れが部材を貫通しているか否かなどを考慮し[25),31)]，信頼できる資料に基づいてひび割れ幅などの評価基準を定め，依頼者の承認を受ける．

　進行型コンクリート劣化については，鉄筋腐食に対する耐久性とともに，コンクリート自体の耐久性についての評価も重要となるが，その個別劣化度については，劣化の状態だけでなく，劣化の進展速度や水の作用などの環境要因の影響度に応じて総合的に判断して定める必要があることから，標準的な判定基準を示すことは難しい．そのため，個別劣化度の評価基準については，信頼できる資料によることとした．進行型コンクリート劣化に対する耐久性の考え方については，例えば，本会編「鉄筋コンクリート造建築物の耐久設計施工指針・同解説」[29]（以下，耐久設計指針）や日本コンクリート工学会編「コンクリートのひび割れ調査，補修・補強指針」[2]などに示されているため，これらの資料を参考に評価基準を定め，依頼者の承認を受ける．なお，進行型コンクリート劣化では，ひび割れおよび鉄筋腐食以外の劣化事象として，例えば，化学的侵食によるコンクリート脆弱化または溶解，凍結融解作用によるスケーリング，およびコンクリート中に混入した膨張性物質の水和反応によるポップアウトなどが生ずる．これらによってコンクリートの所要の品質や断面が明らかに失われた状態にある場合には，劣化の進展速度等に関わらず個別劣化度は「ii」または

「iii」と評価すべきである.

 b. コンクリートの中性化とコンクリート中の塩化物イオンによる鉄筋腐食に及ぼす影響程度については, 表4.5および表4.6にしたがって評価する. 表4.5に示すコンクリートの中性化による鉄筋腐食に及ぼす影響程度については, 水が作用する環境か否かで分類することとした. これは, コンクリートが鉄筋位置まで中性化したとしても, 水が作用しなければ構造体内部の鉄筋は腐食する可能性は低いことによる.

 中性化が鉄筋の最外側面（かぶり厚さに相当）まで進行すると, 鉄筋の不動態皮膜が破壊され, 鉄筋は腐食しやすくなる. 鉄筋腐食に及ぼす鉄筋の最外側面から中性化領域までの距離の影響を検討した例を解説図4.10に示すが, 水が作用する環境〔解説図4.10では「屋外」〕においては, 中性化領域で鉄筋の腐食速度は著しく速く, 早期に有害な腐食状況に至るが, 水が作用しない環境〔解説図4.10では「屋内」〕においては, 湿度が低く鉄筋の腐食速度が遅いため, 中性化領域が鉄筋の最外側面から20 mm深い位置まで進行してから鉄筋に有害な腐食状況が生ずると指摘している[27]. したがって, 水が作用する環境では, 鉄筋の最外側面まで中性化が進行した時点が, また水が作用しない環境では, 鉄筋の最外側面から20 mm深い位置まで中性化が進行した時点, すなわち鉄筋の裏面近傍まで中性化が進行した時点が, 鉄筋腐食に及ぼす影響程度を定めるひとつの基準になる.

 本会編「鉄筋コンクリート造建築物の耐久性調査・診断および補修指針（案）・同解説」[3]では, 解説表4.9のような「劣化原因の強さの分類」を示していた. 解説表4.9では,「屋外」と「屋内」とで分類していたが, 屋外であっても雨掛かりがない箇所では鉄筋が腐食しない場合があるうえ, 屋内であっても水まわりなど常に水が作用しやすい環境であれば鉄筋は腐食しやすくなる. これらを踏まえ, 本仕様書では「水が作用する環境」と「水が作用しない環境」に改めた. また, 鉄筋腐食の開始は, かぶり厚さや中性化深さにばらつきがあること, 中性化フロントの手前からコンク

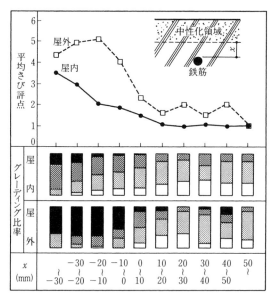

解説図 4.10 鉄筋腐食に及ぼす鉄筋表面から中性化領域までの距離の影響[27]

リートの pH は低下していることなどから，中性化深さの平均がかぶり厚さの平均に到達する前に一部の鉄筋では腐食が始まる．このことから，中性化の開始時点の目安として，中性化深さの平均値がかぶり厚さの平均値の 10 mm 手前に到達した時点（中性化残り 10 mm）をひとつの評価の目安として考えた．

表 4.6 に示す鉄筋の最外側面における塩化物イオン量は，構造体内部の鉄筋腐食を未然に防ぐ観点から，腐食発生限界塩化物イオン量とされている 1.20 kg/m³ が採用されることが多い．しかし，近年の研究で，腐食発生限界塩化物イオン量は，解説図 4.11 に示すように，コンクリートの水セメント比によって異なるとした見解[26]が示されている．

この知見は，JASS 5-25 節「海水の作用を受けるコンクリート」の解説で引用されており，「既存建築物の調査でも，コンクリート中の塩化物イオン量が 1.20 kg/m³ を大きく上回っても鉄筋が腐食していない事例がある」と述べている．しかし，腐食発生限界イオン量については，まだ統一的な見解が出されていないため，本仕様書においては，鉄筋腐食が生ずる可能性が最も高い鉄筋腐食に及ぼす影響程度「大」を，鉄筋の最外側面における塩化物イオン量が「1.20 kg/m³ を超えている」場合とした．なお，この塩化物イオン量 1.20 kg/m³ は，解説図 4.11 において，水セメント比65％における腐食発生限界塩化物イオン濃度の計算上の最小値と一致する．

解説表 4.9　コンクリートの中性化による劣化原因の強さの分類[3]

劣化原因の強さ	中性化進行の程度による分類	
	屋外	屋内
小	中性化が鉄筋の表面までまだ進行していない．	中性化が鉄筋の裏側までまだ進行していない．
中	中性化が少数の鉄筋の表面まで進行している．	中性化が少数の鉄筋の裏側まで進行している．
大	中性化が半数以上の鉄筋の表面まで進行している．	中性化が半数以上の鉄筋の裏側まで進行している．

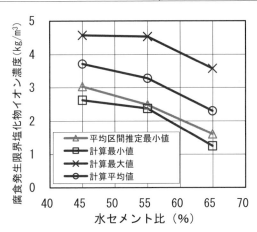

解説図 4.11　水セメント比と腐食発生限界塩化物イオン濃度の関係[26]

鉄筋腐食に及ぼす影響程度「小」は，鉄筋防せい上有効な対策を講じた場合のコンクリート中の塩化物イオンである「0.60 kg/m³ 以下」とした．これは，離島など海砂以外の骨材の入手や除塩用

水の確保が著しく困難な状況にあって施工された建築物において，コンクリート中の塩化物イオン量を $0.30\,\mathrm{kg/m^3}$ 以下にすることができない場合があることを考慮したものである．鉄筋腐食に及ぼす影響程度「中」については，鉄筋腐食に及ぼす影響程度「小」と「大」の中間的な分類である「$0.60\,\mathrm{kg/m^3}$ を超え $1.20\,\mathrm{kg/m^3}$ 以下」とした．この鉄筋腐食に及ぼす影響程度「中」は，その状態のまま長く放置すれば，高い確率で鉄筋腐食が生じ，それによって，かぶりコンクリートにひび割れや剥離が生じうることを意味する．

なお，中性化と塩化物イオン以外の鉄筋腐食に及ぼす影響程度については，信頼できる資料に基づいて評価基準を定め，その評価基準については依頼者の承認を受ける．

c．不具合の程度の評価については，構造体の耐久性と防水性能に及ぼす影響の程度によって，不具合のグレードを「1」と「2」に分類することとした．

例えば，コールドジョイントは，柱，梁，壁などの部材では貫通して生ずることが多く，屋外に面している部材では防水性能に影響を及ぼす可能性があることから，ひび割れと同等に扱う必要がある．コールドジョイントに関しては，解説図 4.12 のようなひび割れ幅と漏水量の関係図などを参考にすることで，防水性能すなわち漏水の可能性を評価することができる．

豆板に関しては，豆板部で鉄筋が露出していたり，豆板の深さが鉄筋位置まで達していることが判明すれば，耐久性は明らかに低下している（表 4.7 の不具合のグレード「2」）と評価することができる．また，豆板部からは，構造体内部に二酸化炭素が容易に侵入し，コンクリートの中性化を促進させるとともに，鉄筋の腐食時期を早めるなど，耐久性に及ぼす影響は明らかである．さらに，豆板が水が作用する環境で生じていれば，その箇所の防水性能は健全部に比べて明らかに低下していると評価される．豆板による不具合のグレードについては，豆板の発生範囲（深さ）やその程度，鉄筋のかぶり厚さ，部材の厚さなどから総合的に評価する．

なお，砂すじや変色・色むらのように，不具合の中には，構造体の耐久性や防水性能のいずれにも影響を及ぼさず，打放し仕上げの場合に主に美観にのみ影響するものもある．

これら不具合のグレードの評価については，まだ統一的な見解が示されていないため，可能な限

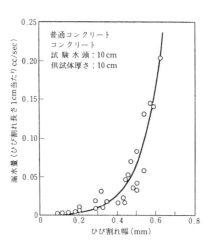

解説図 4.12 ひび割れ幅と漏水量の関係[2]

り信頼できる資料に基づくのがよい.

　d. ひび割れ先行型劣化および進行型コンクリート劣化では, 劣化によって生じたひび割れ等の部分において劣化因子が侵入しやすくなるため, 中性化の進行や塩化物イオンの浸透が速まったり, さらには鉄筋腐食が生じやすくなったりする. また, ひび割れ先行型劣化と鉄筋腐食先行型劣化が同じ調査の区画の別々の箇所で生じている場合では, 複数の種類の劣化が同時に進行することになるため, 劣化の種類ごとの個別劣化度が異なって判定されることも想定される. 上記のような場合には, 総合劣化度の次数がもっとも高くなるように判定する.

　総合劣化度の評価例を解説表 4.10 に示す. 例 1 のように, 水が作用する環境で乾燥収縮によるひび割れが生じていた場合, ひび割れ部分における鉄筋の腐食状態が表 4.3 によって個別劣化度「ⅰ」と評価されても, 表 4.4 のひび割れ幅による個別劣化度が「ⅱ」であれば, 総合劣化度は「Ⅱ」と評価する. また, 例 2 のように, 同じ区域の異なる種類の劣化に対して, 乾燥収縮によるひび割れが表 4.4 によって個別劣化度「ⅰ」と評価されたとしても, 塩化物イオンが原因と考えられる別の箇所の鉄筋の腐食状態が表 4.3 によって個別劣化度「ⅱ」となれば, 総合劣化度は「Ⅱ」と評価する. 大きな区域の調査において, 劣化が生じている箇所が劣化の種類によって明確に分かれており, それぞれの個別劣化度の最大次数も異なる場合には, 例 3 のように, 調査区域を区切って総合劣化度を評価してもよい.

解説表 4.10　総合劣化度の評価例

評価例	区域		劣化または不具合	劣化の種類	水の作用の有無	劣化の種類または調査箇所別の個別劣化度の最大次数※		総合劣化度
						鉄筋の腐食状態	ひび割れ発生状態	
例 1	区域 A		ひび割れ先行型劣化	乾燥収縮によるひび割れ	有（屋外）	ⅰ（グレード 2）	ⅱ（w＝0.5 mm）	Ⅱ
例 2	区域 B		ひび割れ先行型劣化	乾燥収縮によるひび割れ	有（屋外）	ⅰ（グレード 2）	ⅰ（w＝0.2 mm）	Ⅱ
			鉄筋腐食先行型劣化	コンクリート中の塩化物イオンによる鉄筋腐食		ⅱ（グレード 4）	−	
例 3	区域 C	区域 C-1	ひび割れ先行型劣化	乾燥収縮によるひび割れ	有（屋外）	−	ⅰ（w＝0.1 mm）	Ⅰ
		区域 C-2	鉄筋腐食先行型劣化	コンクリートの中性化による鉄筋腐食		ⅱ（グレード 4）	−	Ⅱ

[注]※:「−」印は, 調査を省略したことを表す.

　e. 調査・診断者は, 詳細調査結果に基づいて, 劣化または不具合, および 4.2.3 項 c の解説に挙げられているような劣化の種類を特定する. 解説表 4.11 に, ひび割れ先行型劣化および鉄筋腐食先行型劣化の場合について, 劣化の種類の特定例を示す. 解説表の例 2 のように, 同じ調査の範

囲で複数の種類の劣化が考えられる場合には，それらのすべての劣化の種類について報告する．

　ただし，当初に想定していた結果と異なり，劣化または不具合，および劣化の種類の特定が困難と判断された場合には，依頼者と協議をしたうえで，再度の調査を行うのが望ましい．再度の調査を行う場合は，4.2.3項dにしたがって新たに詳細調査・診断実施要領書を作成する．

解説表 4.11　劣化の種類の特定例

事例	事前調査の結果	基本調査の結果（劣化の発生パターン）	水の作用の有無	ひび割れ幅	鉄筋腐食に及ぼす影響程度		鉄筋の腐食状態	劣化の種類の特定
					中性化深さ	塩化物イオン量		
例1	塩害は想定されない	乾燥収縮によるひび割れ	無（屋内）	0.5 mm 超（0.6 mm）	中（$D < C_d \leqq D+20$）	–	–	乾燥収縮によるひび割れ
例2	塩害は想定されない	乾燥収縮によるひび割れ	有（屋外）	0.5 mm 以下（0.3 mm）	–	–		乾燥収縮によるひび割れおよび中性化による鉄筋腐食
		鉄筋腐食によるひび割れ		–	大（$D < C_d$）	–	グレード4,5	
例3	塩害環境	鉄筋腐食によるひび割れ	有（屋外）	–	小（$D-10 \geqq C_d$）	大（1.5kg/m³）	グレード5	塩化物イオンによる鉄筋腐食

4.2.6　劣化および不具合の原因の推定

> a．劣化および不具合の原因の推定の実施は，特記による．特記のない場合は，それぞれの原因の推定を実施する必要はない．
> b．調査・診断者は，信頼できる資料に基づき劣化および不具合の原因の推定方法を定め，依頼者の承認を受ける．

　a．，b．　劣化および不具合の原因の推定を実施する場合，調査・診断者は，4.2.5項eによって確定された劣化の種類または不具合が，設計，材料，施工および供用環境などの条件の中から，何に起因したものであるのかを推定する．劣化の種類によっては，例えば，豆板が発生した箇所でコンクリートの中性化による鉄筋腐食が早期に生ずるなど，不具合によって誘発されるものもある．このような場合には，劣化の原因および不具合の原因の両方を推定することになる．上記の例では，豆板についてはコンクリートのスランプロスおよび締固め不足，中性化による鉄筋腐食については，豆板箇所におけるコンクリートのかぶり厚さ不足，かぶり厚さに対する中性化深さの増加および水の作用などが，可能性のある原因の例として挙げられる．また，コンクリート打込み時の施工条件に関する記録や，豆板の有無別に中性化速度が比較できるような調査結果など，確証のある詳細な情報が得られている場合には，スランプロス，締固め不足および中性化深さの増加に関する原因についても推定するとよい．

　解説表 4.12 は，本会編「高耐久性鉄筋コンクリート造設計施工指針（案）・同解説」[28]（以下，高耐久性指針）において設計・施工上の劣化対策をまとめたものである．ここで，特殊劣化外力の項

目のうちの特殊劣化とは，酸性土壌および腐食性物質などを指しており，本仕様書では 4.2.3 項 c. の解説にある（エ）酸・塩類などによる化学的侵食の原因となるものである．表中に記号（◎，○，△）が付された設計・施工上の対策に関する項目は，各劣化要因・劣化外力と関連があること，すなわち，劣化および不具合の発生や劣化の進行速度に影響を及ぼすことを示しており，劣化および不具合の原因になり得るものである．また，施工欠陥，気象作用およびこれらに関連する項目についても，劣化を助長し得る間接的な原因となることに注意しなければならない．このように，劣化および不具合に影響を及ぼす項目は多数あり，いくつかの項目が複合して作用することも少なくない．したがって，詳細調査の結果だけではなく，事前調査で収集した対象建築物の設計および工事に関する記録，周辺環境の概況，ならびに基本調査の結果なども併せて，多角的に原因を推定することが肝要となる．

　原因の推定を実施する場合には，それに要する情報によって，詳細調査の内容が異なってきたり，工事記録や周辺環境等に関する追加の情報が必要となったりすることがある．例えば，コンクリート中の塩化物イオンによる鉄筋腐食の原因を推定するためには，塩化物イオンが外部から侵入したのか，コンクリートの製造時から含まれていたのかを調査する必要がある．この調査には，鉄筋位置の塩化物イオン量を測定するだけではなく，4.2.4 項 b に解説するように，部材の深さ（厚さ）方向に塩化物イオン量の分布を求めるとわかりやすい．また，対象建築物の海岸からの距離に関する情報に加え，供用期間中における周囲の遮蔽物の状況，コンクリートへの海砂の使用の有無，および塩化物イオン量の過去の調査結果などが，事前調査から得られていると原因が推定しやすくなる．そのような情報が得られていない場合には，追加の情報収集を行ったり，飛来塩分が侵入しにくい箇所についても塩化物イオン量を測定するなどして，コンクリート製造時に塩化物イオンが混入した可能性について検討するのがよい．以上のような調査を行うためには，調査・診断実施要領書の中に所要の調査内容を盛り込んでおかなければならない．そのため，調査・診断者は，4.2.4 項の詳細調査の方法またはその他の信頼できる資料に基づいて原因の推定方法を定めるとともに，必要な情報が得られる調査・診断実施要領書としたうえで，依頼者の承認を受けることとした．

　なお，原因の推定方法は，コンクリートの物理的・化学的な作用などによる劣化の機構，ならびに解説表 4.12 に示すような劣化および不具合に影響を及ぼすさまざまな項目を踏まえて定めなければならない．主な劣化の機構については，日本コンクリート工学会編「コンクリート診断技術'20［基礎編］」[31]（以下，診断技術）にまとめられている．また，劣化の原因については，診断技術および高耐久性指針のほかに，耐久設計指針の設計劣化外力の考え方などが参考になる．一方，不具合の原因については，日本コンクリート工学会編「コンクリート基本技術調査委員会　不具合補修WG 報告書」[1]に，解説表 4.13 のような不具合の原因の例およびこれらを推定するための検討項目などが示されているため，参考にするとよい．

解説表 4.12　劣化要因・劣化外力と設計・施工上の対策[28]

章	区分	設計・施工上の対策	内的劣化要因			一般劣化外力		特殊劣化外力		
			塩化物	アルカリ骨材	施工欠陥	気象作用	中性化	塩害	凍害	特殊劣化
2章	設計	平面形状・ひび割れ制御				○	△			
		部材断面設計・ディテール			◎	○		◎	◎	
		配筋・かぶり厚さ			○		◎	◎		
		仕上げ		△			◎	◎	◎	◎
3章	品質	塩化物総量規則	◎	○				○		
		アルカリ骨材反応を起こさないこと		◎				○		
		中性化抵抗性が大きいこと					◎			
		乾燥収縮が小さいこと				◎				
		ブリージングが少ないこと	△				○			
		凍結融解抵抗性が大きいこと							◎	
	材料	セメントの種類		◎			○			
		反応性骨材		◎						
		細骨材の塩化物含有量	◎	○				○		
		骨材の吸水率							◎	
	調合	圧縮強度				○	△	△		
		スランプ			◎					
		水セメント比	△			○	◎	◎	○	○
		単位水量				○	○			
		単位セメント量			◎	○	○			
		空気量				○			◎	
4章	施工	かぶり厚さ確保			◎		◎	◎		△
		鉄筋のあき確保			◎					
		型枠			○					
		コンクリート製造・運搬			◎					
		コンクリート打込み・締固め			◎		○			
		打継ぎ			◎		○	○		△
		養生				○	○	△	○	
		仕上がり				○	△			
5章	品質管理	材料の管理	◎	◎					○	
		フレッシュコンクリートの管理	◎			○			○	
		圧縮強度の管理				○	○			
		かぶり厚さ					◎	◎		△
6章	維持管理					○	○	○	○	○

[注]◎：関連が大いにあり，対策が示されているもの．
　　○：関連があり，解説に対策などが示されているもの．
　　△：関連があると考えられるが，対策などは示されていないもの．

解説表 4.13　施工時に発生する不具合と考えられる原因の例[1]

不具合の例	考えられる原因の例
配筋不良	配筋図不良，加工不良，固定不足，打込み時の配筋の移動，干渉など
豆板・内部空洞	配筋過多，締固め不足，狭隘断面，スランプ過小・過大など
ひび割れ	温度応力，乾燥収縮，自己収縮，クリープ，荷重，沈下など
コールドジョイント	打重ね時間間隔の超過，温度，混和剤不適，締固め不足，スランプ過小など
かぶり（厚さ）不足	スペーサ不足，固定不足，配筋図不良，加工不良，干渉など
強度不足	材料品質不良，養生不足，締固め不足，材料分離など
異常な変形	型枠支保工の変形・不良，地盤沈下，荷重など
砂すじ	ブリーディング，剥離剤不適，型枠内滞水，打上がり速度過大など
変色・色むら	剥離剤の塗りむら，打重ね時間間隔，型枠表面温度，締固め過多など
漏水	内部欠陥，ひび割れ，コールドジョイント，目地など
ポップアウト	未反応材料（スラグ骨材中の CaO 残留，硫化鉄，膨張材，石膏など），練り混ぜ不足，養生不足，遅延反応など
欠け	衝撃，早期脱型，複雑な形状，不適切な型枠組立て・脱型作業など

4.2.7　今後の劣化進行の推定

> a．今後の劣化進行の推定の実施は特記による．特記のない場合は，劣化進行の推定を実施する必要はない．
> b．調査・診断者は，信頼できる資料に基づき今後の劣化進行の推定方法を定め，依頼者の承認を受ける．

　a．，b．　今後の劣化進行の推定を実施する場合，調査・診断者は，4.2.5 項 e によって確定された劣化の種類について，コンクリートの試験結果，材料・調合および周辺環境の条件などに基づい

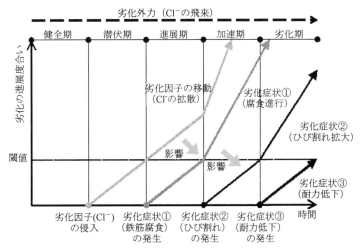

解説図 4.13　劣化の進行の模式図
（コンクリート中の塩化物イオンによる鉄筋腐食の場合）[29]

て，将来的な劣化進行を推定する．劣化進行の過程は，解説図 4.13 に示すように，健全期，潜伏期，進展期などのいくつかの段階に分類して考えることができる．劣化が進行し，解説図 4.13 の加速期へ移行すると，劣化症状が別の劣化症状の発生および進行速度に影響を及ぼしたり，劣化因子の移動を早めたりするようになるため，劣化の進行は複雑になる．また，劣化が進展期以降に進むほど，技術的・経済的に補修が難しくなっていくことから，劣化進行の推定はできるだけ早い段階で実施し，目標とする耐用年数に応じて保全を行っていくのが望ましい．そのため，劣化進行の推定は，解説図 4.13 の潜伏期までを対象として行われることが多い．

　構造体の劣化進行の推定方法としては，次の①から③が挙げられる．

　　①　コンクリートの試験等の結果から得られた劣化の進行速度を用いる方法
　　②　設計等に関する記録および周辺環境の条件から推定される劣化の進行速度を用いる方法
　　③　劣化現象の詳細な数理モデルを構築して数値解析を行う方法

　このうち①および②の方法については，コンクリートの中性化およびコンクリート中の塩化物イオン浸透量の推定ではよく用いられており，環境条件やコンクリートの品質等によって複雑に影響を受ける劣化の進行速度が，中性化速度係数や塩化物イオンの見掛けの拡散係数に集約されているため取り扱いやすい．しかしながら，これら以外の劣化進行については，標準的な推定方法を示すまでには至っていない．また，③の数値解析による方法については，環境作用からコンクリートの劣化過程および部材の力学性能までをコンピューターシミュレーションによって予測する技術の開発が進められているが，この方法には，コンクリートの物理的・化学的構造，物質移動，移動物質と水和物との化学反応を考慮した数理モデルが構築できること，およびシミュレーションに用いる詳細なデータが準備できることが条件となる[30]．したがって，調査・診断者は，劣化進行のどの過程を推定するのかを明示し，信頼できる資料に基づき実施可能な推定方法を定めて，依頼者の承認を受ける．なお，推定方法を定める際には，後述する塩化物イオン浸透量の推定のように，劣化進行の推定に配慮した調査箇所および数量等を調査・診断実施要領書にあらかじめ見込んでおく必要がある．

　ここで，上記①の方法の例として，コンクリートの中性化深さおよびコンクリート中への塩化物イオン浸透量について，一般的な推定方法を示す．

　1）コンクリートの中性化深さ

　コンクリートの中性化深さの推定は，中性化による鉄筋腐食が開始するまでの過程に対して実施する．これによって，ある材齢における中性化深さが，鉄筋腐食が開始する深さにまで進行するか否かを判断する．中性化深さの推定には，（解 4.7）式に示す $\sqrt{t}$ 則が用いられる．また，中性化の進行速度を決める中性化速度係数 A は，コンクリートコアまたはドリル削孔粉などを用いて測定した中性化深さから解説図 4.14 のように（解 4.7）式で回帰することで求められる．ただし，過去の測定結果や複数の測定箇所における結果を用いて推定を実施する場合には，コンクリートの材料および調合が同じであっても環境条件などの影響を受けて中性化速度が異なってくることに注意しなければならない．

　実際の建築物の調査では，中性化深さの測定結果は，日射条件，屋内・屋外の相違および雨掛か

りの有無のほか，同一部材であっても高さ方向におけるコンクリート品質の分布による影響を受けることが知られている．そのため，これらの影響が大きいと考えられる場合には，調査箇所別に推定するのがよい．また，モルタルなどのセメント系仕上材が施されている場合では，おおよそ仕上げ材が中性化するまでの間，コンクリートの中性化の開始が遅れることになるため〔解説図4.15〕，推定にあたっては仕上げ材の効果についても考慮する必要がある．仕上げ材の効果を考慮する推定方法については，耐久設計指針に紹介されている．

$$C = A\sqrt{t} \tag{解 4.7}$$

ここに，C：コンクリートの中性化深さ（mm）

t：材齢（年）

A：コンクリートの材料および調合，ならびに環境条件などに応じて定まる中性化速度係数（mm/√年）

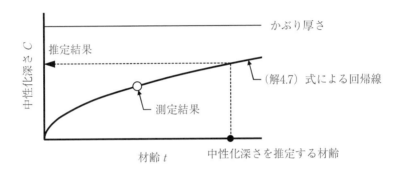

解説図 4.14　中性化深さの測定結果に基づく進行予測

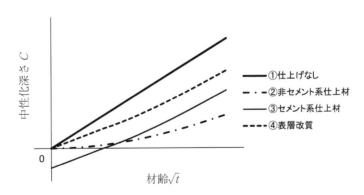

解説図 4.15　表面仕上層の種類別のコンクリート中性化傾向[29]

2）コンクリート中への塩化物イオン浸透量

コンクリート中への塩化物イオン浸透量の推定は，塩化物イオンによる鉄筋腐食が開始するまでの過程に対して実施する．これによって，ある材齢の鉄筋位置における塩化物イオン量が，鉄筋腐食が開始する濃度にまで到達するか否かを判断する．塩化物イオン浸透量の推定には，（解4.8）式に示す一次元拡散方程式の一般解が用いられる．また，塩化物イオンの浸透速度を決める見掛けの

拡散係数 D_p およびコンクリート表面の塩化物イオン量 C_0 は，コンクリートコアまたはドリル削孔粉を用いて，コンクリート表面から深さ方向に全塩化物イオン量の分布を測定し，解説図 4.16 のように測定値を（解 4.8）式で回帰することで求められる．

　仕上げ材が施されている場合では，測定値を回帰して求めたコンクリート表面の塩化物イオン量 C_0 は，仕上げ材による遮塩効果が加味されたものとなる．ただし，（解 4.8）式は，表面の塩化物イオン量 C_0 および見掛けの拡散係数 D_p が常時一定であるという条件で導かれたものであり，仕上げ材の劣化等による C_0 の経時変化，およびセメントの水和反応等による D_p の変化については考慮することができない．このような推定を行うためには，塩化物イオンの浸透性状，コンクリートの物性変化および仕上げ材による効果などをモデル化し，数値解析を行う必要がある．

　コンクリートの中性化と塩化物イオンの浸透が同時に進行している場合には，解説図 4.16 に示すように，中性化深さ付近で塩化物イオンが濃縮することが知られており，塩化物イオン量を測定する際には注意しなければならない．土木学会編「コンクリート標準示方書　規準編」[32] では，見掛けの拡散係数およびコンクリート表面の塩化物イオン量を回帰分析によって求める場合，少なくとも 3 点以上の深さにおける測定値を用いる必要があること，中性化した領域および中性化した領域から 10 mm 以内の深部の測定値は用いない方がよいことなどが記されている．したがって，塩化物イオン量の深さ方向の測定範囲および測定間隔を定める際には，これらのことも考慮しておくべきである．

$$Cl = C_0 \cdot \left\{ 1 - erf\left(\frac{x}{2 \cdot \sqrt{D_p \cdot t}} \right) \right\} + C_{init} \qquad\qquad (解 4.8)$$

　　　　ここに，Cl　：鉄筋位置における塩化物イオン量（kg/m³）

　　　　　　　　C_0　：コンクリート表面の塩化物イオン量（kg/m³）

　　　　　　　　C_{init}　：コンクリート中の初期塩化物イオン量（kg/m³）

　　　　　　　　erf　：誤差関数

　　　　　　　　x　：鉄筋位置のコンクリート表面からの深さ（mm）

　　　　　　　　D_p　：コンクリートの材料および調合，ならびに環境条件などに応じて定まるコンクリート中の塩化物イオンの見掛けの拡散係数（mm²/ 年）

　　　　　　　　t　：材齢（年）

　なお，コンクリートの中性化深さおよびコンクリート中への塩化物イオン浸透量の推定については，上記②の方法として，コンクリートの使用材料および調合，周辺環境などの条件から，中性化速度係数および塩化物イオンの見掛けの拡散係数といった劣化の進行速度に関わる係数等を設定する方法がある．これらについては，耐久設計指針の性能検証型一般設計法，および日本コンクリート工学会編「既存コンクリート構造物の性能評価指針」[30]（以下，性能評価指針）の材料特性の将来予測などに採り上げられている．ただし，コンクリートの試験等によって実際に劣化の進行速度等を求める①の方法が可能であるならば，その方が望ましい．

　その他の劣化の種類に関する劣化進行の推定方法については，耐久設計指針，性能評価指針およ

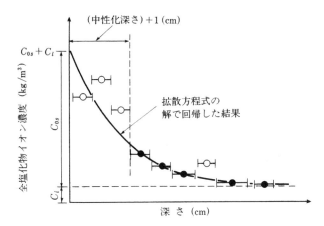

解説図 4.16　試料採取深さと全塩化物イオン濃度の関係の一例[文献32)に加筆]

び診断技術などに詳しい．例えば，①酸・塩類などによる化学的浸食についてはコンクリートの浸食深さ[30),31)]，②アルカリシリカ反応についてはコアの膨張率に基づく今後の膨張の可能性[31)]，③凍結融解作用によるひび割れについては，ある劣化状態に至るまでの年数[29)]などを推定するものがある．ただし，①では酸・塩類の種類や濃度，水流の有無などによって浸食速度が大きく異なること[30)]，②の膨張率は実際の環境・拘束条件とは異なる条件で測定されること[31)]，③では計算に用いる気象データによって結果が異なること[29)]など，その他いくつかの注意が必要となる．したがって，これらを参考にする際には，推定方法の適用条件および得られる結果の意味などを十分に把握しておかなければならない．

4.2.8　補修の要否の判定

> 　総合劣化度に基づき，補修の要否を以下のように判定する．ただし，総合劣化度が調査区域ごとに評価された場合は，補修の要否についても調査区域ごとに判定する．
> 　　総合劣化度Ⅰ：保守・点検を継続．
> 　　総合劣化度Ⅱ以上：補修が必要．

　補修の要否は，調査範囲の全体または調査区域ごとに評価された総合劣化度に基づいて判定する．ひび割れ先行型劣化では，4.2.5 項の評価基準に定めるように，総合劣化度がⅠ（個別劣化度がi）と判定されても，環境条件別に 0.2〜0.5 mm 未満のひび割れが生じている場合もある．そのため，保守・点検にあたっては，ひび割れの進展がないかなど今後の劣化進行にも注意する．

　構造体の詳細調査では，総合劣化度がⅡまたはⅢの場合には「補修が必要」と判定し，改修の要否の判定までは行わないこととした．これは，構造体では，本仕様書の適用範囲における変状に対して，補修によって実用上支障がない水準にまで回復させることは可能であるが，改修すること，

すなわち初期（建築物の竣工直後）の水準以上となるまで機能・性能を向上させることは難しいことによる．なお，表面被覆による補修を行う場合は全面補修となるが，これによって構造体自体の機能・性能が向上するわけではないため，構造体の改修としては扱わない．

4.3　外装仕上げ

4.3.1　総　　　則

---

a．詳細調査・診断を実施する外装仕上げは，セメントモルタル塗り仕上げ，陶磁器質タイル張り仕上げ，張り石仕上げ，塗装仕上げ，建築用仕上塗材仕上げおよび金属製部材・部品とする．

b．詳細調査・診断では，外装仕上げに生じている劣化および不具合が，素地・下地あるいは構造体に基づくものであるかを特定する．

c．劣化および不具合が構造体に基づくものではないと判定された場合には，基本調査・診断では明らかにできなかった外装仕上げの劣化および不具合の程度を評価し，補修・改修の要否を判定する．

d．劣化および不具合が構造体に基づくものであると判定された場合には，基本調査・診断では明らかにできなかった外装仕上げの劣化および不具合の程度を評価するとともに，構造体に対する詳細調査・診断を実施する．

e．詳細調査・診断は，仮設足場を利用して調査対象にできる限り接近して実施する．

---

a．外装仕上げに適用される種類は複数あり，それぞれ異なる材料と工法が適用されているため，詳細調査・診断では仕上げの種類に応じて適切な調査方法を適用して実施しなければ，調査・診断の目的を達成することが困難である．したがって，調査・診断の対象建築物に適用されているセメントモルタル塗り仕上げ，陶磁器質タイル張り上げ，張り石仕上げ，塗装仕上げ，建築用仕上塗材仕上げおよび金属製部材・部品に分けて実施する．

実際の建築物の中には，本会編「建築工事標準仕様書・同解説」あるいは国土交通省大臣官房官庁営繕部監修「公共建築工事標準仕様書（建築工事編）」などの公的な標準仕様として取り上げられていない外装仕上げを採用している場合も散見される．そのような仕上げに対しては，現状では調査・診断の方法が確立されていないため，本標準 4.3.2 項以降に示す外装仕上げの詳細調査・診断に関する内容は適用できないが，類似の仕上げについては本標準の内容を参考にすることは可能である．また，公的な標準仕様書に取上げられている仕上げの中でも，成形板等に関しては本会の標準として規定できるほどの保全に関する研究成果や情報の蓄積が無いため，本標準には取り上げていない．したがって，これらの外装仕上げについては，信頼できる資料や研究成果に基づいて詳細調査・診断を実施することが望ましい．

b．本標準で示される基本調査・診断は，主として外観に対する目視や指触による観察および手が届く範囲に対するテストハンマーによる打音検査を採用しているため，劣化および不具合の判定ならびにそれらの詳細を把握できない場合がある．したがって，詳細調査・診断では基本調査・診断では明らかにできなかった外装仕上げに生じている劣化および不具合が，構造体に起因して生じているものか否かを判定することが，第一義となる．外装仕上げの一部を除去して，構造体の表面状態を確認して，劣化の原因が構造体に起因しているかを特定する．

c．外装仕上げに生じている劣化および不具合が，構造体に起因するものではないと判定された

場合には，3章で示された基本調査・診断で明らかにできなかった外装仕上げに生じている劣化および不具合の位置・範囲・種類を特定するとともに，劣化および不具合の程度を評価し，補修・改修の要否を判定することになる．

　d．劣化および不具合が構造体に基因するものであると判定された場合には，基本調査・診断では明らかにできなかった外装仕上げに生じている劣化および不具合の程度を評価するとともに，4.2節に示される構造体に対する詳細調査・診断を実施して，総合劣化度を評価したうえで補修・改修の要否を判定することになる．

　e．3章で示される外壁に対する基本調査・診断では，仮設足場を使用しないことを原則としており，調査の部位は目に見える範囲および手が届く範囲に限定されている．しかし，本節の詳細調査・診断においては，仮設足場を利用してより広範囲にわたり接近して調査を実施して，劣化と不具合の特定およびその程度の評価をしたうえで，補修・改修の要否を判定することになる．

4.3.2　セメントモルタル塗り仕上げ

---

a．調査項目および方法
　調査項目ごとの詳細調査の方法は，特記による．特記の無い場合，調査・診断者は以下の中から選定するとともに，その具体的な方法を依頼者に提案し，依頼者の承認を受ける．
（1）ひび割れ
　（i）外観目視
　（ii）ひび割れ幅の測定
（2）浮　　　き
　（i）外観目視
　（ii）全面打音検査，または部分打音検査と赤外線装置法との併用
（3）剥　　　落
　（i）外観目視
（4）エフロレッセンス
　（i）外観目視
（5）さび汚れ
　（i）外観目視

---

　a．本節は，現場打ち鉄筋コンクリートなどのコンクリート系下地を対象として，主として外壁に塗り付けられたセメントモルタル（以下，モルタルと記す）層を対象とする詳細調査と，それらの結果に基づく補修・改修要否の判定に適用する．

　なお，コンクリート系下地以外に塗り付けられたモルタルの劣化に対する調査・診断，補修・改修設計，補修・改修工事，点検・保守に対する基本的な技術は，本会編の標準仕様書として採用できる十分な資料が蓄積されていないため，本節の適用範囲には含めない．

　詳細調査・診断の目的は，劣化の状況および進行程度を的確に把握し，その原因を推定して，補修・改修工事の要否判定や補修・改修設計に必要な資料を提供することであることから，詳細調査の実施には仮設足場の設置が必須である．外観目視で変状が認められた箇所については仮設足場を利用して，指触観察やテストハンマーなどを用いた打音検査を併用して，劣化に対する詳細かつ的

確な情報を収集する.

（1） ひ び 割 れ

モルタル塗り仕上げに生ずるひび割れは，モルタル塗り層のみに生じたひび割れと，構造体コンクリートのひび割れに起因して生じたモルタル塗り層のひび割れがある．コンクリート構造体に生じたひび割れは美観を損なうばかりではなく，コンクリート構造体の耐力に影響を与える．さらに，浮きや剥落の前兆現象である場合も含まれ，人的または物理的な被害を生ずることが懸念されるものである.

（i） 外観目視

調査・診断者が肉眼または高倍率の双眼鏡，望遠鏡，セオドライトにより，ひび割れの発生状況を調査する．ひび割れは，漏水，エフロレッセンス，凍害を促進する原因になるため，ひび割れの状況を適切に調査・診断することが重要である.

（ii） ひび割れ幅の測定

ひび割れ幅は，クラックスケールや光学的ひび割れ幅測定器を用いて，定量的なデータを収集する.

（2） 浮 き

浮きとは，モルタル塗り層相互の接着界面またはモルタル塗り仕上げとコンクリート構造体との接着界面にすき間を生じて，分離した状態になる現象である．また，浮きが進行して面外方向に凸状の変形が増大して，肉眼でも確認できる状態の浮きを「ふくれ」や「はらみ」と称する場合もあるが，本節では「浮き」と総称している.

（i） 調査・診断者が肉眼または高倍率の双眼鏡，望遠鏡，セオドライトにより，浮きの発生状況を調査する．浮きは，外観目視では判定が困難な場合が多く，進行して剥落に至る可能性も考えられるため，打音検査を併用した調査・診断が必要である.

（ii） 打音検査は，テストハンマーなどを用いてモルタル面を打撃して，反発音の違いを調査・診断者が判別して記録する．昨今では，浮きの判定を機械が行う自動打音ハンマーやその判定値と壁面の位置情報をリンクさせて，浮きの分布図を自動的に作成する自動剥離検知システムなどが開発されている.

赤外線装置法は，モルタル塗り壁面の表面温度を赤外線装置で測定して，浮き部と接着部における熱伝導の違いによる表面温度差から，モルタルの浮きの有無や程度を調べる方法である．天候，時刻，風や雲の動きなどによって表面温度の分布が微妙に変化することや，浮きの解析には熟練を要する点に注意が必要であるため，本標準においては部分打音検査との併用としている.

その他の方法として，リバウンドハンマーなどを用いてモルタル塗り壁面などに一定の衝撃を与えて，そのはね返りの大きさを自動記録して反発度や音圧の違いにより，モルタルの浮きの有無や程度を調べる「反発法」があるが，一般には普及していないため，本節から除いている.

一般的に，打音検査は3つの方法が用いられている．手の届く範囲を対象とする打音検査，足場やゴンドラを使用して調査対象の一部を調査する打音検査，足場やゴンドラを使用してモルタル塗りの全面を対象とする打音検査である．詳細調査においては，モルタル塗りの全面を対象とする打音検査を適用することを原則とする.

　現状では，1990 年 3 月当時の建設省住宅局建築技術審査委員会「タイル外壁等落下物対策専門委員会」が策定した「剥落による災害防止のためのタイル外壁，モルタル塗り外壁診断指針」(以下，診断指針という) の診断レベルⅡ (全面打診法) を参考にするとよい．診断指針における診断レベルⅡの調査では，テストハンマーを用いた全面打診法または全面的な赤外線装置法と部分打診法の併用もしくは全面的な反発法と部分打診法の併用の 3 つの方法が，全面打診法として位置づけられている．本節では採用実績を鑑みて，テストハンマーを用いた打音検査または全面的な赤外線装置法と部分打診法の併用を選定するものとしている．

　浮きが生じていないモルタル塗り仕上げについて，方位や仕上げの種類ごとに複数箇所を選定して，引張接着強度試験を実施することを推奨する．また，健全な状態であることを確かめるために，モルタル塗り層をはつり出してモルタル塗りの層構成を確認する．これらの調査結果は，補修・改修工事の要否判定や補修・改修設計に必要な情報として提供される．

（3）　剥　　　落

　本節では，浮きが進行してモルタルが下地から分離して部分的に剥がれる場合を「剥落」とし，モルタル塗り層のみではなく，構造体コンクリートを含めて剥落する場合もある．小面積で剥落している場合には，「欠損」と称することもある．

（4）　エフロレッセンス

　エフロレッセンスは，モルタルやコンクリートに使用されたセメントの水和成分の中で可溶成分が漏水等に溶解し，モルタル表面に流れ出て水分が蒸発して白色結晶として析出したものである．これはモルタル塗り内部に水道があるため，漏水に伴って発生することが多く，モルタル塗り仕上げまたは構造体コンクリートの劣化現象との関係が深く，入念な調査・診断が必要である．

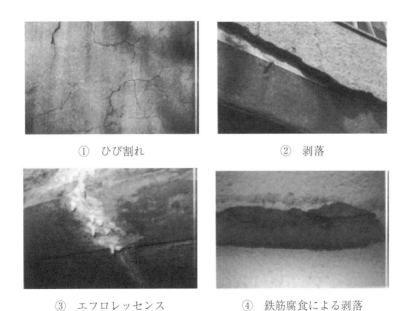

①　ひび割れ　　　　　　　　　　　②　剥落

③　エフロレッセンス　　　　　　　④　鉄筋腐食による剥落

解説図 4.17　セメントモルタル仕上げに生ずる主要な劣化の例[33)]

（5）　さ び 汚 れ

　さび汚れは，腐食した鋼材のさびが流出して，モルタル表面に付着している状態であり，コンクリート中の鉄筋が腐食している場合には美観だけでなく，構造耐力への影響を考慮しなければならない．そのほかに，付属金物，埋設鋼材，鉄筋結束線などの腐食に起因する場合があり，周辺のモルタルやコンクリートの浮きや剥落につながり，人的または物理的な被害を懸念される場合もあるので，入念な調査・診断が必要である．

　（1）〜（5）項以外の劣化として，モルタル塗り仕上げ表面の洗い出しや脆弱化などがあげられるが，いずれも仕上げ面の表面的な劣化であり，詳細調査の項目からは除いている．

---

　b．劣化度の評価
　　詳細調査の結果に基づいて個別劣化度を評価する．その評価基準は事前に依頼者の承認を受ける．なお，評価は調査区域ごとに行ってもよい．
　（1）　個別劣化度
　　調査項目ごとに個別劣化度を評価する．個別劣化度の評価は以下による．
　　　　個別劣化度 i ：劣化がほとんど認められない
　　　　個別劣化度 ii ：劣化が認められる
　　　　個別劣化度 iii ：劣化が顕著に認められる
　（2）　総合劣化度
　　モルタル塗り仕上げの総合劣化度は，個別劣化度から次のように評価する．
　　　　総合劣化度 I ：性能低下がほとんど認められない
　　　　総合劣化度 II ：性能低下が認められる
　　　　総合劣化度 III ：性能低下が顕著に認められる

---

　b．（1）　個別劣化度

　詳細調査から得られる調査範囲のモルタル塗り仕上げに生ずる調査項目ごとの個別劣化度（ i 〜 iii ）の目安を解説表 4.14 に示す．解説表 4.14 に示すように，調査項目ごとの個別劣化度（ i 〜 iii ）は，詳細調査の項目ごとにひとつに決定される．

解説表 4.14　調査項目ごとの個別劣化度（ i 〜 iii ）の目安

調査方法	調査項目	調査項目ごとの個別劣化度		
		i	ii	iii
外観目視	剥落	ほとんど認められない	認められる	－
	エフロレッセンス	ほとんど認められない	認められる	－
	さび汚れ	ほとんど認められない	認められる	－
ひび割れの調査	ひび割れ	幅 0.2 mm 未満 で，構造体内部への雨水浸入の形跡が認められない	－	幅 0.2 mm 以上のひび割れが生じている，または構造体内部への雨水浸入の形跡が認められる

打音検査	浮き	ほとんど認められない	0.25 m² 未満の浮きが生じているが，浮き部分の面外方向へのはらみ出しは認められない	0.25 m² 以上の浮きが生じている，または浮き部分の面外方向へのはらみ出しが認められる
＜参考＞引張接着強度試験	接着性	0.4N/mm² 以上かつコンクリート下地との接着界面における破断面積率が50%未満	0.4N/mm² 未満またはコンクリート下地との接着界面における破断面積率が50%以上	－

（2）　総合劣化度

　モルタル塗り仕上げに対する総合評価としての総合劣化度（Ⅰ〜Ⅲ）の評価事例を解説表 4.15 に示す．解説表 4.15 に示すように，調査範囲における調査項目ごとの個別劣化度（ⅰ〜ⅲ）を横並びにして，モルタル塗り仕上げの性能低下や構造体に対する影響を総合的に重みづけして，総合劣化度（Ⅰ〜Ⅲ）を評価する．

　例えば，No.2 では，汚れや浮きなどの個別劣化度はⅰ（ほとんど認められない），ひび割れの個別劣化度はⅰ（微小なひび割れの発生）となり，総合評価としての総合劣化度はⅠ（性能低下がほとんど認められない）となる．一方，No.3 では，汚れやひび割れの個別劣化度はⅰ（ほとんど認められない），浮きの個別劣化度はⅱ（0.25 m² 未満の浮きの発生）となり，総合劣化度はⅡ（性能低下が認められる）となる．このように，調査項目ごとのモルタル塗り仕上げの性能低下と構造体に対する影響の重みづけによって，総合劣化度（Ⅰ〜Ⅲ）が決まる．

　モルタル塗り仕上げの場合には陶磁器質タイル張り仕上げとは異なり，引張接着強度は参考試験として取り扱う．判定基準は陶磁器質タイル張り仕上げの場合と同様で，引張接着強度が0.4N/mm² 未満，または，モルタル塗りとコンクリート下地との接着界面における破断面積率が50%以上の場合は，はく落の危険性が高いと評価する．

解説表 4.15　総合劣化度（Ⅰ〜Ⅲ）の評価事例

ケース	調査項目ごとの個別劣化度（ⅰ〜ⅲ）				総合劣化度（Ⅰ〜Ⅲ）	解　説
	汚れ	ひび割れ	浮き	引張接着強度		
No.1	ⅰ	ⅰ	ⅰ	－	Ⅰ	性能低下がほとんど認められない
No.2	ⅰ	ⅰ	ⅰ	－	Ⅰ	性能低下がほとんど認められない※ひび割れ幅 0.2 mm 未満
No.3	ⅰ	ⅰ	ⅱ※	ⅰ	Ⅱ	性能低下が認められる※ 0.25 m² 未満の浮きの発生
No.4	ⅱ	ⅲ※	ⅲ※	ⅱ	Ⅲ	性能低下が顕著に認められる※ひび割れ部からエフロレッセンスの発生※ 0.25 m² 以上の浮きの発生

---

c．劣化・不具合の原因の推定
　劣化・不具合に関する原因推定の実施およびその推定方法は，特記による．

---

　c．モルタル塗り仕上げに生ずる劣化は，ひび割れ，浮き，剥落，エフロレッセンス，さび汚れがあり，詳細調査により可能な限り劣化原因を明らかにして，補修・改修設計の参考資料とする．
　モルタル塗り仕上げに生ずる劣化は，コンクリート構造体に起因する劣化とモルタル塗り仕上げに起因する劣化に分けられる．前者は，コンクリート構造体の乾燥収縮ひび割れに伴い，モルタル塗り仕上げが追従できずにひび割れが生ずる場合である．また，コンクリート構造体のひび割れが起点となって，ひび割れ周辺にモルタル塗り仕上げの浮きが発生する場合が散見されることから，モルタル塗り仕上げに生ずる浮きの原因になっている場合がある．後者は，モルタル塗り仕上げのみにひび割れが生ずる場合であり，吸水率の高い骨材の採用，塗り厚，施工時の温・湿度，養生方法などモルタル塗り仕上げの仕様や施工・養生時の環境条件を追跡調査して，原因を推定する必要がある．

---

d．補修・改修の要否の判定
　詳細調査によって評価された総合劣化度に基づいて，調査範囲ごとの補修・改修の要否を以下のように判定する．総合劣化度が調査区域ごとに評価された場合は，補修・改修の要否も調査区域ごとに判定する．
　　　総合劣化度Ⅰ：点検・保守の継続
　　　総合劣化度Ⅱ・Ⅲ：補修または改修

---

　d．詳細調査によって評価された総合劣化度（Ⅰ～Ⅲ）に基づいた補修・改修要否の判定事例を解説表 4.16 に示す．
　ケース No.2 では，モルタル塗り表面のひび割れは幅が 0.2 mm 未満で，コンクリート構造体内部への雨水浸入の形跡が認められない．このような場合には，そのまま放置して経過を観察してもよい．一方，ひび割れ部の汚れが目立ちやすく，美観上の観点から要求性能に対する優先順位が変わる場合があり，No.2′では性能上の低下がなくても，ひび割れの汚れが目立つ箇所については補修を行う事例である．現実的には，このような美観上の理由から手直しすることは少なくない．
　一般に，浮きは時間の経過に伴い進行することが多い．したがって，浮き部分については，浮きの面積の大小に関係なく，早急に剥落防止措置を講ずることが肝要である．No.3 では小面積の浮きではあるが，剥落防止措置を講ずる事例である．一方，予防保全の観点から，劣化が認められなくても，浮きの周囲に対する剥落防止措置を講ずることがある．No.3′では，浮き周辺で引張接着強度試験を実施した結果で，コンクリート下地との接着界面の破断面積率が支配的であったために，将来的な浮きの拡大を防止する目的で，浮き周辺の健全部に対して，ピンニングによる予防保全措置を講ずる事例である．建築物を長期間にわたり安全に使用することを考えると，このような予防保全的な考え方の普及を推奨する．
　No.4 では，モルタル塗り仕上げの剥落が部分的に発生しており，また，0.25 m² 以上の浮きが多数発生している場合である．浮きが生じていない箇所で，引張接着強度試験を実施した結果で，コ

ンクリート下地との接着界面の破断面積率が支配的であったために，将来的な浮きの拡大と剥落の可能性が高いと判断して，モルタル塗り仕上げの補修または改修を行う事例である．

　2008 年（平成 20 年）4 月 1 日に，建築基準法第 12 条に基づく定期報告制度が見直しされて，タイル張り仕上げ外壁等に対しては，「手の届く範囲を打診し，その他を目視で調査し，異常があれば全面打診等により調査し，加えて竣工，外壁改修から 10 年を経てから最初の調査の際に全面打診等の調査を実施すること」が義務付けられている．上記の定期報告制度は，タイル張り仕上げ外壁等と記載されているが，セメントモルタル塗り仕上げにおいても，剥落を防止する目的に対しては同様に考えられることから，タイル張り仕上げと同様の打音検査を実施することを推奨する．

解説表 4.16　補修・改修要否の判定事例

ケース	調査項目ごとの劣化度（ⅰ～ⅲ）				総合劣化度（Ⅰ～Ⅲ）	補修要否の判定（例）
	汚れ	ひび割れ	浮き	引張接着強度		
No. 1	ⅰ	ⅰ	ⅰ	－	Ⅰ	点検・保守の継続
No. 2	ⅰ	ⅰ	ⅰ	ⅰ	Ⅰ	点検・保守の継続 ※幅 2 mm 未満のひび割れは経過観察
（No. 2'）	ⅱ※	ⅰ	ⅰ	ⅰ	Ⅱ	補修または改修 ※汚れなどの美観に対する改善
No. 3	ⅰ	ⅰ	ⅱ※	ⅰ	Ⅱ	補修または改修 ※剥落安全性を最優先
（No. 3'）	ⅰ	ⅰ	ⅱ	ⅱ※	Ⅱ	補修または改修 ※剥落安全性を最優先 ※浮き周辺部に対する予防保全
No. 4	ⅱ	ⅲ	ⅲ※	ⅱ※	Ⅲ	補修または改修 ※剥落安全性を最優先

　本項においては，上記のように総合劣化度がⅡもしくはⅢと評価された場合の補修・改修の要否では，同様に「補修または改修」と判定されることになっている．しかし，総合劣化度がⅡであるかⅢであるかによって補修・改修の方法が異なり，その選定は補修・改修によって回復させる性能の目標，および劣化の程度によって異なるため，補修・改修設計の段階において設計者の判断に委ねることにしている．

4.3.3　陶磁器質タイル張り仕上げ

　a．調査項目および方法
　　調査項目ごとの詳細調査の方法は，特記による．特記の無い場合，調査・診断者は以下の中から選定するとともに，その具体的な方法を依頼者に提案し，依頼者の承認を受ける．
（1）ひび割れ
　（ⅰ）外観目視
　（ⅱ）ひび割れ幅の測定

（2） 浮　　き
　（ⅰ）　外観目視
　（ⅱ）　全面打音検査，または部分打音検査と赤外線装置法の併用
　（ⅲ）　引張接着強度試験など破壊を伴う調査
（3） 剥　　落
　（ⅰ）　外観目視
（4） エフロレッセンス
　（ⅰ）　外観目視
（5） さび汚れ
　（ⅰ）　外観目視

　　a．本項は，現場打ち鉄筋コンクリートなどのコンクリート系下地を対象として，主として外壁に張り付けられた陶磁器質タイル張り仕上げ層を対象とする詳細調査と，それらの結果に基づく補修・改修要否の判定に適用する.

　なお，コンクリート系下地以外に張り付けられた陶磁器質タイル張り仕上げの劣化に対する調査・診断，補修・改修設計，補修・改修工事，点検・保守に対する基本的な技術は，本会編の標準仕様書として採用できる十分な資料が蓄積されていないため，本項の適用範囲には含めない.

　詳細調査の目的は，劣化の状況および進行程度を的確に把握し，その原因を推定して，補修・改修工事の要否判定や補修・改修設計に必要な資料を提供することであるから，詳細調査の実施には，仮設足場の設置が必須である.　外観目視によって変状が認められた箇所については，仮設足場を利用して指触観察やテストハンマーなどを用いた打音検査を併用して，劣化に対する詳細かつ的確な情報を収集する.

　陶磁器質タイル張り仕上げに生ずる主要な劣化を解説図4.18に示す.

　（1）　ひび割れ

　陶磁器質タイル張り仕上げに生ずるひび割れには，目地部分に沿って生ずるひび割れと，目地や陶磁器質タイルには関係なく生ずるひび割れがあり，一般的には下地であるコンクリート構造体のひび割れにともなって発生する場合もあるため，下地の状態を確認することが重要である.　コンクリート構造体に生じたひび割れは，陶磁器質タイル張り仕上げのひび割れや浮き，剥落などの劣化現象に繋がり，人的や物理的な被害に至ることが懸念されるものである.

　（ⅰ）　外観目視

　調査・診断者が肉眼または高倍率の双眼鏡，望遠鏡，セオドライトにより，ひび割れの発生状況を調査する.　ひび割れは，漏水，エフロレッセンス，凍害を促進する原因になるため，ひび割れの状況を適切に調査・診断することが重要である.

　（ⅱ）　ひび割れ幅の測定

　ひび割れ幅は，クラックスケールや光学的ひび割れ幅測定器を用いて，定量的なデータを収集する.

　（2）　浮　　き

　浮きとは，陶磁器質タイル張り仕上げ層相互の接着界面または陶磁器質タイル張り仕上げ層とコ

ンクリート構造体との接着界面にすき間を生じて，分離した状態になる現象である．解説図 4.19
に示すように，陶磁器質タイルと張付けモルタルとの界面，張付けモルタルと下地モルタル，また
は下地モルタルとコンクリート構造体との界面における浮きが生ずる．陶磁器質タイル張り仕上げ
層を構成するすべての界面に浮きが発生する可能性があり，浮きが生じている界面に関する詳細な
調査が必要である．また，浮きが進行して面外方向に凸状の変形が増大して，肉眼でも確認できる
状態の浮きを「ふくれ」や「はらみ」と称する場合もあるが，本項では「浮き」と総称している．

（ⅰ）　外観目視

調査・診断者が肉眼または高倍率の双眼鏡，望遠鏡，セオドライトにより，浮きの発生状況を調
査する．浮きは，外観目視では判定が困難な場合があり，進行して剥落に至る可能性も考えられる
ため，打音検査を併用した調査・診断が必要である．

（ⅱ）　打音検査，または赤外線装置法の併用

テストハンマーなどを用いて陶磁器質タイル面を打撃して，反発音の違いを調査・診断者が判別
して記録する．昨今では，浮きの判定を機械が行う自動打音ハンマーやその判定値と壁面の位置情
報をリンクさせて，浮きの分布図を自動的に作成する自動剥離検知システムなどが開発されてい
る．

赤外線装置法は，陶磁器質タイル張り仕上げ壁面の表面温度を赤外線装置で測定して，浮き部と
接着部における熱伝導の違いによる表面温度差から，陶磁器質タイル張り仕上げ層の浮きの有無や
程度を調べる方法である．天候，時刻，風や雲の動きなどによって表面温度の分布が微妙に変化す
ることや，浮きの解析には熟練を要する点に注意が必要である．

その他の方法として，リバウンドハンマーなどを用いて陶磁器質タイル張り仕上げ壁面などに一
定の衝撃を与えて，そのはね返りの大きさを自動記録して反発度や音圧の違いにより，陶磁器質タ
イル張り仕上げ層の浮きの有無や程度を調べる「反発法」があるが，一般には普及していないため，
本項では除いている．

一般的に，打音検査には 3 つの方法が用いられている．手の届く範囲を対象とする打音検査，足
場やゴンドラを使用して陶磁器質タイル張り仕上げの一部を調査する打音検査，足場やゴンドラを
使用して陶磁器質タイル張り仕上げの全面を調査する打音検査である．詳細調査においては，陶磁
器質タイル張り仕上げの全面を対象とする打音検査を適用することを原則とする．

現状では，1990 年 3 月当時の建設省住宅局建築技術審査委員会「タイル外壁等落下物対策専門
委員会」が策定した「剥落による災害防止のためのタイル外壁，モルタル塗り外壁診断指針」[34]（以
下，診断指針と言う）に示される診断レベルⅡ（全面打診法）を参考にするとよい．診断指針にお
ける診断レベルⅡの調査では，テストハンマーを用いた全面打診法または全面的な赤外線装置法と
部分打診法の併用，もしくは全面的な反発法と部分打診法の併用の 3 つの方法が全面打診法として
位置づけられている．

2008 年（平成 20 年）4 月 1 日に，建築基準法 12 条に基づく定期報告制度が見直しされて，陶
磁器質タイル張り仕上げ外壁等に対しては，「手の届く範囲を打診し，その他を目視で調査し，異
常があれば全面打診等により調査し，加えて竣工，外壁改修から 10 年を経てから最初の調査の際

に全面打診等の調査を実施すること」が義務付けられている.

（ⅲ）　引張接着強度試験など破壊を伴う調査

浮きが生じていない陶磁器質タイル張り仕上げについても，方位や仕上げの種類ごとに各2か所以上の引張接着強度試験を実施することが望ましい. 引張接着強度が0.4N/mm² 未満，または陶磁器質タイル張り仕上げとコンクリート構造体との接着界面における破断面積率が50%以上の場合は劣化と判定する. また，健全な状態であることを確かめるために，陶磁器質タイル張り仕上げ層をはつり出して，その層構成を確認する. これらの調査結果は，補修・改修工事の要否判定や補修・改修設計に必要な情報として提供される.

（3）　剥　　落

本節では，浮きが進行して陶磁器質タイル張り仕上げ層が下地から分離して部分的にはがれる場合を「剥落」とし，陶磁器質タイル張り仕上げ層のみではなく，コンクリート構造体を含めて剥落する場合もある. 陶磁器質タイル陶片の一部が欠けることを「欠損」と称することもある.

剥落は，調査・診断者が肉眼もしくは高倍率の双眼鏡，望遠鏡，セオドライトを適用して，表面状態を目視により調査する.

（4）　エフロレッセンス

エフロレッセンスは，モルタルやコンクリートに使用されたセメントの水和成分の中で可溶成分が漏水等に溶解し，陶磁器質タイル表面に流れ出て水分が蒸発して白色結晶として析出したものである. これは，陶磁器質タイル張り仕上げ層内部に水道があるため，漏水に伴って発生することが多い. 陶磁器質タイル張り仕上げ層またはコンクリート構造体の劣化現象との関係が深く，入念な調査・診断が必要である.

エフロレッセンスは，調査・診断者が肉眼もしくは高倍率の双眼鏡，望遠鏡，セオドライトを適用して，表面状態を目視により調査する.

（5）　さび汚れ

さび汚れは，腐食した鋼材のさびが流出して，陶磁器質タイル表面に付着している状態であり，陶磁器質タイル張り仕上げの下地であるコンクリート中の鉄筋が腐食している場合には，美観だけでなく，構造耐力への影響を考慮しなければならない. そのほかに，陶磁器質タイルを固定している引き金物や，陶磁器質タイル張り仕上げ層に取り付けられた金物類，鉄筋結束線などの腐食に起因する場合があり，周辺の陶磁器質タイルやモルタルの浮きや剥落につながり，人的または物理的な被害を懸念される場合もあるので，入念な調査・診断が必要である.

さび汚れは，調査・診断者が肉眼もしくは高倍率の双眼鏡，望遠鏡，セオドライトを適用して，表面状態を目視により調査する.

（1）〜（5）項以外の劣化として，寒冷地では低温時の凍結融解作用によって陶磁器質タイルの表層部が破損して一部欠損したり，陶磁器質タイル裏面の張付けモルタルや下地モルタルの劣化現象を生じたりする凍害がある.

（1）　ひび割れ

（2）　浮き

（3）　剥落

（4）　エフロッセンス

（5）　鉄筋腐食による剥落

解説図 4.18　陶磁器質タイル張り仕上げに生ずる主要な劣化の例

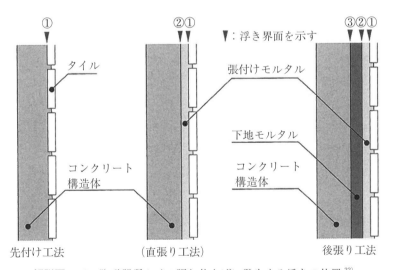

解説図 4.19　陶磁器質タイル張り仕上げに発生する浮きの位置[33]

b．劣化度の評価

　詳細調査の結果に基づいて個別劣化度を評価する．その評価方法は事前に依頼者の承認を受ける．なお，評価は区域を区切って行ってもよい．

（1）　個別劣化度

　調査項目ごとに個別劣化度を評価する．個別劣化度の評価は，以下による．

　　　個別劣化度 i ：劣化がほとんど認められない

　　　個別劣化度 ii：劣化が認められる

　　　　個別劣化度ⅲ：劣化が顕著に認められる
（2）　総合劣化度
　　調査範囲の陶磁器質タイル張り仕上げに生ずる総合劣化度は，個別劣化度から次のように評価する．
　　　　総合劣化度Ⅰ：性能低下がほとんど認められない
　　　　総合劣化度Ⅱ：性能低下が認められる
　　　　総合劣化度Ⅲ：性能低下が顕著に認められる

b.（1）　個別劣化度

　詳細調査から得られる調査範囲の陶磁器質タイル張り仕上げに生ずる調査項目ごとの個別劣化度（ⅰ～ⅲ）の目安を解説表 4.17 に示す．解説表 4.17 に示すように，調査項目ごとの個別劣化度（ⅰ～ⅲ）は，詳細調査の項目ごとにひとつに決定される．

解説表 4.17 陶磁器質タイル張り仕上げに生ずる個別劣化度の目安

調査方法	調査項目	調査項目ごとの個別劣化度		
		ⅰ	ⅱ	ⅲ
外観目視	剥落	ほとんど認められない	認められる	－
	エフロレッセンス	ほとんど認められない	認められる	－
	さび汚れ	ほとんど認められない	認められる	－
ひび割れの調査	ひび割れ	幅 0.2 mm 未満で構造体内部への雨水浸入の形跡が認められない	－	幅 0.2 mm 以上で，構造体内部への雨水浸入の形跡が認められるか，ひび割れ部に浮き，エフロレッセンス，さび汚れを併発している
打音検査	浮き	ほとんど認められない	0.25 m² 未満の浮きで，面外方向へのはらみ出しが認められない	0.25 m² 以上の浮きで，面外方向へのはらみ出しが認められ，ひび割れ，エフロレッセンス，さび汚れを併発している
引張接着強度試験	接着性	0.4N/mm² 以上，かつコンクリート下地との接着界面における破断面積率が 50％未満	0.4N/mm² 未満，またはコンクリート下地との接着界面における破断面積率が 50％以上	－

（2）　総合劣化度

　陶磁器質タイル張り仕上げに対する総合評価としての総合劣化度（Ⅰ～Ⅲ）の評価事例を解説表 4.18 に示す．解説表 4.18 に示すように，調査項目ごとの個別劣化度（ⅰ～ⅲ）を横並びにして，陶磁器質タイル張り仕上げの性能低下や構造体に対する影響を総合的に重みづけして，総合劣化度（Ⅰ～Ⅲ）を評価する．

　例えば，No.2 では，汚れや浮きなどの個別劣化度はⅰ（ほとんど認められない），ひび割れの個別劣化度はⅰ（微小なひび割れの発生）となり，総合評価としての総合劣化度はⅠ（性能低下がほ

とんど認められない）となる．一方，No.3 では，汚れやひび割れの個別劣化度は i（ほとんど認められない），浮きの個別劣化度は ii（0.25 m² 未満の浮きの発生）となり，総合劣化度はⅡ（性能低下が認められる）となる．このように，調査項目ごとの陶磁器質タイル張り仕上げの性能低下と構造体に対する影響の重みづけによって，総合劣化度（Ⅰ〜Ⅲ）が決まる．

解説表 4.18 総合劣化度（Ⅰ〜Ⅲ）の評価事例

| ケース | 調査項目ごとの個別劣化度（i〜iii） | | | | 総合劣化度（Ⅰ〜Ⅲ） | 解　説 |
	汚れ	ひび割れ	浮き	引張接着強度		
No.1	i	i	i	i	Ⅰ	性能低下がほとんど認められない
No.2	i	i※	i	i	Ⅰ	性能低下がほとんど認められない ※ひび割れ幅 0.2 mm 未満
No.3	i	i	ii※	i	Ⅱ	性能低下が認められる ※0.25 m² 未満の浮きの発生
No.4	ii	iii※	iii※	ii※	Ⅲ	性能低下が顕著に認められる ※ひび割れ部からエフロレッセンスの発生 ※0.25 m² 以上の浮きの発生 ※引張接着強度 0.4N/mm² 未満またはコンクリート下地との接着界面における破断面積率が 50 % 以上

---

c．劣化・不具合の原因の推定
　劣化・不具合に関する原因推定の実施およびその推定方法は，特記による．

---

c．陶磁器質タイル張り仕上げの浮きが進行すると，剥落につながる危険性がある．陶磁器質タイル張り仕上げには，解説図 4.19 に示したように，陶磁器質タイルと張付けモルタルとの界面，張付けモルタルと下地モルタル，または下地モルタルとコンクリート構造体との界面において浮きを生ずることがあり，浮き界面によって，その発生原因が異なる可能性があるので注意が必要である．

　以下に，各界面における浮きが発生している原因の例を示す．

（1）　陶磁器質タイルと張付けモルタルとの界面での浮き（陶磁器質タイルの裏足破断を含む）

　（i）　設計上の原因

　　（イ）　深目地，突付け目地の採用

　　（ロ）　陶磁器質タイルの選定ミス（裏足形状の不良・重量が過大な陶磁器質タイル）

　（ii）　施工上の原因

　　（イ）　張付けモルタルの塗置き時間が過剰

　　（ロ）　張付けモルタルの塗厚が不足

　　（ハ）　陶磁器質タイルのたたき押さえ不足

（2）　張付けモルタルと下地モルタルの界面での浮き

　（ⅰ）　設計上の原因

　　（イ）　伸縮調整目地の未設置，不適切な設置

　（ⅱ）　施工上の原因

　　（イ）　下地モルタル表面の過度の平滑性

　　（ロ）　下地モルタル表面の汚れ，ほこりなどの付着

　　（ハ）　下地モルタル表面の強度不足

　　（ニ）　下地モルタルの養生不足

　　（ホ）　下地モルタルの厚塗り

　　（ヘ）　吸水調整材の材料および使用方法（希釈割合・塗布量）の不適

　　（ト）　張付けモルタル塗付け時のこて圧不足

（３）　下地モルタルとコンクリート構造体の界面での浮き

　（ⅰ）　設計上の原因

　　（イ）　伸縮調整目地の未設置，不適切な設置

　（ⅱ）　施工上の原因

　　（イ）　コンクリート表面の過度の平滑性（下地の目荒し不足）

　　（ロ）　コンクリート表面脆弱層の除去不十分

　　（ハ）　コンクリート表面の汚れ，型枠離型剤の付着

　　（ニ）　吸水調整材の材料および使用方法（希釈割合・塗布量）の不適

　　（ホ）　下地モルタルの厚塗り

　　（ヘ）　下地モルタル塗付け時のこて圧不足

---

　d．補修・改修の要否の判定

　詳細調査によって評価された総合劣化度に基づいて，調査範囲ごとの補修・改修の要否を以下のように判定する．総合劣化度が調査区域ごとに評価された場合は，補修・改修の要否も調査区域ごとに判定する．

　　　　総合劣化度Ⅰ：点検・保守の継続
　　　　総合劣化度Ⅱ・Ⅲ：補修または改修

---

　d．詳細調査によって評価された総合劣化度（Ⅰ～Ⅲ）に基づいて，補修・改修要否の判定事例を解説表 4.19 に示す．

　No.2 では，陶磁器質タイル張り仕上げ表面のひび割れは幅が 0.2 mm 未満で，コンクリート構造体内部への雨水浸入の形跡が認められない．このような場合には，そのまま放置して経過を観察してもよい．一方，ひび割れ部の汚れが目立ちやすく，美観上の観点から要求性能に対する優先順位が変わる場合がある．一般に，浮きは時間の経過に伴い進行することが多いため，浮き部分については面積の大小に関係なく，早急に剥落防止措置を講ずることが肝要である．No.3 では，小面積の浮きではあるが，予防保全としての剥落防止措置を講ずる事例である．No.4 では，陶磁器質タイルの剥落が部分的に発生しており，また，0.25 m² 以上の浮きが多数発生している場合である．現状では浮きを生じていない部分で引張接着強度試験を実施した結果で，コンクリート下地との接

着界面の破断面積率が支配的であったために，将来的な浮きの拡大と剥落の可能性が高いと判断して，陶磁器質タイル張り仕上げの補修または改修を行う事例である．

解説表 4.19　補修・改修要否の判定事例

ケース	調査項目ごとの個別劣化度（ⅰ～ⅲ）				総合劣化度（Ⅰ～Ⅲ）	補修要否の判定（例）
	汚れ	ひび割れ	浮き	引張接着強度		
No. 1	ⅰ	ⅰ	ⅰ	ⅰ	Ⅰ	点検・保守の継続
No. 2	ⅰ	ⅰ※	ⅰ	ⅰ	Ⅰ	点検・保守の継続 ※幅 0.2 mm 未満のひび割れは経過観察
No. 3	ⅰ	ⅰ	ⅱ※	ⅰ	Ⅱ	補修または改修 ※予防保全として，剥落安全性を最優先
No. 4	ⅱ	ⅲ※	ⅲ※	ⅱ※	Ⅲ	補修または改修 ※剥落安全性を最優先

　本項においては，上記のように総合劣化度がⅡもしくはⅢと評価された場合の補修・改修の要否では，同様に「補修または改修」と判定されることになっている．しかし，総合劣化度がⅡであるかⅢであるかによって補修・改修の方法が異なり，その選定は補修・改修によって回復させる性能の目標，および劣化の程度によって異なるため，補修・改修設計の段階において設計者の判断に委ねることにしている．

4.3.4　張り石仕上げ

> a．調査項目および方法
> 　調査項目ごとの詳細調査の方法は，特記による．特記のない場合，調査・診断者は以下の中から選定するとともに，その具体的な方法を依頼者に提案し，依頼者の承認を受ける．
> （1）汚れ・染み
> 　（ⅰ）外観目視
> 　（ⅱ）詳細観察
> （2）表層劣化・変質
> 　（ⅰ）外観目視
> 　（ⅱ）詳細観察
> （3）割れ・欠損
> 　（ⅰ）外観目視
> 　（ⅱ）ひび割れの実測
> （4）剥離・剥落
> 　（ⅰ）外観目視
> 　（ⅱ）せり出しの測定
> 　（ⅲ）打音検査
> 　（ⅳ）取付け状況の確認
> （5）そ　の　他
> 　（ⅰ）石材撤去後の取付け部分の詳細確認

　（ⅱ）　副資材の変状確認

---

　a．本項は，現場打ち鉄筋コンクリートなどのコンクリート系下地を対象として，主として外壁の張り石仕上げに対する詳細調査・診断とそれらの結果に基づく補修・改修要否の判定に適用する．なお，コンクリート系下地以外に取り付けられた張り石の変状に対する調査・診断，補修・改修設計，補修・改修工事，点検・保守に対する基本的な技術は，本会編の標準仕様書として採用できる十分な資料が蓄積されていないため，適用範囲には含まない．

　調査対象となる石材類は，JIS A 5003 および本会編「建築工事標準仕様書・同解説 JASS 9 張り石工事（以下，JASS 9 という）」に規定されたものから，外壁への適用が示されている花崗岩と砂岩の他に，JASS 9 において内部での使用に限定されているが，実際には外壁でも採用されている場合がある大理石や石灰岩等も対象としている．建築で使用される石材の種類について，解説表4.20 に示す．

解説表 4.20　建築で使用される石材の種類と特徴

分類	石種	使用箇所			
		内装	外装	屋根	外構
火成岩 地下深部のマグマが地殻内あるいは噴出して冷却固結したもの	花崗岩（深成岩） マグマが地殻内で冷却固結したもの	床 壁 階段	床 壁 階段	－	－
	安山岩 火山岩　噴出した火山岩	－	床 壁	－	－
変成岩 火成岩あるいは堆積岩が形成過程と異なる岩石に変成されたもの	大理石 石灰岩が熱の影響で変成再結晶したもの	床 壁 化粧台	－	－	－
	蛇紋岩 閃緑岩・斑れい岩等が熱変成作用を受けたもの	床 壁 化粧台	－	－	－
	粘板岩 シルトや粘土が堆積し，熱や圧力で変成したもの	床	床	葺材	－
堆積岩（水成岩） 地表に露出した岩石の風化物などが地表又は水中で堆積したもの	砂岩 種々の岩石が粗粒となって水中に堆積し膠結（こうけつ）したもの	床 壁	床 壁	－	－
	凝灰岩 噴出した岩塊，砂，火山灰等の火山噴出物が堆積，凝固したもの	壁	－	－	塀 装飾
	石灰岩 炭酸カルシウムの殻を持つ生物の化石や，海水中の成分が沈殿，固結したもの	床 壁	－	－	－

　調査・診断の対象とする取付け工法は，コンクリート系下地に対して張り石工事として適用され

る工法とする．主な取付け工法を解説表 4.21 に示す．

　詳細調査の目的は，変状およびその進行程度を的確に把握し，その原因を推定して，補修・改修工事の要否判定や補修・改修設計に必要な資料を提供することである．したがって，詳細調査の実

解説表 4.21　RC 造のコンクリート系下地に対して適用される外装石張り工法

工法名称	取付け断面	概　　　要
石積工法*		100 mm 程度以上の厚い石材を構造体に引き金物で緊結しながら積上げ，構造体との間にモルタルを充填する．大正時代から昭和時代の初期にかけて施工された建築物の外壁に広く採用されていた．
湿式工法		25〜40 mm 程度の厚さの石材を構造体に引き金物で緊結し，構造体と石材の間にモルタルを充填する．主として，花崗岩を外壁に張る場合に採用される．白華，濡れ色が生じやすい．現代の外壁では，腰壁部分を除いてあまり用いられていない．
乾式工法		30〜40 mm 程度の厚さの石材を取付金物によって，構造体コンクリートに直接取り付ける．石材裏面は空洞になっており，雨水が浸入する可能性がある．石材に加わる外力に対して太柄（だぼ）を介して構造体に支持するため，石材及び金物の強度確認が必要である．1980 年代以降に開発され，現在広く用いられている．地震時の層間変形に追従しやすい．
石先付けプレキャストコンクリート工法		張り石を PCa 板に打ち込んで，PCa カーテンウォールとして取り付ける．石材は，かすがい，シヤーコネクタなどの定着金物を用いてコンクリートと物理的に一体化する．石の濡れ色防止と石材の微小な挙動の影響を排除するため，石裏面にエポキシ樹脂を塗布するなどの裏面処理が必要である．1980 年代以降に開発された工法である．

＊：JASS 9（2009）には取り上げられていないが，大正時代から昭和時代の初期にかけて施工された建築物には採用されているため，本表に記載している．

施には，仮設足場の設置が不可欠である．仮設足場を利用して，外観目視によって変状が認められた箇所については，指触観察や木づちなどを用いた打音検査，バールを用いた取付けに対するゆるみの調査を併用して，変状に対する詳細かつ的確な情報を収集する．

詳細調査に適用される主要な方法は，以下のとおりである．まず外観目視など，張り石の現状を変化させない調査により概要を把握するが，この他に試料の採取，取外しなど破壊を伴う調査を行う場合には，使用石材の厚さや強度などの基本情報についても確認することが必要である．使用石材に関する基本情報は，試料を採取した石材を用いて，光学顕微鏡による石の結晶構造や含有鉱物の識別，X線回折による石材中の化学成分の同定などによって把握することができる．

劣化の種類ごとの具体的な調査内容は，以下のとおりである．

（1）　汚れ・染み

　（i）　外観目視

　　　拡大鏡などを用いて，取り付けられた状態の石材における表面の汚染状況を把握する．

　（ii）　詳細観察

　　　石材の一部を採取し，汚れ・染みの状況を光学顕微鏡などにより観察し，原因物質の推定と除去方法を検討し，可能な場合は除去を試行する．

（2）　石材表層の劣化・変質

　（i）　外観目視

　　　拡大鏡などを用い，取り付けられた状態の石材における劣化や変質の状況を把握する．

　（ii）　詳細観察

　　　石材の一部を採取し，石材における劣化や変質箇所の脆弱度，劣化や変質の深さを拡大観察し，必要に応じて石材粉末を採取して分析する．

（3）　割れ・欠損

　（i）　外観目視

　　　目視観察により，ひび割れの位置と形状を確認し，記録する．

　（ii）　ひび割れの実測

　　　ひび割れの幅をクラックスケールや光学式ひび割れ幅測定器，長さをスケール等を用いて，測定して記録する．

（4）　剥離・剥落

　（i）　外観目視

　　　目視観察により剥離・剥落箇所を確認し，記録する．剥離・剥落の原因との関係が予想される裏込めモルタルと取付け金物の状態および石材裏面への雨水浸入の有無を確認する．特に，剥落がある場合は，剥落した石材のだぼ孔の損傷状況や取付け工法を確認する．

　（ii）　せり出しの測定

　　　剥落まで至っていない状態においても，隣接する石材との目違いおよびはらみ寸法をスケールで測定する．

（ⅲ）　打音検査と取付け状況の調査

　　石材に対する木づちによる打撃および目地へのバールの挿入によって，石材のゆるみの有無を確認する.

（5）　そ　の　他

　　石材を取り外し，取付け工法や副資材の劣化状況を確認する. 調査する項目は，以下のとおりである.

　　① 石目地の劣化状況

　　② 取付け金物や引き金物の材質，位置，劣化状況

　　③ ダボ孔の径と位置

　　④ 流し鉄筋の間隔，径，位置

　　⑤ 裏込めモルタルの厚さ，充填状況，固定モルタルの状況

　　⑥ 石材裏面への雨水浸入の有無

　　⑦ 石材と取り合うサッシなどの腐食状況

　　⑧ 下地コンクリートのひび割れの有無，コンクリート強度など

ｂ．劣化度の評価

（1）　個別劣化度

　詳細調査の結果に基づいて個別劣化度を評価する. その評価方法は事前に依頼者の承認を受ける. なお，評価は区域を区切って行ってもよい.

　　　個別劣化度ⅰ：劣化がほとんど認められない

　　　個別劣化度ⅱ：劣化が認められる

　　　個別劣化度ⅲ：劣化が顕著に認められる

（2）　総合劣化度

　調査範囲の張り石仕上げに対する総合劣化度は，個別劣化度から次のように評価する.

　　　総合劣化度Ⅰ：性能低下がほとんど認められない

　　　総合劣化度Ⅱ：性能低下が認められる

　　　総合劣化度Ⅲ：性能低下が顕著に認められる

ｂ．（1）個別劣化度

　詳細調査から得られる調査範囲の張り石仕上げに生ずる調査項目ごとの劣化度（個別劣化度ⅰ～ⅲ）の目安を解説表 4.22 に示す. 解説表 4.22 に示すように，調査項目ごとの個別劣化度（ⅰ～ⅲ）は，詳細調査の項目ごとにひとつに決まる.

解説表 4.22　石張り外壁の調査項目ごとの個別劣化度

調査方法	劣化・不具合	調査項目ごとの個別劣化度		
		i	ii	iii
外観目視	汚れ・染み	ほとんど認められない	認められる ($0.25\,\mathrm{m}^2$ 未満)	顕著に認められる ($0.25\,\mathrm{m}^2$ 以上)
	表層劣化・変質	ほとんど認められない	認められる ($0.25\,\mathrm{m}^2$ 未満)	顕著に認められる ($0.25\,\mathrm{m}^2$ 以上)
	割れ・欠損	ほとんど認められない	割れ：幅 $0.2\,\mathrm{mm}$ 未満 欠損：認められる ($0.25\,\mathrm{m}^2$ 未満)	割れ：幅 $0.2\,\mathrm{mm}$ 以上 欠損：顕著に認められる ($0.25\,\mathrm{m}^2$ 以上)
	剥落	ほとんど認められない	認められる ($0.25\,\mathrm{m}^2$ 未満)	顕著に認められる ($0.25\,\mathrm{m}^2$ 以上)
打音検査*	剥離	ほとんど認められない	認められる ($0.25\,\mathrm{m}^2$ 未満)	顕著に認められる ($0.25\,\mathrm{m}^2$ 以上)

＊：主に湿式工法の場合（乾式工法，石先付けプレキャストコンクリート工法を除く）

（2）総合劣化度

　張り石仕上げの調査範囲全体に対する総合評価としての劣化度（総合劣化度Ⅰ～Ⅲ）の評価事例を解説表 4.23 に示す．

　解説表 4.23 に示すように，調査項目ごとの個別劣化度（i～iii）を横並びにして，張り石仕上げの性能低下や構造体への影響を総合的に重みづけして，調査範囲全体に対する総合劣化度（Ⅰ～Ⅲ）を評価する．原則としては，おのおのの劣化や不具合に対する個別劣化度の最大値を総合劣化度として採用する．ただし，汚れ・染みのみが発生している場合では，表面清掃などの軽微な保守で除去可能な場合が多く，放置しても剥落などの重大災害につながる可能性はほとんどない．したがって，汚れ・染みの個別劣化度が ii であっても総合劣化度Ⅰ，汚れ・染みの個別劣化度が iii であっても総合劣化度Ⅱとするなど，1ランク低い評価をする場合もある．

　例えば No.2 では，ほとんどの調査項目において個別劣化度 i（劣化が認められない）で，汚れ・染みのみが個別劣化度 ii（汚れ・染みが認められる）であっても，総合劣化度はⅠ（性能低下がほとんど認められない）となる．一方，No.3 では，ほとんどの調査項目では個別劣化度 i（劣化が認められない）であるが，割れ・欠損で個別劣化度 ii（割れ，欠損が認められる）となり，総合劣化度はⅡ（性能低下が認められる）となる．このように，調査項目ごとの重みづけによって，総合劣化度（Ⅰ～Ⅲ）は異なることがあり得る．

解説表 4.23　総合劣化度（Ⅰ～Ⅲ）の評価事例

ケース	調査項目ごとの個別劣化度（ⅰ～ⅲ）				総合劣化度（Ⅰ～Ⅲ）	解　説
	汚れ染み	表層劣化変質	割れ欠損	剥離剥落		
No. 1	ⅰ	ⅰ	ⅰ	ⅰ	Ⅰ	性能低下が認められない
No. 2	ⅱ※	ⅰ	ⅰ	ⅰ	Ⅰ	性能低下がほとんど認められない ※汚れ・染みの発生
No. 3	ⅰ	ⅰ	ⅱ※	ⅰ	Ⅱ	性能低下が認められる ※割れの発生
No. 4	ⅱ	ⅱ	ⅱ※	ⅲ※	Ⅲ	性能低下が顕著に認められる ※剥落の発生 ※欠損の発生

c．劣化・不具合の原因の推定
　劣化・不具合に関する原因推定の実施およびその推定方法は，特記による．

c．調査項目で示した劣化現象の原因などを念頭に，周辺状況を確認する．対象となる事象が生ずる原因とメカニズムの推定は，特記された場合に実施する．おのおのの劣化現象に対する原因の例を以下に記す．

（1）石材の汚れ・染み

（ⅰ）大気中の塵埃による汚染

雨水が直接当たらない部分や凹凸の大きい部分に発生しやすい．

（ⅱ）エフロレッセンスによる汚染

石材裏面に浸入した雨水は，裏込めモルタル中の遊離石灰分を溶出し，石目地に沿って炭酸カルシウム $CaCO_3$ を生成して析出する．鼻たれ状となり，その後の降雨でも流出しないで残存する．

（ⅲ）鉄さびによる汚染

裏込めモルタルの砂に含まれる鉄分や石材裏面に存在する金物や鉄筋類が内部で腐食すると，石材中に浸透して表面に浮き上がってくる場合がある．石材に含まれる鉄分が，石材表面で酸化してさび色を呈する場合もある．

（ⅳ）石材の吸水による汚染

石材が吸水すると濡れ色を呈し，特に湿式工法では乾燥部分と湿潤部分が模様状になる．乾燥により目立たなくなるが，長期間にわたる繰返しにより染みとして残る場合もある．日陰部分で濡れた状態が長く続くと，かび，苔，菌類が発生することがある．

（ⅴ）目地部のシーリング材による汚染

シリコーン系シーリング材に含まれる低分子量のシリコーンオイルが遊離して，石材に付着すると，遊離シリコーンオイルが粘着材となって，大気中の塵埃を付着させて汚染が帯状に発生する．1成分形ポリサルファイド系や変成シリコーン系のシーリング材などでは，シーリン

グ材に含まれる可塑剤成分が石材に移行して，石材自体を汚染することがある．

（2）　石材の種類によって異なる要因で石材の劣化や変質を生ずるが，その多くは水の影響によるものであり，以下に示す内容が含まれる．

（ⅰ）　大気汚染物質による劣化

石材の種類によっては大気や雨水に含まれる CO_2，SO_x，NO_x 等により劣化する場合があり，石灰岩や大理石は炭酸カルシウムで構成されているので，酸に溶解する．

（ⅱ）　凍結融解による劣化

吸水性が大きく，結晶間の結合が弱い凝灰岩，石灰岩，砂岩などを水が滞留しやすい部位に使用すると，凍結融解による割れや剥離などの劣化が発生する．

（ⅲ）　石材に含まれる鉱物組成の化学変化による劣化

石材に含まれる一部の鉱物組成は，酸化や溶解，吸水などにより体積膨張をして，ポップアウトを生ずることがある．

（ⅳ）　膨張性のエフロレッセンスによる劣化

エフロレッセンスの中で，石材自体の気孔を透過して Na_2SO_4，K_2SO_4 を生成して石材表面に析出すると綿花状を呈し，雨水により流出する．結晶化する際の膨張圧が高く，表面近傍を鱗片状に押し出す．

（3）　石材の割れ・欠損には，外力によるものと，石材自体の山傷が施工後の要因で目立つようになる場合があり，外力による割れ・欠損は以下に示す内容が含まれる．

（ⅰ）　衝撃による割れ・欠損

外面に自動車，台車，荷物などが激突して，割れ・欠損を生ずる．

（ⅱ）　下地のひび割れによる割れ

地震力，地盤沈下等の外力によって下地コンクリートにひび割れが生じた場合，あるいは下地コンクリートおよび裏込めモルタルに乾燥収縮ひび割れが発生した場合には，下地コンクリートと張り石の接着が強固であると，石材にも割れを生ずることがある．

（ⅲ）　隣接する石材どうしの押付け力が集中した箇所の割れ・欠損

眠り目地や狭い目地幅で張られた石材は，地震時における建築物の変形による石材の挙動や，石材の熱膨張により目地部の石材が接する部分に蛤状の割れ・欠損を生ずることがある．また，床と壁の取合い部で，床石に飲み込まれた壁の根石と床石の間に余裕がないと，床石の熱膨張により壁や柱脚部の石材が割れることがある．

（ⅳ）　石材裏面からの押出し応力による割れ

モルタル中の石材取付け用の鉄筋やサッシアンカーなどの鋼材腐食による押出し，あるいは石材裏面に浸入した雨水の凍結膨張，裏込めモルタルの膨張などが原因で，周囲の石材の接着が強固であると，割れを生ずることがある．また，石材の引き金物取付け孔において，面外応力や充填材，水の凍結膨張により，当該部分の石材に割れや欠損を生ずることがある．

（4）　石材の重量は大きく，剥離・剥落は人命にかかわる重大な災害につながるおそれがあり，慎重な対応が必要である．納まりが複雑で施工しにくいあげ裏，笠木，窓まわりの役物等の部位に，

剥落が発生しやすい. 以下に示すような原因があげられる.

（ⅰ）　施工不良による剥落

引き金物のゆるみ, 裏込めモルタルの充填不良, 固定モルタルのひび割れ, 接着不良などが原因となる.

（ⅱ）　石材裏面からの押出し応力による剥落

モルタルに埋め込まれた石材取付け用の鉄筋やサッシアンカーなどの鋼材腐食, あるいは石材裏面に浸入した雨水の凍結膨張, 裏込めモルタルの膨張などが原因となって, 石材が押し出されて剥落することがある. 仮止めに石こうが使用されていた場合には, その膨張応力も原因となることがある.

（ⅲ）　熱挙動によるせり出し

表面の石材と下地コンクリートとの温度差や熱膨張率の違いから, 眠り目地の石張り面が長期にわたり繰返し応力を受けてせり出すことがある.

（ⅳ）　下地の変形による剥落

地震や地盤沈下等の外力により下地コンクリートに大変形が生じ, 石材の取付け機構が追従できない場合は, 剥落に至る.

（ⅴ）　役物の接着部不良による剥落

コーナー役物およびパラペット最上段壁石と笠木を一体化した役物をエポキシ樹脂などによる接着のみで施工した個所は, 接着部の劣化により脱落する可能性がある.

（ⅵ）　石材の割れによる剥落

石材に割れを生ずると, 引き金物等による取付け機構のバランスが崩れ, 剥落の原因になる.

張り石仕上げに生ずる変状と取付け工法の関係を解説表 4.24 に示す.

解説表 4.24　張り石仕上げに生ずる劣化・不具合と取付け工法の関係

変状	要因 取付け工法	石積み工法	湿式工法	乾式工法	石先付けプレキャストコンクリート工法
汚れ・染み	塵埃	○	○	○	○
	エフロレッセンス	○	○	−	○
	鉄さび	○	○	○	○
	石材の吸水	○	○	○	○
	シーリング材	○	○	○	○
石材の表層劣化・変質	大気汚染物質	○	○	○	○
	凍結融解	○	○	○	○
	鉱物組成の化学変化	○	○	○	○
	膨張性エフロレッセンス	○	○	−	○

割れ・欠損	衝撃	○	○	○	○
	下地ひび割れ	－	○	－	○
	石材どうしの押付け	○	○	○	－
	石材裏面からの押出し	○	○	－	○
剥離・剥落	施工不良	○	○	○	○
	石材裏面からの押出し	○	○	－	－
	熱挙動	○	○	－	－
	下地変形	－	○	－	－
	役物接着不良	－	○	－	○
	石材の割れ	○	○	○	○

［凡例］○：関係あり － :関係なし

---

d．補修・改修要否の判定
　詳細調査によって評価された総合劣化度に基づいて，調査範囲ごとの補修・改修の要否を以下のように判定する．
　　　　総合劣化度Ⅰ：点検・保守の継続
　　　　総合劣化度Ⅱ・Ⅲ：劣化部分の補修または改修

---

　d．詳細調査の結果に基づく劣化度の評価による補修・改修の要否に関する判定は，補修・改修工事の成否を決定することになるので，的確に実施しなければならない．ここでは，安全上重要な項目として，剥落の危険回避を最優先することとしている．詳細調査によって評価された総合劣化度（Ⅰ～Ⅲ）に基づいて実施する補修・改修要否の判定事例を解説表 4.25 に示す．

　補修・改修要否の判定基準における具体的な意味は，以下のとおりである．

　　　　総合劣化度Ⅰ：剥落の危険性はないので，点検・保守を継続し，美観上では清掃を検討

　　　　総合劣化度Ⅱ：近い将来剥落の可能性があり，予防保全措置として劣化部分の補修または改修を検討

　　　　総合劣化度Ⅲ：剥落の危険があり，劣化部分の補修または改修が必要

　したがって，剥落の危険に大きく関連する劣化現象である剥離，割れ・欠損の状況を最優先して判定し，劣化・変質および汚れ・染みは，それらの次に扱う．

　試料を採取して調査しても，劣化原因の特定や劣化の程度が評価できない場合には，採取部分を復旧して点検・保守を継続し，経過観察する場合もある．

解説表 4.25　補修・改修要否の判定事例

ケース	調査項目ごとの個別劣化度（ i ～iii ）				総合劣化度（Ⅰ～Ⅲ）	補修・改修要否の判定（例）
	汚れ染み	表層劣化変質	割れ欠損	剥離剥落		
No. 1	i	i	i	i	Ⅰ	点検の継続
No. 2	ii※	i	i	i	Ⅰ	点検の継続 ※汚れ・染みはそのまま放置もしくは表面清掃
No. 3	i	i	ii※	i	Ⅱ	割れ・欠損の補修または改修 ※剥落安全性を最優先
No. 4	ii	ii	ii	iii※	Ⅲ	張り石の剥離・剥落に対する補修または改修 ※剥落安全性を最優先

　張り石仕上げの補修・改修は，新築時と同等程度の性能に回復する「補修」が主体的であり，既存石材を取り外して新たな石材を既存の構法より耐震性に優れた構法で取り付ける場合などは，「改修」となる．

　本項の詳細調査・診断においては，上記のように総合劣化度がⅡもしくはⅢと評価された場合の補修・改修の要否では，同様に「補修または改修」と判定されることになっている．しかし，総合劣化度がⅡであるかⅢであるかによって補修・改修の方法が異なり，その選定は補修・改修によって回復させる性能の目標および劣化の程度によって異なるため，補修・改修設計の段階において設計者の判断に委ねることにしている．

4.3.5　塗装仕上げ

　a．調査項目および方法
　　調査項目ごとの詳細調査の方法は，特記による．特記のない場合，調査・診断者は以下の中から選定するとともに，具体的な方法を依頼者に提案し，依頼者の承認を受ける．
（1）　塗膜表面の劣化：汚れ，変退色，光沢低下，白亜化，摩耗
　（i）　目視・指触観察
　（ii）　機器による非破壊測定
　（iii）　塗膜・付着物の分析
（2）　塗膜内部の劣化：ふくれ，割れ，はがれ
　（i）　目視・指触観察
　（ii）　機器による非破壊検査
　（iii）　付着性試験
　（iv）　塗膜・付着物の分析
（3）　素地に起因する劣化：ひび割れ，剥離，損傷，エフロレッセンス，さび汚れ等
　（i）　目視・指触観察
　（ii）　機器による非破壊検査
　（iii）　付着性試験
　（iv）　生成物・付着物の分析

　a．本会編「建築工事標準仕様書・同解説 JASS 18 塗装工事」（以下，JASS 18 という）では金属系素地として鉄鋼と亜鉛めっき鋼が，セメント系素地としてコンクリート，セメントモルタル，プレキャストコンクリート部材，軽量気泡コンクリートパネル（ALC パネル），スレート板，けい酸カルシウム板，ガラス繊維補強セメント板（GRC 板），押出成形セメント板および石こうボード素地が，木質系素地として製材，集成材・積層材，普通合板が規定されている．

　本節は，調査・診断の対象として JASS 18 に規定されている素地に施された塗装仕上げを基本としているが，素地の種類に関係なく建築物の外壁に施されている塗装仕上げすべてに適用することが可能である．したがって，過去の JASS 18 で標準化されたものと，これまでに標準化されたことがない現場施工の塗料やアルミニウム合金に工場で加熱硬化塗装された塗料についても，本節では調査・診断の適用範囲に含まれている．一方，JAMS 4-RC（補修・改修設計規準）あるいは JAMS 5-RC（補修・改修工事仕様書）の適用範囲は，本節で規定する調査・診断の適用範囲とは異なるため，別途各 JAMS-RC の内容を確認されたい．

　JASS 18 の制定・改定年月日を解説表 4.26 に示す．また，これまでの JASS 18 に規定されていた金属系素地の種類と適用する塗装仕様を解説表 4.27 に，セメント系素地の種類と適用する塗装仕様を解説表 4.28 に，木質系素地の種類と適用する塗装仕様を解説表 4.29 に示す．木質系素地の対象部位としては，木製ルーバーおよび屋外床のデッキ等があげられる．

解説表 4.26　JASS 18 の制定・改定年月日

第 1 版	第 2 版	第 3 版	第 4 版	第 5 版	第 6 版	第 7 版	第 8 版
1959.6.1	1964.8.20	1968.5.30	1976.10.30	1989.2.1	1998.1.20	2006.11.30	2013.3.5

解説表 4.27　　JASS 18 における金属系素地の種類と適用する塗装仕様

塗装仕様の種類	JASS 18 版次	鉄鋼面	亜鉛めっき鋼面	アルミニウム合金面	銅合金面
フタル酸樹脂エナメル塗り	第1，2，3，4版	○	×	○	×
	第5，6，7，8版	○	○	×	×
油性エナメル塗り	第1版	○	×	○	×
ラッカーエナメル塗り	第1，2，3，4版	○	×	×	○
	第5版	○	×	×	×
アルミニウムペイント塗り	第1，2，3，4版	○	×	×	×
	第5，6，7版	○	○	×	×
塩化ビニル樹脂エナメル塗り	第1，2，3，4版	○	×	×	○
	第5，6版	○	○	×	×
油性調合ペイント塗り	第2，3，4版	○	○	×	×
合成樹脂調合ペイント塗り	第2，3，4，5，6，7，8版	○	○	×	×
アクリル樹脂エナメル塗り	第4版	○	×	×	×
	第5版	○	○	○	×
	第6，7版	○	○	×	×
多彩模様塗料塗り	第4版	○	×	×	×
	第5版	○	○	×	×
エポキシエステル樹脂エナメル塗り	第4，5版	○	×	×	×
2液形エポキシ樹脂エナメル塗り	第4，6，7版	○	×	×	×
	第5版	○	○	○	×
2液形厚膜エポキシエナメル塗り	第4，6版	○	×	×	×
	第5版	○	○	×	×
2液形タールエポキシ塗料塗り	第4，5，6版	○	×	×	×
焼付アクリルエナメル塗り	第4版	○	○	×	×
焼付アミノアルキドエナメル塗り	第4版	○	○	×	×
塩化ゴムエナメル塗り	第5版	○	○	×	×
2液形ポリウレタンエナメル塗り	第5版	○	○	○	×
	第6，7，8版	○	○	×	×
常温乾燥形ふっ素樹脂エナメル塗り	第5版	○	○	○	×
	第6，7，8版	○	○	×	×
シリコーン樹脂耐熱塗料塗り	第5版	○	×	×	×
アクリルシリコン樹脂エナメル塗り	第6，7，8版	○	○	×	×
弱溶剤系2液形ポリウレタンエナメル塗り	第7，8版	○	○	×	×
弱溶剤系アクリルシリコン樹脂エナメル塗り	第8版	○	○	×	×
弱溶剤系常温乾燥形ふっ素樹脂エナメル塗り	第8版	○	○	○	×

［凡例］　○：適用する　×：適用しない

解説表 4.28　JASS 18 におけるセメント系素地と適用する塗装仕様

塗装仕様の種類	JASS 18 版次	コンクリート	セメントモルタル	プレキャストコンクリート部材	ALCパネル	ガラス繊維補強セメント板（GRC板）	押出成形セメント板（ECP板）
塩化ビニル樹脂エナメル塗り	第1，2，3，4版	○	○	×	×	×	×
	第5版	○	○	○	○	×	×
	第6，7版	○	○	○	○	×	○
合成樹脂エマルションペイント塗り	第1，2，3，4版	○	○	×	×	×	×
	第5版	○	○	○	○	×	×
	第6，7，8版	○	○	○	○	○	○
アクリル樹脂エナメル塗り	第4版	○	○	×	×	×	×
	第5版	○	○	○	○	×	×
	第6，7版	○	○	○	○	×	○
2液形エポキシ樹脂エナメル塗り	第4版	○	○	×	×	×	×
2液形厚膜エポキシ樹脂エナメル塗り	第4版	○	○	×	×	×	×
2液形タールエポキシ樹脂エナメル塗り	第4版	○	○	×	×	×	×
アクリル樹脂ワニス塗り	第5，6，7版	○	○	○	×	×	×
2液形ポリウレタンワニス塗り	第5，6，7，8版	○	○	○	×	×	×
塩化ビニル樹脂ワニス塗り	第5版	○	○	○	×	×	×
2液形ポリウレタンエナメル塗り	第5版		○	○	○	○	×
	第6，7，8版	○	○	○	○	○	○
常温乾燥形ふっ素樹脂エナメル塗り	第5版		○	○	×	×	×
	第6，7，8版	○	○	○	×	○	○
つや有合成樹脂エマルションペイント塗り	第5版		○	○	○	○	×
	第6，7，8版	○	○	○	○	○	○
アクリルシリコン樹脂ワニス塗り	第6，7，8版	○	○	○	×	×	○
常温乾燥形ふっ素樹脂ワニス塗り	第6，7，8版	○	○	○	×	○	○
アクリル樹脂系非水分散形塗料塗り	第6，7，8版	○	○	○	○	×	○
アクリルシリコン樹脂エナメル塗り	第6，7，8版	○	○	○	○	○	○
弱溶剤系2液形ポリウレタンエナメル塗り	第7，8版	○	○	○	○	○	○
ポリウレタンエマルションペイント塗り	第7，8版	○	○	○	○	○	○
弱溶剤系アクリルシリコン樹脂エナメル塗り	第8版	○	○	○	○	○	○
弱溶剤系常温乾燥形ふっ素樹脂エナメル塗り	第8版	○	○	○	×	○	○

［凡例］　○：適用する　×：適用しない

解説表 4.29　JASS 18 における木質系素地と適用する塗装仕様

塗装の種類	JASS 18 版次	製材	集成材・積層材	普通合板	種類の規定なし
油性ワニス塗り	第 1 版	－	－	－	○
フタル酸樹脂エナメル塗り	第 1, 2, 3, 4 版	－	－	－	○
	第 5, 6, 7 版	○	○	○	╱
油性エナメル塗り	第 1 版	－	－	－	○
クリヤラッカー塗り	第 1, 2, 3, 4 版	－	－	－	○
ラッカーエナメル塗り	第 1, 2, 3, 4 版	－	－	－	○
塩化ビニルエナメル塗り	第 1, 2, 3, 4 版	－	－	－	○
合成樹脂エマルションペイント塗り	第 1, 2, 3, 4 版	－	－	－	○
	第 5 版	－	－	○	╱
	第 6, 7 版	△	△	○	╱
油性調合ペイント塗り	第 2, 3, 4 版	－	－	－	○
	第 5 版	○	○	○	╱
合成樹脂調合ペイント塗り	第 2, 3, 4 版	－	－	－	○
	第 5, 6, 7, 8 版	○	○	○	－
スパーワニス塗り	第 2, 3, 4 版	－	－	－	○
オイルステイン塗り	第 4 版	－	－	－	○
フタル酸ワニス塗り	第 4 版	－	－	－	○
1 液形ウレタンワニス塗り	第 4 版	－	－	－	○
2 液形ウレタンワニス塗り	第 4 版	－	－	－	○
ピグメントステイン塗り	第 5, 6, 7, 8 版	○	○	○	╱
木材保護塗料塗り	第 7, 8 版	○	○	×	╱
つや有合成樹脂エマルションペイント塗り	第 8 版	△	△	○	╱

［凡例］　○：適用する　△：特別な場合のみ適用
　　　　　×：適用しない　－：素地の種類に対する規定なし　╱：該当なし

（1）　塗膜表面の劣化

塗膜表面の劣化の種類を解説表 4.30 に示す.

塗膜表面が汚れ, 変退色, 光沢低下, 白亜化, 摩耗で外観の機能・性能が失われた段階で, 塗膜の素地に対する保護機能は失われておらず, 通常の補修・改修時期としては早いものと考えられる. ただし, 美観上の要求が大きい場合には塗替えが行われる場合もある.

解説表 4.30　塗膜表面の劣化の種類

種　類	事　　象
汚れ	塗膜の表面に汚れが付着し美観が低下する現象．雨筋汚れ，取付け金物によるさび汚れ，菌類や藻苔類の発生による生物汚れ，換気扇まわりなどの油脂による汚れ，塵埃の付着による汚れがある．
変退色	塗膜の色相，彩度，明度が初期と異なって変化している現象
光沢低下	塗膜表面の光沢が低下する現象
白亜化	塗膜表面の劣化により，充填材が離脱しやすくなり，表面が粉末状になる現象．チョーキングともいう．
摩耗	塗膜表面の劣化や，表面への外力の作用等により塗膜厚が減少する現象

　塗膜表面の劣化に対する調査方法の例を解説表 4.31 に示す．

　目視・指触観察では，標準パターン写真，塗り見本，カラーチャート，グレースケールなどと比較して劣化の程度を評価する．

　機器による非破壊検査は，携帯型の測色色差計，光沢計等の計測機器や JIS K 5600-8-6：2014 に規定されている白亜化テープを用いて測定する．

　塗膜や付着物の分析は，劣化原因の推定をして，下地調整の方法を含めた補修・改修仕様を検討する際の参考資料とするため，既存の塗膜表面に付着している物質や塗膜の成分を特定するために塗膜表面から試料を採取し，化学分析や機器分析を適用する．

解説表 4.31　塗膜表面の劣化に対する調査方法（例）

調査方法	調査項目	調査内容
目視・指触調査	汚れ	・標準パターン写真による調査 ・塗り見本による調査 ・グレースケールによる調査
	変退色	・色見本による調査 ・カラーチャートによる調査
	光沢低下	・塗り見本による調査（光沢の差異）
	白亜化	・指触観察または拭取り調査（粉状物の付着状態を見る）
	摩耗	・塗り見本による調査（塗膜厚の減少有無）および指触観察
	全ての項目	・劣化の状態と範囲の記録
機器による非破壊検査	汚れ	・測色色差計による測定
	変退色	・測色色差計による測定
	光沢低下	・光沢計による測定
	白亜化	・白亜化度（JIS K 5600-8-6：2014）による調査
塗膜・付着物の分析	塗膜の分類	・シンナーによる溶解性評価
	塗料成分	・塗膜片を採取後，分析機器による成分分析
	付着物	・分析機器による成分分析

（2）　塗膜内部の劣化

塗膜内部の劣化の種類を解説表 4.32 に示す.

塗膜の連続性が低下して，割れが素地まで進行したり，部分的なふくれ，はがれが生じたり，素地に対する保護機能が低下し始めたりする段階である. 定期的な点検により，塗装仕上げの補修・改修が可能な段階である.

解説表 4.32　塗膜内部の劣化の種類

劣　化	現　　　象
ふくれ	塗膜が気体，液体または腐食生成物などを含んで局部的に盛り上がっている現象.
割　れ	塗膜に裂け目が生ずる現象. 塗膜の劣化による割れ，下地調整塗材やモルタルのひび割れに起因する割れ，コンクリートのひび割れに起因する割れがある.
はがれ	塗膜が付着力を失って素地から離れる現象. 下地調整塗材やモルタルおよびコンクリートの欠損による場合もある.

塗膜内部の劣化に対する調査方法の例を解説表 4.33 に示す.

目視・指触調査では，JIS K 5600 に規定されている標準パターン写真を用いて劣化の程度を評価する.

機器による非破壊検査は，クラックスケールなどを用いて測定する.

試験・破壊調査では，JIS K 5600-5-6：1999 に規定されているクロスカットテストや引張試験器による付着強さ試験を行い，破壊強度と破壊箇所を記録する. また，補修・改修仕様と工法を選定する際の参考資料とする目的で，既存の塗膜表面に付着している物質や塗膜の成分を特定するために試料を採取し，分析機器による調査を実施することがある.

解説表 4.33　塗膜内部の劣化の調査方法（例）

調査方法	調査項目	調査内容
目視・指触調査	ふくれ	標準パターン写真（JIS K 5600-8-2：2008）による評価
	割れ	標準パターン写真（JIS K 5600-8-4：1999）による評価
	はがれ	標準パターン写真（JIS K 5600-8-5：1999）による評価
	全ての項目	劣化状態と範囲の記録
機器による非破壊測定	割れ	クラックスケールや光学式ひび割れ幅測定器による測定
試験・破壊調査	上塗りの付着力	クロスカットテスト（JIS K 5600-5-6：1999）
	付着力	引張試験器による測定
塗膜付着物の分析	塗膜種類の分類	シンナーによる溶解性評価
	塗料成分	塗膜片を採取後，分析機器による成分分析
	付着物	分析機器による成分分析

（3）　素地に起因する劣化

素地に起因する劣化の種類を解説表 4.34 に示す.

解説表 4.34　素地に起因する劣化の種類

劣　　化	現　　　　象
ひび割れ	コンクリート構造体が乾燥収縮や地震などの動きで生じたひび割れ．一般に鉛直または水平の直線状のパターンを呈する．
剥離	浮いていたコンクリートが構造体からはがれ落ちた状態．鉄筋の露出を伴うものと，伴わないものがある．
損傷	外力の作用を受けて，素地のコンクリートや下地調整塗材，モルタルなどの断面が欠損したり，破断した状態．
エフロレッセンス	コンクリートの水溶性成分が塗膜表面に析出し，空気中の二酸化炭素等と反応して生成した難溶性の白色物質が表面に沈着する現象．
さび	金属が酸化して腐食生成物を生ずる現象．鉄鋼面やステンレス鋼面には赤さびが，亜鉛めっき鋼面やアルミニウム合金面には白さびが発生する．コンクリート面では内部鉄筋のさび汁が付着している場合がある．
腐朽	木質系素地が木材腐朽菌により劣化する現象．

　素地への付着性が低下して連続性が失われ，素地に対する保護機能を失い，素地表面層の劣化が進行し始めた段階である．なお，金属系素地に起因する劣化については，4.3.7「金属製部材および部品」の a. 調査項目および方法に準ずる．

　素地に起因する劣化に対する調査方法の例を解説表 4.35 に示す．

　目視・指触観察では，標準パターン写真，塗り見本，カラーチャートなどを用いて劣化の程度を評価する．

　機器による非破壊検査には，クラックスケールなどを用いる．

　試験・破壊検査では，クロスカットテストや引張試験器による付着強さ試験を行い，破壊強度と破壊箇所を記録する．また，劣化原因を推定して，補修・改修仕様を選定する際の参考資料とするため，付着している物質を採取し，分析機器による成分分析を実施することがある．

解説表 4.35　素地に起因する劣化の調査方法（例）

分　　類	調査項目	調　査　方　法
目視・指触調査	ひび割れ	標準パターン写真による調査
	エフロレッセンス	色見本による調査 カラーチャートによる調査
	さび	標準パターン写真（JIS K 5600-8-3：2008）による調査 詳細調査については，4.3.7「金属製部材および部品の取付け」の a. 調査項目および方法に準ずる
機器による非破壊検査	ひび割れ	クラックスケールによる測定
試験・破壊検査	上塗りの付着力	クロスカットテスト（JIS K 5600-5-6：1999）
付着物の分析	付着物	分析機器による成分分析

　b．劣化度の評価
　　詳細調査の結果に基づいて個別劣化度を評価する．その評価方法は事前に依頼者の承認を受ける．な

お，評価は区域を区切って行ってもよい．
（1）　個別劣化度
　調査項目ごとに個別劣化度を評価する．個別劣化度の評価は，以下による．
　　　　個別劣化度ⅰ：劣化がほとんど認められない
　　　　個別劣化度ⅱ：劣化が認められる
　　　　個別劣化度ⅲ：劣化が顕著に認められる
（2）　総合劣化度
　調査範囲の塗装仕上げに生ずる総合劣化度は，個別劣化度から次のように評価する．
　　　　総合劣化度Ⅰ：性能低下がほとんど認められない
　　　　総合劣化度Ⅱ：性能低下が認められる
　　　　総合劣化度Ⅲ：性能低下が顕著に認められる．

b．（1）個別劣化度

　詳細調査の結果に基づいて，塗膜に生ずる調査項目ごとの個別劣化度（ⅰ～ⅲ）の目安を解説表4.36に示す．調査項目ごとの個別劣化度（ⅰ～ⅲ）は，詳細調査の項目ごとにひとつに決まる．

（2）総合劣化度

　総合劣化度（Ⅰ～Ⅲ）の評価事例を解説表4.37に示す．調査項目ごとの個別劣化度（ⅰ～ⅲ）を横並びにして，機能の重みづけを考慮して，総合劣化度（Ⅰ～Ⅲ）を評価する．塗装仕上げの総

解説表4.36　調査項目ごとの個別劣化度（ⅰ～ⅲ）の目安

分類		調査項目	個別劣化度ⅰ	個別劣化度ⅱ	個別劣化度ⅲ
塗膜表面		汚れ	ほとんど認められない	認められる	顕著に認められる
		変退色			
		光沢低下			
		白亜化			
		摩耗			
塗膜内部		ふくれ	ほとんど認められない	認められる	顕著に認められる
		割れ			
		はがれ			
素地起因	セメント系	ひび割れ	ほとんど認められない	認められる	顕著に認められる
		剥離			
		損傷			
		エフロレッセンス			
	金属系	さび	ほとんど認められない	認められる	顕著に認められる
	木質系	変色	ほとんど認められない	認められる	顕著に認められる
		腐朽			
		割れ			
		欠損	認められない	−	認められる
塗膜の付着性		クロスカット法	はがれがほとんど認められない	カットの縁に沿ってはがれが全体的に認められる	全面的なはがれが顕著に認められる

合劣化度は，美観を重視する場合と素地の保護を重視する場合によって異なる．これは，補修・改修を行うか否かは要求性能に応じて判定されるもので，美観の維持を目的としている場合と，素地の保護を目的としている場合とでは，判定が異なるためである．例えば，美観の維持を目的とする場合は，変退色や光沢低下などの塗膜表面の個別劣化度がⅱであっても補修・改修の動機として重視されるが，素地の保護を目的とする場合は重視されない．したがって，塗膜表面の劣化に関しては，美観の維持を重視する場合はすべての調査項目が個別劣化度ⅰの場合は総合劣化度Ⅰとし，いずれかの調査項目に個別劣化度ⅱがある場合は総合劣化度Ⅱとし，いずれかの調査項目に個別劣化度ⅲがある場合は総合劣化度Ⅲとしている．複数の劣化現象が発生している場合は，劣化が最も進行している個別劣化度（ⅰ～ⅲ）によって，総合劣化度（Ⅰ～Ⅲ）を評価している．素地の保護を重視する場合においては，塗膜表面の個別劣化度は重視しないので，ⅲであっても総合劣化度Ⅰとなる．

　塗膜内部の劣化や素地起因の劣化および塗膜付着性に関しても，塗膜表面の劣化と同様の考え方で評価している．

解説表 4.37　総合劣化度（Ⅰ～Ⅲ）の評価事例

分類		調査項目	美観の維持を重視する場合			素地の保護を重視する場合		
			総合劣化度Ⅰ	総合劣化度Ⅱ	総合劣化度Ⅲ	総合劣化度Ⅰ	総合劣化度Ⅱ	総合劣化度Ⅲ
塗膜表面		汚れ	すべての調査項目がⅰである	いずれかの調査項目にⅱがある	いずれかの調査項目にⅲがある	ⅰ～ⅲ	－	－
		変退色						
		光沢						
		白亜化						
		摩耗						
塗膜内部		ふくれ	すべての調査項目がⅰである	－	いずれかの調査項目にⅱ～ⅲがある	すべての調査項目がⅰである	いずれかの調査項目にⅱがある	いずれかの調査項目にⅲがある
		割れ						
		はがれ						
素地起因	セメント系	ひび割れ	すべての調査項目がⅰである	－	いずれかの調査項目にⅱ～ⅲがある	すべての調査項目がⅰである	いずれかの調査項目にⅱがある	いずれかの調査項目にⅲがある
		剥離						
		損傷						
		エフロレッセンス						
	金属系	さび	個別劣化度がⅰである	－	個別劣化度がⅱ～ⅲである	個別劣化度がⅰである	個別劣化度がⅱである	個別劣化度がⅲである
	木質系	腐朽	すべての調査項目がⅰである	－	いずれかの調査項目にⅱ～ⅲがある	すべての調査項目がⅰである	いずれかの調査項目にⅱがある	いずれかの調査項目にⅲがある
		割れ						
		欠損						
		変色						
塗膜の付着性		クロスカット法	ⅰ	－	個別劣化度がⅱ～ⅲである	ⅰ	ⅱ	ⅲ

> c．劣化・不具合の原因の推定
> 　劣化・不具合に関する原因推定の実施およびその推定方法は，特記による．

　c．塗膜劣化の原因としては，塵埃，紫外線，温・湿度，降雨などの外的要因があり，これらにより変退色，光沢低下，白亜化，摩耗などの塗膜表面の劣化が生ずる．さらに経年により塗膜内部まで劣化が進行すると，ふくれ，割れ，はがれが発生する．また，汚れの原因としては，塵埃の付着および取付け金物などのさび，菌類や藻苔類の発生や，換気扇まわりなどの油脂付着などがある．

　コンクリート素地の場合は，乾燥収縮や地震などの動きで生じたひび割れ，鉄筋の腐食，エフロレッセンスなどの素地に起因する原因により，塗膜が劣化する場合がある．金属系素地の場合は，沿岸地域では飛来塩分，工業地域では大気汚染物質が原因となって，さびの発生や断面欠損などが生じて塗膜が劣化する場合がある．木質系素地の場合は，木材腐朽菌や湿気・水分，乾燥などによる割れが原因となって木材が劣化して，塗膜が劣化する場合がある．

> d．補修・改修要否の判定
> 　詳細調査・診断によって評価された総合劣化度に基づいて，塗装仕上げに対する補修・改修の要否を以下のように判定する．
> 　　　　総合劣化度Ⅰ：点検・保守の継続
> 　　　　総合劣化度Ⅱ・Ⅲ：補修または改修

　d．本項bの解説表 4.36 に示した調査項目ごとの個別劣化度（ⅰ～ⅲ）の目安は，塗膜の劣化程度を誰もが共通に認識できる指標である．補修・改修を行うか否かは，要求性能に応じて判定されるもので，美観の維持を目的とした場合と，素地の保護を目的とした場合とでは異なる．総合劣化度（Ⅰ～Ⅲ）は，美観の維持を重視する場合と素地の保護を重視する場合を分けて評価しており，総合劣化度に対応して補修・改修の要否を判定する．

　本項の詳細調査・診断においては，上記のように総合劣化度がⅡもしくはⅢと評価された場合の補修・改修の要否では，同様に「補修または改修」と判定されることになっている．しかし，総合劣化度がⅡであるかⅢであるかによって補修・改修の方法が異なり，その選定は補修・改修によって回復させる性能の目標，および劣化の程度によって異なるため，補修・改修設計の段階において設計者の判断に委ねることにしている．

4.3.6　建築用仕上塗材仕上げ

> a．調査項目および方法
> 　調査項目ごとの詳細調査の方法は，特記による．特記のない場合，調査・診断者は以下の中から選定するとともに，具体的な方法を依頼者に提案し，依頼者の承認を受ける．
> （1）塗膜表面の汚れ，変退色，光沢低下，白亜化，摩耗
> 　　（ⅰ）目視・指触調査
> 　　（ⅱ）機器による非破壊測定
> 　　（ⅲ）試験・破壊調査，塗膜分析・付着物分析
> （2）塗膜内部のふくれ，浮き，割れ，はがれ

```
        （ⅰ） 目視・指触調査
        （ⅱ） 機器による非破壊検査
        （ⅲ） 試験・破壊調査，塗膜分析
（3）  下地に起因するひび割れ，剥離，損傷，エフロレッセンス，さび汚れ　等
        （ⅰ） 目視・指触調査
        （ⅱ） 機器による非破壊検査
        （ⅲ） 試験・破壊調査，付着物分析
```

　a．建築用仕上塗材は 0.3〜10 mm 程度の塗膜厚を有し，相対的には塗料より厚く，左官仕上げよりも薄いもので，美装や下地保護を目的として吹付け塗り，ローラー塗り，こて塗りによって凹凸模様やゆず肌模様等の造形的な表面仕上げとして使用されている．また，セメント，合成樹脂などの結合材，顔料，骨材を主原料として構成され，下塗り－上塗り，または下塗り－中塗り－上塗りの工程が基本的な施工仕様となっている．JASS 15 および JASS 23 では，JIS A 6909（建築用仕上塗材）に品質が規定された建築用仕上塗材が標準化されている．また，国土交通省大臣官房官庁営繕部監修「公共建築工事標準仕様書（建築工事編）」などで標準化されているマスチック塗材や外壁用塗膜防水材（JIS A 6021：建築用塗膜防水材）も，同様な塗材と見なすことができる．なお，本項では，標準化されたことがない類似の仕上塗材についても，詳細調査・診断の対象としている．

　建築用仕上塗材仕上げは，劣化外力（人的，自然）の影響を直接受ける．劣化外力により塗膜に期待される本来の機能・性能が失われる現象が塗膜劣化であり，下地に起因する不具合が発生しなければ，劣化外力を直接受ける表面部分から進行していく．経年の劣化外力による劣化は，概ね以下のような 3 段階に区分される．

第1段階　塗膜表面の劣化	表面が汚れ，変退色，白亜化などで美観の機能が失われた段階	
↓		
第2段階　塗膜内部の劣化	塗膜表面の劣化が進行して白亜化・摩耗・割れなどが生じ，塗膜が連続性を失いだし，割れが下地まで進行したり，部分的なふくれ，はがれが生じ，下地に対する保護機能が低下し始めた段階	
↓		
第3段階　下地表層を含む劣化	下地への塗膜の付着性が低下して連続性が失われ，保護機能を失い，下地表面層の劣化が進行し始めた段階	

　これら 3 段階において，第 1 段階は塗膜の保護機能は失われておらず，通常の補修・改修時期としては早いものと考えられる．ただし，美観上の要求が強ければ，塗替えが行われる場合もある．第 2 段階は定期的な点検による管理により，塗り仕上げの補修・改修が可能な段階である．しかし，第 3 段階まで進行すると，補修・改修が不経済となるばかりでなく，通常の補修・改修では機能を確保できなくなる．なお，第 3 段階まで劣化が進行した場合は，その保護機能である中性化防止や遮塩性は失われ，下地の劣化が進行し始めており，塗膜の耐久性はもはや期待できず，既存塗膜を完全に除去し，補修・改修することになる．調査項目の内容を解説表 4.38 に示す．

　詳細調査は，標準パターン写真を用いた目視・指触調査や比較的簡易な器具および高度な機器に

よる測定・試験・破壊検査を行う．以下にそれぞれについて解説する．

目視・指触調査は，標準パターン写真，塗り見本，カラーチャート，グレースケールなどを用いて変状の程度を評価し，既存の建築用仕上塗材の変状がどのような部位，箇所で生じているかについても具体的に調査する．これらの標準パターン写真の中には，次の①～③の JIS が国内で標準化され，一般財団法人日本塗料検査協会で「塗膜の評価基準 2003」が発行されている．

  ①　JIS K 5600-8-4：1999（塗料一般試験方法－第 8 部：塗膜劣化の評価－第 4 節：割れの等級）

  ②　JIS K 5600-8-5：1999（塗料一般試験方法－第 8 部：塗膜劣化の評価－第 5 節：はがれの等級）

  ③　JIS K 5600-8-6：2014（塗料一般試験方法－第 8 部：塗膜劣化の評価－第 6 節：白亜化の等級）

機器等による非破壊検定は，携帯型の測色色差計，光沢計等の計測機器やテストハンマー，クラックスケールなどの道具，JIS K 5600-8-6：2014 に規定されている白亜化測定用テープを用いて測定する．

試験・破壊検査では，JIS K 5600-5-6：1999 に規定されるクロスカット法による上塗り塗膜の付着性試験や引張試験器による付着力試験を適用して既存塗膜の付着性を評価する．また，既存の塗膜表面に異物が付着している場合や建築用仕上塗材の成分が特定できない場合には，壁面より試料を採取して機器分析を実施することがある．これらの結果は，劣化原因を推定して，補修・改修仕様を選定する際の参考資料となる．調査方法の例を解説表 4.39 に示す．

解説表 4.38　調査項目の内容

分類	調査項目	内容
塗膜表面	汚れ	塵埃，鉄さび，手あか，油脂などの付着および菌類，藻苔類の繁殖により，通常の洗浄方法ではこれらが除去できなくなる状態．塵埃の汚れは，建築用仕上塗材の種類による表面テクスチャ（リシン状，ゆず肌状など）および塗材の主材や上塗材の硬さ（可とう形や防水形は軟らかい）による物理的な付着の差が大きい．菌類，藻苔類の汚れは，建築用仕上塗材の構成材料（セメント系と合成樹脂系）による差がある．
	変退色	塗膜の色相，彩度，明度のいずれかひとつ，または 2 つ以上が変化する現象．主として，彩度が小さくなるか，または明度が大きくなることを退色という．
	光沢低下	つや有仕上げの塗膜表面の光沢が低下する現象．主に上塗材（トップコート）の劣化である．
	白亜化	塗膜表面の劣化により，充填材が離脱しやすくなり，表面が粉末状になる現象．チョーキングともいう．
	摩耗	塗膜表面への外力等の作用により塗膜厚が減少する現象．外力の作用や白亜化を繰り返しながら，建築用仕上塗材の塗膜厚が減少していくもので，この段階での摩耗は塗膜内部の劣化といえる．

塗膜内部	ふくれ	可塑性のある塗膜に多く見られ，塗膜が気体，液体または腐食生成物などを含んでふくらんだ現象．上塗材のふくれと主材のふくれに分けられる．
	浮き	主に硬い塗膜が下地から離れた状態で盛り上がる現象．下地調整に用いた建築用下地調整塗材が下地から離れた状態のものもある．
	割れ	塗膜に裂け目ができる現象．上塗材の割れ，主材からの割れに区分される．下地モルタルや構造体コンクリートの割れに起因する場合もある． 浅割れ　checking：塗膜表面の浅い割れ（上塗材の割れ） 深割れ　cracking：下塗塗膜または下地が見える程度の深い割れ（主材の割れ）
	はがれ	塗膜が付着力を失って下地から離れて下地が露出している現象．下地モルタルやコンクリートの欠損による場合もある． 小はがれ　flaking, chipping 大はがれ　scaling
下地に起因	ひび割れ	コンクリートやモルタルに発生するひび割れ．外壁におけるひび割れは漏水・鉄筋の腐食などにも関係する．
	剥離	コンクリート面の仕上げの面精度を調整するために塗り付けたセメントモルタルが剥離した状態．最悪の場合には剥落する．
	損傷	外力の作用を受けて，下地のコンクリートやモルタルなどが欠損，破断した状態．
	エフロレッセンス	薄塗材 C，複層塗材 C，CE，厚塗材 C などのセメント系仕上塗材やセメント系下地調整塗材に含まれるセメント中の石灰などが水に溶けて塗膜表面に析出し，空気中の二酸化炭素などとの反応によって生成した難溶性の白色物質が表面に沈着する現象．
	さび汚れ	コンクリート内の鉄筋や腐食した鋼材のさびが流出して，仕上げ材またはコンクリートの表面に付着している状態．

解説表 4.39　調査方法（例）

分類	調査方法	調査項目	調査内容
塗膜表面の劣化	目視・指触調査	汚れ	標準パターン写真（雨筋）による調査 塗り見本による調査 グレースケールよる調査
		光沢	塗り見本による調査（光沢の差異）
		変退色	色見本による調査 カラーチャートによる調査
		白亜化	指触または払拭調査（粉状物の付着状態）
		摩耗	塗り見本による調査（塗膜厚の減少有無）
		その他	劣化の状態と範囲の記録
	機器等による非破壊検査	汚れ	測色色差計による測定
		変退色	測色色差計による測定
		光沢低下	光沢計による測定
		白亜化	白亜化度（JIS K 5600-8-6：2014）の測定
	試験・破壊検査	上塗りの付着力	クロスカット法（JIS K 5600-5-6：1999）
	塗膜・付着物の分析	建築用仕上塗材の分類	シンナーによる溶解性評価 塗り見本による調査 指触よる硬さ調査
		材料成分	塗膜片を採取後，分析機器による成分分析
		付着物	分析機器による成分分析
塗膜内部の劣化	目視・指触調査	ふくれ	標準パターン写真による調査
		浮き	標準パターン写真による調査
		割れ	標準パターン写真による調査
		はがれ	標準パターン写真による調査
		その他変状	劣化の状態と範囲の記録
	機器等による非破壊検査	浮き	テストハンマーによる打音検査
		割れ	クラックスケール・光学式ひび割れ幅測定器による測定
	試験・破壊検査	建築用仕上塗材の付着力	引張試験器による測定
	塗膜分析	材料成分	塗膜片を採取後，分析機器による成分分析
下地に起因する劣化	目視・指触調査	ひび割れ	標準パターン写真による調査
		エフロレッセンス	色見本による調査 カラーチャートによる調査
	機器等による非破壊検査	ひび割れ	クラックスケール・ひび割れ幅測定器による測定
	試験・破壊検査	下地材の付着力	引張試験器による測定
	付着物分析	付着物	分析機器による成分分析

b．劣化度の評価

　詳細調査の結果に基づいて劣化度を評価する．その評価方法は事前に依頼者の承認を受ける．なお，評価は区域を区切って行ってもよい．

（1）　個別劣化度

　調査項目ごとに個別劣化度を評価する．個別劣化度の評価は以下による．

　　　　個別劣化度ⅰ：劣化がほとんど認められない

　　　　個別劣化度ⅱ：劣化が認められる

　　　　個別劣化度ⅲ：劣化が顕著に認められる

（2）　総合劣化度

　調査範囲の建築用仕上塗材仕上げに生ずる総合劣化度は，個別劣化度から次のように評価する．

　　　　総合劣化度Ⅰ：性能低下がほとんど認められない

　　　　総合劣化度Ⅱ：性能低下が認められる

　　　　総合劣化度Ⅲ：性能低下が顕著に認められる

b．（1）　個別劣化度

　建築用仕上塗材仕上げに生ずる調査項目ごとの個別劣化度は，劣化度ⅰ：劣化がほとんど認められない，劣化度ⅱ：劣化が認められる，劣化度ⅲ：劣化が顕著に認められる，の3段階で評価する．調査項目ごとの個別劣化度（ⅰ～ⅲ）の目安を解説表4.40に示す．調査項目ごとの個別劣化度（ⅰ～ⅲ）は，詳細調査の項目ごとにひとつに決まる．

解説表 4.40　調査項目ごとの個別劣化度（ⅰ～ⅲ）の目安

	調査項目	劣化度ⅰ	劣化度ⅱ	劣化度ⅲ
塗膜表面	汚れ	劣化がほとんど認められない	劣化が認められる	劣化が顕著に認められる
	光沢低下*			
	変退色			
	白亜化			
	摩耗			
	クロスカット法（上塗り）	劣化がほとんど認められない	カットの縁に沿って，はがれが全体的に認められる	全面的なはがれが顕著に認められる
塗膜内部	ふくれ	劣化がほとんど認められない	劣化が認められる	劣化が顕著に認められる
	浮き			
	割れ			
	はがれ			
下地起因	ひび割れ			
	剥離			
	損傷			
	エフロレッセンス			
	さび汚れ			
	付着強さ（建築用仕上塗材）	付着強さが品質規格と同等以上	付着強さが品質規格と同等以上であるが，下地との界面破断が認められる	付着強さが品質規格以下，もしくは下地との界面破断が顕著である

＊：つや有り仕上げに適用

解説表 4.41 に示すように，調査項目ごとの個別劣化度（i ～ iii）を横並びにして，建築用仕上塗材の性能低下や構造体への影響を総合的に重みづけして，総合劣化度（I ～ III）を評価する．

解説表 4.41　総合劣化度 I ～ III の評価事例

	調査項目	総合劣化度 I	総合劣化度 II	総合劣化度 III
塗膜表面	汚れ	すべての調査項目が i である	いずれかの項目に ii がある	いずれかの項目に iii がある
	光沢低下＊			
	変退色			
	白亜化			
	摩耗			
	クロスカット法（上塗り）	個別劣化度が i である	個別劣化度が ii である	個別劣化度が iii である
塗膜内部	ふくれ	すべての調査項目が i である	いずれかの項目に ii がある	いずれかの項目に iii がある
	浮き			
	割れ			
	はがれ			
下地起因	ひび割れ	すべての調査項目が i である	いずれかの項目に ii がある	いずれかの項目に iii がある
	剥離			
	損傷			
	エフロレッセンス			
	さび汚れ			
	付着強さ（建築用仕上塗材）	個別劣化度が i である	個別劣化度が ii である	個別劣化度が iii である

＊：つや有りの仕上げに適用

> c．劣化・不具合の原因の推定
> 　劣化・不具合に関する原因推定の実施およびその推定方法は，特記による．

　c．建築用仕上塗材仕上げに生ずる一般的な劣化は，紫外線，熱や降雨等の外的要因により，塗膜表面の上塗り層が化学的，物理的作用を受けて，光沢低下，変退色，白亜化，摩耗などの劣化が進行する経年劣化があげられる．さらに，雨水が上塗りから内部まで浸透すると，下地との接着性が低下して，ふくれ，はがれ等の現象が生ずる．

　また，沿岸地域や工業地域などは飛来塩分，煤煙や酸性ガス等が，建築用仕上塗材仕上げの劣化を促進させることがあり，寒冷地では凍結融解作用によって，建築用仕上塗材仕上げに劣化を生ずる場合がある．劣化や不具合の原因の推定には，建築用仕上塗材仕上げに生じている現象と周辺環境を考慮する必要がある．

> d．補修・改修の要否の判定

> 　詳細調査・診断によって評価された総合劣化度に基づいて，建築用仕上塗材仕上げに対する補修・改修の要否を以下のように判定する．
> 　　　総合劣化度Ⅰ：点検・保守の継続
> 　　　総合劣化度Ⅱ・Ⅲ：補修または改修

　d．b項の解説に示した劣化度は，塗膜の劣化程度を誰もが共通に認識できる指標である．

　総合劣化度Ⅰは，建築用仕上塗材の塗膜表面における劣化に限定され，変退色や光沢低下は認められるが，塗膜内部や下地に起因する劣化は認められないので，そのまま放置して経過を観察してもよい．総合劣化度Ⅱ・Ⅲは，建築用仕上塗材の全層に劣化が進行している場合であり，総合劣化度Ⅰとは異なり，建築用仕上塗材の補修・改修をして性能を回復することができる．美観上の観点から意匠性を重視する場合や，LCC などの経済性を考慮した場合には，予防保全として補修・改修することにより，性能の維持を図ることができる．

　本項の詳細調査・診断においては，上記のように総合劣化度がⅡもしくはⅢと評価された場合の補修・改修の要否では，同様に「補修または改修」と判定されることになっている．しかし，総合劣化度がⅡであるかⅢであるかによって補修・改修の方法が異なり，その選定は補修・改修によって回復させる性能の目標，および劣化の程度によって異なるため，補修・改修設計の段階において設計者の判断に委ねることにしている．

4.3.7　金属製部材および部品

> 　**a**．調査項目および方法
> 　調査項目ごとの詳細調査の方法は，特記による．特記のない場合，調査・診断者は以下の中から選定して，その具体的な方法を依頼者に提案し，依頼者の承認を受ける．
> （1）金属製部材・部品の表面処理層の汚れ・塵埃の付着，変退色，光沢低下，腐食
> 　（ⅰ）　外観の目視観察・指触観察
> 　（ⅱ）　非破壊検査
> 　（ⅲ）　表面付着物や腐食生成物の試料採取およびその成分分析
> （2）部材および部品，それらの接合部を構成する金属材料の腐食，変形，断面欠損，破断，破損
> 　（ⅰ）　外観の目視観察・指触観察
> 　（ⅱ）　固定状態・作動状態の確認
> 　（ⅲ）　打音検査
> 　（ⅳ）　破壊検査
> 　（ⅴ）　表面付着物や腐食生成物の試料採取およびその成分分析

　a．本項は，鉄鋼，亜鉛めっき鋼，ステンレス鋼，耐候性鋼，アルミニウム合金，銅および銅合金（黄銅）の金属材料で構成されている部材，部品，部材相互の接合部，構造体や下地に対する取付け部およびそれらの表面仕上げを対象とする詳細調査，ならびにそれらの結果に基づく補修・改修要否の判定に適用する．

　詳細調査は，できる限り広範囲を対象とした現地調査を実施して，調査項目ごとに劣化の状況および進行程度を的確に把握して個別劣化度を判定するとともに，劣化・不具合の原因を推定する．また，個別劣化度から総合劣化度を判定して，補修・改修工事の要否を判定し，補修・改修設計に

必要な情報を提供することを目的とする.

（1）　金属製部材・部品には，それらの劣化を防ぐための保護と意匠性の向上を目的として，構成している金属材料に表面処理や塗装のような表面仕上げが施されている場合が多く，それらの表面仕上げに対する詳細な調査・診断が必要である.　金属材料の表面処理層あるいは仕上げ塗膜の劣化には以下のようなものがあり，解説表4.42にそれらの代表例を示す.　なお，仕上げ塗膜については，4.3.5「塗装仕上げ」を参照する.

　a）耐候性鋼は，初期に発生した赤さびが大気中の乾湿繰返しによって次第に安定した緻密な安定さびに変化していき，この安定さびが腐食の進行を抑制するものである.　暴露初期に発生する流出さびや浮きさびを抑えつつ，安定さびの生成を促進する酸化促進処理として，さび安定化処理仕上げがある.　この表面仕上げの劣化として，変色や表面腐食がある.

　b）アルミニウム合金に対する陽極酸化皮膜の劣化として，汚れ・塵埃の付着，皮膜の孔食，裏面腐食がある.　孔食は，陽極酸化皮膜の表面に白色の腐食生成物の析出をともなう斑点状の腐食が発生するもので，貫通孔となることはない現象である.　一方，裏面腐食は裏面側から発生して，部材のふくれや変形，さらには貫通孔に至るものである.

　c）アルミニウム合金の陽極酸化皮膜へ施した透明あるいは着色の塗膜および各種金属材料に塗装された仕上げ塗膜の劣化については，4.3.5「塗装仕上げ」を参照する.

　d）銅および銅合金の代表的な表面処理方法として，人工緑青，硫化着色および金箔貼りがある.　人工緑青と硫化着色の劣化には，変色と表面腐食があり，金箔貼りの劣化には，金箔のふくれ，割れ，はがれ，光沢低下および表面腐食がある.

解説表 4.42　金属製部材・部品の表面処理層の劣化の例

金属の種類とその表面処理方法		劣化の例
アルミニウム合金	陽極酸化皮膜	汚れ・塵埃の付着，変退色，皮膜の孔食，裏面腐食
耐候性鋼	さび安定化処理	変色，表面腐食
銅および銅合金	人工緑青・硫化着色	変色，表面腐食
	金箔貼り	変色，割れ，はがれ，光沢低下，表面腐食

　金属材料の表面処理に対する詳細調査は，対象とした金属製部材・部品の表面処理層に生じた劣化の種類と進行程度の判定，劣化原因の推定などにより，現状を詳細に把握できる方法を選定する.　詳細調査に適用される主要な方法は以下のとおりである.　なお，塗装仕上げは4.3.5項を参照することとし，ここでは主に表面処理を対象として解説する.

　（i）　外観の目視観察・指触観察：調査・診断者が肉眼または高倍率の双眼鏡，望遠鏡，セオドライトにより，外観を観察する.　外観の目視あるいは指触により，劣化現象の発生の有無，程度，発生面積などを確認する.　具体的な判定基準の参考として，以下のようなJISがあげられる.

　・さびの等級（JIS K 5600-8-3：2008）

　・陽極酸化皮膜の腐食面積率とレイティングナンバ（JIS H 8681-2：1999）

・陽極酸化塗装複合皮膜の腐食面積率とレイティングナンバ（JIS H 8602：2010）

・めっきの耐食性試験方法（JIS H 8502：1999）

（ⅱ）　非破壊検査：標準パターン写真や承認見本などと比較して，劣化程度を判定する．また，現地調査に携帯可能な測色色差計，光沢計，膜厚計，拡大鏡やテストハンマーなどを用いて調査する．

（ⅲ）　表面付着物や腐食生成物の試料採取およびその成分分析：表面付着物や腐食生成物の発生量や形態を観察するとともに，清浄なガーゼで拭き取る，溶剤拭きする，スクレーパーや皮すきなどの手工具で掻き取るなどの方法によって試料を採取する．試料は，機器分析を適用して構成元素や化学成分の特定をして，原因の推定および再発防止の検討に活用する．

（2）おのおのの金属材料における劣化は，以下のとおりである．劣化の代表例を解説表 4.43 に示す．

a）鉄鋼の劣化として，汚れ・塵埃の付着，表面層に発生する赤さびおよび鋼材の断面方向に腐食が進行して板厚減少となる断面欠損がある．腐食による断面欠損が進行すると，破断，破損，耐力低下に至るため，入念な調査・診断が必要である．

b）亜鉛めっき鋼の劣化として，汚れ・付着物，白さび，亜鉛めっきの溶出・消失，局部腐食，赤さび，断面欠損がある．亜鉛めっき層の下にある鋼材が腐食する前に，詳細な調査・診断を実施することが望ましい．

c）ステンレス鋼の劣化として，汚れ，塵埃，鉄粉，鉄さび，塩分，大気汚染物質などが付着・堆積することによって，表面に発生する赤さびと孔食がある．ステンレス鋼は，耐食性に優れていることが特徴であるが，飛来塩分の影響を受けるなど，使用環境によっては腐食が急速に進行するため，詳細な調査・診断が必要である．

d）耐候性鋼の劣化として，初期に発生する赤さびの流出や，安定さびが十分に生成しないことによる腐食の進行に伴う断面欠損がある．初期の赤さびが流出さびや浮きさびとなって美観を著しく損ねるだけでなく，周囲への飛散による汚染やもらいさびが問題となるため，詳細な調査・診断が必要である．

e）アルミニウム合金の劣化として，汚れ・塵埃の付着，白さびの発生，裏面側からの腐食生成物による表面側へのふくれおよびふくれに伴う変形，裏面側から表面側へ貫通する腐食（貫通腐食），孔食があげられる．これらの劣化現象は美観を損ねるだけでなく，破断，破損に至ることがあるため，入念な調査・診断が必要である．

f）銅および銅合金（黄銅）の劣化として，汚れ・塵埃の付着，孔食，破断，破損がある．

解説表 4.43　部材・部品を構成する金属材料の種類と劣化の例

金属材料の種類	劣化の例
鉄鋼	汚れ・塵埃の付着，赤さび，断面欠損，変形，破断，破損
亜鉛めっき鋼	汚れ・塵埃の付着，白さび，赤さび，断面欠損，変形，破断，破損
ステンレス鋼	汚れ・塵埃の付着，赤さび，孔食，変形，破断，破損
耐候性鋼	汚れ・塵埃の付着，赤さび，断面欠損，変形，破断，破損

アルミニウム合金	汚れ・塵埃の付着，白さび，孔食，変形，破断，破損，裏面腐食
銅および銅合金	汚れ・塵埃の付着，孔食，断面欠損，変形，破断，破損

　詳細・診断調査には，対象とした金属材料に生じた劣化の確認，進行程度の判定，劣化原因の推定などにより，現状を詳細に把握できる方法を選定する．金属材料の劣化における調査項目ごとの詳細調査には，以下のような方法がある．

　（ⅰ）　外観目視・指触観察：（1）（ⅰ）に準じて外観を調査し，劣化現象の発生の有無，程度，面積を確認する．また，変形の状態，断面欠損や破断・破損の状態などを調査する．

　さらに，金属製部材やその接合部周辺の構造体についても，ひび割れや浮き，欠損，エフロレッセンスの発生などを確認する．参考規格は，（1）（ⅰ）に準ずる．

　（ⅱ）　固定状態・作動状態の確認：取付け金物や手すり，看板，フェンス，笠木カバー，掴み金物，装飾金物，建具付属金物，ルーバーなどを手で軽くゆするなどして，固定状態や接合状態を確認する．また，可動するサッシ，扉や門塀，シャッターなどは実際に作動させて，その状態を確認する．

　（ⅲ）　打音検査：金属製部材や部品およびその接合部を手で押したり，テストハンマーで軽い衝撃力を与えたりして，固定状態や接合強度を確認する．また，その部材・部品に対する要求性能を満たしていることを確認する．

　（ⅳ）　破壊検査：必要に応じて，ビスの引抜き試験などを実施して，接合強度や接合状態を確認する．

　（ⅴ）　試料の採取や成分分析は，（1）（ⅲ）に準ずる．

---

b．劣化度の評価
　詳細調査の結果に基づいて劣化度を評価する．その評価方法は事前に依頼者の承認を受ける．なお，評価は区域を区切って行ってもよい．
（1）　個別劣化度
　調査項目ごとに個別劣化度を評価する．個別劣化度の評価は，以下による．
　　　　個別劣化度ⅰ：劣化がほとんど認められない
　　　　個別劣化度ⅱ：劣化が認められる
　　　　個別劣化度ⅲ：劣化が顕著に認められる
（2）　総合劣化度
　調査範囲の金属製部材・部品および取付け部全体に対する総合劣化度は，個別劣化度から以下のように評価する．
　　　　総合劣化度Ⅰ：性能低下がほとんど認められない
　　　　総合劣化度Ⅱ：性能低下が認められる
　　　　総合劣化度Ⅲ：性能低下が顕著に認められる

---

b．（1）　個別劣化度

詳細調査から得られる調査項目ごとの個別劣化度（ⅰ～ⅲ）の目安を解説表4.44に示す．

解説表 4.44　調査項目ごとの個別劣化度（ⅰ～ⅲ）の目安

分類	調査項目 （劣化の種類）	調査項目ごとの個別劣化度		
		ⅰ	ⅱ	ⅲ
表面処理層	汚れ・塵埃の付着	ほとんど認められない	認められる	顕著に認められる
	変色	ほとんど認められない	認められる	顕著に認められる
	表面腐食（赤さび・白さび，皮膜の孔食）	ほとんど認められない	認められる	顕著に認められる
金属材料	腐食（赤さび・白さび，孔食，裏面腐食）	ほとんど認められない （発生面積の合計が全面積の 0.5 ％以下． JIS H 8502　レイティングナンバ 7 以上． JIS K 5600-8-3 さびの等級 Ri0～Ri2）	認められる （発生面積の合計が全面積の 0.5 ％を超え 8 ％以下． JIS H 8502　レイティングナンバ 4～6 JIS K 5600-8-3 さびの等級 Ri3～Ri4）	全面に認められる （発生面積の合計が全面積の 8 ％を超える． JIS H 8502　レイティングナンバ 3 以下． JIS K 5600-8-3 さびの等級 Ri5）
	欠損	ほとんど認められない	－	認められる
	変形	ほとんど認められない	－	認められる
	破断・破損	ほとんど認められない	－	認められる
	接合部の固定状態（緩みやがたつき）	ほとんど認められない	－	認められる
	サッシやシャッターなどの作動状態の異常	ほとんど認められない	－	認められる

（2）　総合劣化度

　調査項目ごとの個別劣化度（ⅰ～ⅲ）を総合評価して決定される調査対象全体の総合劣化度（Ⅰ～Ⅲ）の評価事例を解説表 4.45 に示す．

　解説表 4.44 に示したように，調査項目ごとの個別劣化度（ⅰ～ⅲ）は，詳細調査の項目ごとにひとつに決まる．調査対象の部材や部品に適用されている金属材料に対する要求性能が，美観，強度あるいは機能のいずれを重視しているかに応じて，総合劣化度は異なるものである．

　例えば，表面処理層の各調査項目における個別劣化度は，表面処理層が金属材料の保護や意匠性を目的としたものであって，そのような劣化現象が材料強度や機能などの金属材料自体の劣化に与える影響は無いと判断されることから，金属材料の強度や性能・機能に関する総合劣化度の評価に際しては，考慮しないこととする．調査範囲の金属製部材や部品が美観を重視されている場合には，表面処理層および金属材料の劣化において，すべての調査項目で個別劣化度がⅰであれば総合劣化度Ⅰ，いずれかの調査項目にⅱがあれば総合劣化度Ⅱ，いずれかの調査項目にⅲがあれば総合劣化度Ⅲと評価する．また，調査範囲の金属材料に対して強度を重視される場合には，表面処理層に対するすべての調査項目がⅰ，またはいずれかの調査項目にⅱがある場合，および金属材料のすべての調査項目がⅰである場合に総合劣化度Ⅰとなる．さらに，いずれかの調査項目がⅱの場合は総合

劣化度Ⅱ，金属材料の調査項目に個別劣化度ⅲがあれば，総合劣化度Ⅲとなる．なお，仕上げ塗膜における個別劣化度の評価は，4.3.5「塗装仕上げ」に準ずる．

解説表 4.45　総合劣化度（Ⅰ～Ⅲ）の評価事例

分類	調査項目 （劣化の種類）	要求性能	総合劣化度Ⅰ	総合劣化度Ⅱ	総合劣化度Ⅲ
表面処理層	汚れ・塵埃の付着・表面腐食	美観	すべての調査項目がⅰである	いずれかの調査項目にⅱがある	いずれかの調査項目にⅲがある
	腐食	美観	個別劣化度がⅰである	個別劣化度がⅱである	個別劣化度がⅲである
		材料強度	すべての調査項目がⅰである	個別劣化度がⅱである	個別劣化度がⅲである
金属材料	欠損・変形・破断・破損	材料強度	すべての調査項目がⅰである	いずれかの調査項目にⅲがある	複数の調査項目にⅲがある
	緩み・がたつき・固定状態	固定	すべての調査項目がⅰである	－	個別劣化度がⅲである
	作動状態	機能	個別劣化度がⅰである	－	個別劣化度がⅲである

---

c．劣化・不具合の原因の推定
　劣化・不具合に関する原因推定の実施およびその推定方法は，特記による．

---

　c．金属製部材および部品，それらの接合部を構成する金属材料の劣化として，腐食，変形，断面欠損，破断，破損がある．変形，断面欠損，破断，破損の原因として，設計条件を超えるような過荷重や使用頻度の影響などが考えられるが，腐食がそのような劣化のきっかけとなる場合も多い．腐食には水と酸素が関与するため，劣化を生じた金属材料に対して，漏水や結露など水分と長時間接触している可能性が考えられる．腐食が著しく進行している場合には，水分の関与に加え，飛来塩分に由来する塩化物イオンや腐食性ガスによる促進，異種金属接触による腐食促進の可能性についても検討する．

　例えば，アルミニウム合金製部材において，軒天パネルの上げ裏に孔食が生ずる場合がある．これは，飛来塩分に由来する塩化物イオンや塵埃中の腐食促進物質が表面に付着して，降雨とともに洗い流されないで残留することによって，陽極酸化皮膜が侵されたことが原因であると推定される．

---

d．補修・改修要否の判定
　詳細調査・診断によって評価された総合劣化度に基づいて，調査範囲に対する補修・改修の要否を以下のように判定する．
　　　総合劣化度Ⅰ：点検・保守の継続
　　　総合劣化度Ⅱ・Ⅲ：補修または改修

d．金属製部材および部品に対する詳細調査・診断の結果から，総合劣化度Ⅰと判定された場合は，部材・部品を構成する金属材料およびその表面処理層の美観，強度または機能に対する影響は小さいと考えられるため，点検・保守を継続する．総合劣化度ⅡあるいはⅢと判定された場合には，放置すると実用上の支障あるいはさらなる劣化に進展する可能性が高いため，補修・改修が必要となる．

本項の詳細調査・診断においては，上記のように総合劣化度がⅡもしくはⅢと評価された場合の補修・改修の要否では，同様に「補修または改修」と判定されることになっている．しかし，総合劣化度がⅡであるかⅢであるかによって補修・改修の方法が異なり，その選定は補修・改修によって回復させる性能の目標，および劣化の程度によって異なるため，補修・改修設計の段階において設計者の判断に委ねることにしている．

4.4 シーリングジョイント
4.4.1 総 則

外壁の基本調査・診断において，詳細調査・診断が必要と判定された場合は，シーリングジョイントの詳細調査を実施し，点検の継続，補修（局部的な補修）または改修（全面的な補修を含む）に判定する．また，補修または改修と判定された場合には，補修・改修の材料および工法を選定する際に必要な情報を収集する．

特に補修・改修の材料および工法を選定する際には，既存シーリング材の材種の特定や撤去の可否などが重要となる．

4.4.2 調 査 部 材

詳細調査は，外壁のシーリングジョイントおよび外周壁に面する屋内の各階内装仕上げに対して実施する．

鉄筋コンクリート造建築物におけるシーリングジョイントの一般的な例としては，外壁の打継ぎ目地，ひび割れ誘発目地，窓枠まわり，建具まわり，タイルの伸縮目地，構造スリットなどがある．そのほか，金属パネルや金属笠木の接合部なども該当する．

鉄筋コンクリート造建築物の外壁では，ガスケットを使用するケースは少ないため，この詳細調査では取り上げていない．

4.4.3 詳細調査・診断の手順

シーリングジョイントにおける詳細調査・診断は，図4.2に示す流れに沿って実施することを原則とする．

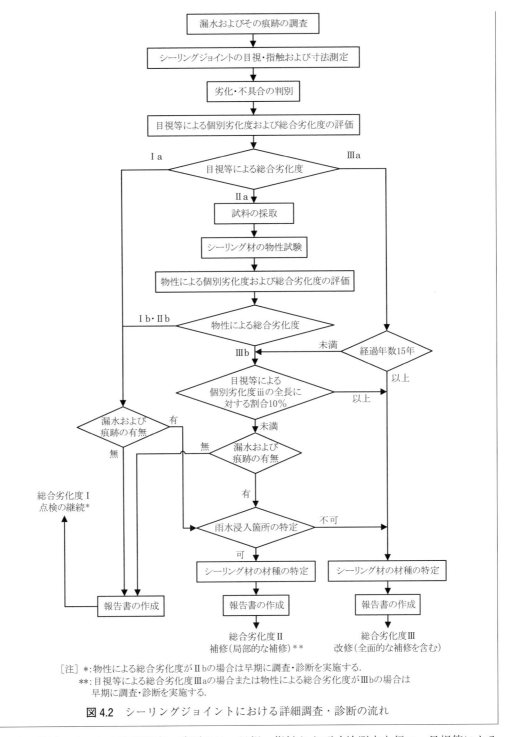

図 4.2　シーリングジョイントにおける詳細調査・診断の流れ

シーリングジョイントの詳細調査・診断では，目視・指触および寸法測定を行い，目視等による総合劣化度がⅡ a と評価された場合には，試料を採取して物性試験を行う流れになっている．

シーリングジョイントの目視・指触および寸法測定では，全体の状態を把握できるよう偏りなく網羅的に調査する．物性試験では，壁面ごとまたは打継ぎ，建具まわりなど目地の種類ごとに，代

表的な変状部分からシーリング材を採取し，試験室で物性を測定する．

4.4.4 漏水およびその痕跡の調査

> a．外周壁に面する屋内の各階内装仕上げを目視で観察し，漏水またはその痕跡の有無を確認する．ただし，点検の記録等あるいは外壁の基本調査によって確認できている場合は，この観察を省略することができる．
> b．漏水またはその痕跡が認められた場合は，依頼者の許可を得たうえで，内装仕上げの一部を取り外し，構造体の表面の状態を確認する．

　a．外周壁に面する屋内の各階における壁・天井の仕上げ，特に開口部まわりなどを念入りに調査し，漏水またはその痕跡が確認された場合は，その位置および範囲を報告書に記録する．

　b．漏水またはその痕跡が認められた場合は，依頼者に報告し，内装仕上げ等を部分的に撤去する方法，復旧の方法などについて協議し，許可を得たうえで，構造体のひび割れやエフロレッセンス，さび汁の付着，建具まわりの不具合などの状態を確認する．

4.4.5 シーリングジョイントの目視・指触および寸法測定

> a．対象建築物において，シーリング防水が施されている壁面ごとまたは目地の種類ごとに，全体の状況を把握するのに十分な箇所数に対して，シーリングジョイントの変状を目視および指触により調査し，適宜，変状の程度を確認するために，寸法測定を行う．
> b．壁面ごとまたは目地の種類ごとに，それぞれ要所においてシーリングジョイントの幅および深さを測定する．
> c．漏水またはその痕跡が確認された場合は，雨水の浸入箇所および経路を調査する．調査方法は目視とする．

　a．全体の状況を把握するのに十分な箇所数とは，シーリング防水が施されている連続した壁面で，方位や打継ぎ・建具回りなど目地の種類ごとに，シーリングジョイントの全長の20〜30％程度を調査すると良い．建築物の規模が大きい場合は，適宜，その割合を小さくすることも可能である．足場などが設置できない場合は，調査計画を作成する際に協議のうえ，双眼鏡などを使ってシーリング材の剥離，破断を観察することもできる．

　調査する変状の種類および測定項目・方法などの例を解説表4.46に示す．

解説表 4.46　変状の種類および測定項目・方法などの例

	変状の種類	測定項目・方法など
防水関連	シーリング材の被着面からの剥離	表面からの剥離の深さ
	シーリング材の破断（口開き）	表面からの破断の深さ
意匠関連	被着体の破壊（ひび割れ，欠落）	ひび割れの幅
	シーリング材の変形（だれ，くびれ）	凹凸の深さ
	シーリング材の軟化	指触での付着
	変退色	目視での観察
	ひび割れ	ひび割れの幅
	白亜化（チョーキング）	指触での粉末の付着
	仕上げ材の浮き．変色	目視での観察

b．改修設計において，選定した改修工法の適用の可否を決定するための参考として，シーリングジョイントの目視・指触による調査を実施しながら，シーリングジョイントの目地の幅および深さを測定し，報告書に記録する．深さについては，被着面からの剥離などがあれば，その箇所で測定し，深さを確認できる箇所がない場合は，既存シーリング材の一部に切込みを入れて深さを確認する．損傷を与えた部分は漏水がないよう適切に補修しておく．

c．漏水またはその痕跡が認められた場合は，シーリング材の目視・指触および寸法測定を行いながら，雨水の浸入箇所および経路を特定する．調査方法は目視とする．雨水浸入箇所としては，シーリング材の剥離や破断（口開き）のほか，外壁のひび割れや建具回りなどが多い．雨水浸入箇所が特定できなかった場合は，部分的に散水試験等を行う必要がある．散水試験等を行う場合は，屋内への浸水に対する養生等を検討しておく．

4.4.6　劣化・不具合の判別

> 既存シーリングジョイントの変状が，通常の劣化によるものか，不具合によるものかを判別する．

不具合の例としては，目地の形状・寸法の不備，納まり不良，明らかな種別の選定ミス，プライマーの塗忘れなどがある．不具合と判別された場合は，放置せず，改修設計において改善措置を検討したうえで，シーリングジョイントの補修・改修工事を行うことが重要である．

4.4.7　目視等による個別劣化度および総合劣化度の評価

> a．目視・指触および寸法測定において確認された劣化の種類ごとに個別劣化度を評価する．
> b．目視等による個別劣化度は，次の3段階で評価する．
> 　ⅰ：劣化は軽微で，防水機能を期待できる
> 　ⅱ：劣化は進行しているが，ただちに漏水が生ずるほどではない
> 　ⅲ：劣化の進行が顕著で，漏水が生ずる可能性が高い
> c．目視等による個別劣化度の評価基準は，劣化の種類ごとに定め，依頼者の承認を受ける．

d．目視等による総合劣化度は個別劣化度の次数のもっとも高いものを代表させ，個別劣化度がⅰ，ⅱおよびⅲの場合の目視等による総合劣化度はそれぞれⅠa，ⅡaおよびⅢaとする．

a．，b．目視等による総合劣化度のⅠa，ⅡaおよびⅢaは，陸屋根の基本調査の場合と同様，耐久性総プロと同様の状態を想定している〔3.3.8項b.の解説を参照〕．

c．目視等による個別劣化度の評価基準は，劣化の種類ごとに定めるが，その場合の参考として解説表 4.47 を示す．

解説表 4.47 目視等による個別劣化度の評価基準の例

診断項目		個別劣化度		
		ⅰ	ⅱ	ⅲ
防水関連	シーリング材の被着面からの剥離	深さの 1／4 未満または深さ 2 mm 未満	深さの 1／4 以上～1／2 未満または深さ 2 mm 以上～5 mm 未満	深さの 1／2 以上または深さ 5 mm 以上
	シーリング材の破断（口開き）	厚みの 1／4 未満または深さ 2 mm 未満	厚みの 1／4 以上～1／2 未満または深さ 2 mm 以上～5 mm 未満	厚みの 1／2 以上または深さ 5 mm 以上
意匠関連	被着体の破壊（ひび割れ，欠落）	ひび割れ幅 0.1 mm 未満	ひび割れ幅 0.1 mm 以上～0.3 mm 未満	ひび割れ幅 0.3 mm 以上
	シーリング材の変形（だれ，くびれ）	凸凹が厚みの 1／4 未満または深さ 2 mm 未満	凸凹が厚みの 1／4 以上～1／2 未満または深さ 2 mm 以上～5 mm 未満	凹凸が厚みの 1／2 以上または深さ 5 mm 以上
	シーリング材の軟化	指先にわずかに付着	指先にかなり付着	指先に極めて多量に付着
	変退色	わずかに認められる	かなり認められる	極めて著しい
	ひび割れ	ひび割れ幅 0.5 mm 未満	ひび割れ幅 0.5 mm 以上～1 mm 未満	ひび割れ幅 1 mm 以上
	白亜化（チョーキング）	指先に粉末がわずかに付着する	指先に粉末がかなり付着する	指先に粉末が極めて多量に付着する
	仕上げ材の浮き，変色	軽微なひび割れ，浮きがある	ひび割れ，浮きがあるやや変色している	剥離や変色が認められる

d．メンブレン防水の場合と同様，通常，漏水はもっとも状態の悪い劣化現象によって引き起こされることが多いため，個別劣化度のもっとも評価の悪いものを目視による総合的劣化度とすることにした．

なお，シーリングジョイントにおいては，外観等だけでは点検の継続，補修および改修の区分を判定できないことが多いため，内部の状態も含めた物性の評価に加え，4.4.10 項における物性による個別劣化度および総合劣化度を判定することとした．

4.4.8　試料の採取

> a．目視等による総合劣化度がⅡaと判定された場合は，試料を採取し，物性試験を行う．
> b．物性試験に供する試料は，壁面または目地の種類ごとに代表的な部分を選び，物性試験に必要な十
> 　分な長さを採取する．壁面や目地の種類が同じであっても，目地の挙動が異なると考えられる場合は，
> 　挙動が異なる目地ごとに試料を採取する．
> c．試料に過大な変形を与えないよう丁寧に採取し，試験を行うまで，物性が変化しないよう適切に保
> 　管する．
> d．試料を採取した部分は，漏水がないよう適切に修復する．

　a．物性試験は，点検の継続が可能なほど表面的な劣化が軽微な場合と，改修の検討が必要となるような劣化が著しい場合を除き，その中間的な状態，すなわち，目視等による総合劣化度がⅡaと判定された場合に行う．

　b．シーリング防水が施工されている主な箇所としては，打継ぎ目地，ひび割れ誘発目地，窓枠まわり，建具まわり，タイルの伸縮目地，構造スリット目地などがある．物性試験を実施するためには少なくとも30cmの長さのサンプルが必要なため，余裕を見込んで50cm程度を採取することが望ましい．

　c．試料の切取りに際しては，試料に過大な変形を与えないよう，また被着体を破損しないように注意する．目地から試料を採取する際，シーリング材に過大な変形を与えると，物性値が変化するため，カッターナイフなどを用いて切り出し，張力を与えないように試料を採取する．採取した試料は，巻き取らずに，相互に密着しないよう，また試料が密着しにくい素材の容器，袋などに入れて保管する．採取したサンプルを入れる容器や袋にはサンプル採取部位等を表示しておく．

　d．試料を切り取った部分は，プライマーで処理したうえで，適切な種別のシーリング材を充填し修復する．修復にシリコーン系シーリング材を使用すると，補修・改修時にシリコーン系シーリング材以外の材料を使用できなくなるため，採取したサンプルがシリコーン系シーリング材であることが明らかな場合以外は，修復にシリコーン系シーリング材を使用しない．

4.4.9　シーリング材の物性試験

> 採取した試料を用いて物性試験を行う．測定項目は特記による．

　物性試験における測定項目は特記によるが，通常は，解説表4.48に示す引張応力と伸びを測定する．

解説表4.48　物性試験の項目の例

測定項目	説　　　明
50%引張応力（M50）	引張試験における引張伸びが50%のときの引張応力
伸び（%）	引張試験における破断時の伸び

4.4.10 物性による個別劣化度および総合劣化度の評価

> a．物性試験において測定した項目ごとに個別劣化度を評価する．
> b．物性による個別劣化度は，次の3段階で評価する．
> 　　ⅰ：劣化は軽微で，防水機能を期待できる
> 　　ⅱ：劣化は進行しているが，ただちに漏水が生ずるほどではない
> 　　ⅲ：劣化の進行が顕著で，漏水が生ずる可能性が高い
> c．物性による個別劣化度の評価基準は，測定項目ごとに定め，依頼者の承認を受ける．
> d．物性による総合劣化度は個別劣化度の次数のもっとも高いものを代表させ，個別劣化度がⅰ，ⅱおよびⅲの場合の物性による総合劣化度はそれぞれⅠb，ⅡbおよびⅢbとする．

　a．，b．物性等による総合劣化度のⅠb，ⅡbおよびⅢbは，陸屋根の基本調査における総合劣化度およびシーリングジョイントの目視等による総合劣化度の場合と同様，耐久性総プロと同様の状態を想定している〔3.3.8項bの解説を参照〕．

　c．物性による個別劣化度の評価基準は，測定項目ごとに定めるが，その場合の参考として解説表4.49を示す．

　d．物性による総合劣化度の評価においても，個別劣化度の次数のもっとも高いものを代表させることは，目視等による総合劣化度の場合と同様である．

解説表 4.49 物性に関する個別劣化度の評価基準の例

診断項目		個別劣化度		
		ⅰ	ⅱ	ⅲ
50%引張応力（M50）	初期値比	1／3以上～3倍未満	1／3未満～1／5以上または3倍以上～5倍未満	1／5未満または5倍以上
	測定値	0.06N/mm² 以上 0.4N/mm² 未満	0.06N/mm² 以上～0.03N/mm² 未満または0.4N/mm² 以上～0.6N/mm² 未満	0.03N/mm² 未満または0.6N/mm² 以上
伸び（E）	初期値比	1／3以上	1／3未満～1／5以上	1／5未満
	測定値	500％以上	500％未満～200％以上	200％未満

4.4.11 総合劣化度の評価および判定

> a．図4.2の手順に従い，総合劣化度はⅠ～Ⅲの3段階で評価する．
> b．総合劣化度がⅠの場合は点検を継続する．
> c．総合劣化度がⅡの場合は補修（局部的な補修）する．
> d．総合劣化度がⅢの場合は改修（全面的な補修を含む）する．
> e．総合劣化度がⅡおよびⅢと判定された場合は，既存シーリング材の種別を特定する．

　a．～d．図4.2の手順に従い，総合劣化度を評価すると，点検の継続，補修または改修の判定に該当するパターンは解説表4.50のようになる．要するに，シーリング材の状態が比較的健全で，かつ漏水がない場合は点検を継続する．シーリング材の状態が比較的悪くても，経過年数にまだ余裕があり，劣化の激しい部分の割合が少なく，かつ，漏水があっても雨水浸入箇所が特定できた場

合は，その部分のみを補修する．漏水またはその痕跡があったが雨水浸入箇所が特定できない場合と，劣化の進行が著しい場合は全面的に改修（全面的な補修を含む）する．

解説表 4.50　点検の継続，補修および改修と判定されるパターン

総合劣化度	目視・指触および寸法測定		物性による総合劣化度	経過年数	漏水およびその痕跡	雨水浸入箇所
	目視等による総合劣化度	個別劣化度ⅲの割合				
Ⅰ 点検の継続	Ⅰa	－	－	－	無	－
	Ⅱa	－	ⅠbまたはⅡb	－	無	－
	Ⅱa	10%未満	Ⅲb	－	無	－
	Ⅲa	10%未満	－	15年未満	無	－
Ⅱ 補修 （局部的な補修）	Ⅰa	－	－	－	有	特定
	Ⅱa	－	ⅠbまたはⅡb	－	有	特定
	Ⅱa	10%未満	Ⅲb	－	有	特定
	Ⅲa	10%未満	－	15年未満	有	特定
Ⅲ 改修 （全面的な補修 を含む）	Ⅰa	－	－	－	有	不明
	Ⅱa	－	ⅠbまたはⅡb	－	有	不明
	Ⅲa	10%未満	Ⅲb	－	有	不明
	Ⅲa	10%以上	－	15年未満	－	－
	Ⅲa	－	－	15年以上	－	－

　e．既存シーリング材の種別の特定は，補修や改修において使用するシーリング材を選定する際に必要であり，総合劣化度がⅡおよびⅢと判定された場合には，種別を特定し，報告書に記録する．種別の判定は，解説表 4.51 を参考にするとよい．

解説表 4.51　既存シーリング材の種別の判定方法と目安

シーリング材の種別		外観性状			切取り後の試験片の状態			燃焼テストの状態		
		シーリング材表面		目地周辺の汚れ方	硬さ・柔軟性	内部気泡の状態	におい	燃え方	燃えかす	におい
		目視	指触							
シリコーン系		ほこりの付着が多い．表面にへこみが目立つ．	指触でほこりの付着が取れ，きれいな面が出る．つるつるする．	目地の上下左右ともほこりの付着による汚れが多い．	柔らかく柔軟性が大（2成分形）．硬いが弾力性がある（1成分形）．	内部気泡はほとんどみられない．	ほとんど感じられない．	白い煙を出して燃えるが比較的燃えにくい．炭火のようになる．ぱちぱちはねることもある．	白い粉が残る．燃えていない周辺も白くなる．	パラフィン（ローソク）の燃えたにおいと同じ．
ポリイソブチレン系		ほこりの付着が多い．表面にへこみは少ない．	指触でほこりが取れない．タックがある．	目地周辺の汚れはほとんどない．	柔らかく柔軟性が大．切断面がべとべとする．	内部気泡はほとんどみられない．	ほとんど感じられない．	黒い煙が少し出る．炎は橙でよく燃える．炭火のようにぱちぱちはねることもある．	黒～灰色の燃えかすが残る．燃えかすの内部は灰～白色．	パラフィン（ローソク）の燃えたにおいと同じ．
変成シリコーン系		ほこりの付着が多い．表面にへこみは少ない．	指触でほこりが取れない．タックがある．	目地周辺の汚れはほとんどないが，場合によっては目地下に筋状の汚れを呈している．	柔らかく柔軟性が大．切断面がべとべとする．	内部気泡はほとんどみられない．	ほとんど感じられない．	煙のない炎でよく燃える．炎は赤黄色．	黒っぽい燃えかすが残る．指にべとつく．	パラフィン（ローソク）の燃えたにおいと同じ．
ポリサルファイド系	金属酸化物硬化形	ごみの付着が非常に少ない．表面に凹凸がみられる．	タックが全くない．感触が硬めの弾力性がある．	目地周辺の汚れがまったくない．	比較的硬めの弾力性がある．切断面にタックがない．	比較的内部に細かい気泡がある．	ほとんど感じられない．	煙のない炎で燃える場合と，黒い煙で燃える場合がある．	灰は白いが燃えかすは指にべとつく．	硫黄化合物独特のにおいがある．鼻につんとくる．硫化水素・硫黄泉などのにおい．
	イソシアネート硬化形	ごみの付着が認められる．表面に凹凸がほとんどない．	タックがある．	目地周辺の汚れが少ない．	柔軟性がある．切断面にタックがある．	内部気泡は比較的多い．発泡している場合もある．	ほとんど感じられない．	着火しやすく燃えやすい．	白い燃えかすが残る．内部は黒色である．	パラフィン（ローソク）の燃えたにおいの中に，硫黄化合物独特のにおいがする．
ポリウレタン系		初期段階ではほこりの付着があるが，長期ではほこりが取れる．表面にひび割れが目立つ．	指触でチョーキングにより指に粉がつく．長期ではタックが取れる．	目地周辺の汚れはほとんどみられない．	柔らかいが弾力性がある．長期では軟化したもの，硬化したものがある．	内部気泡は比較的多い．発泡している場合もある（ふくれ）．	ほとんど感じられない．	煙のない炎で燃える．燃える前に溶けて泡が出る．消えると白い煙が出る．	白くなり，ざらざらの粉が残る．粉の内部は黒い．	パラフィン（ローソク）の燃えたにおいと同じ．

アクリル系	表面はほとんど仕上塗材が施工されている.	タックがなく固い.	目地周辺の汚れはまったくない.	白色系が多い.ゴム弾性がなく比較的硬い.	内部気泡はほとんどない.	かわったにおいが少しする(アクリルモノマーのにおい).	－	－	－
油性コーキング	ほこりの付着がある.しわがある.	押すとへこんで表面に皮膜があるが,内部は柔らかい.	目地周辺に油じみがあり,そのため汚れもある.	表面から数mmに皮膜があり,内部(奥)は比較的柔らかい	内部気泡はほとんどない(わからない).	油のにおいがする.	－	－	－

4.5 メンブレン防水層

4.5.1 総　　則

> メンブレン防水層の詳細調査は，基本調査において総合劣化度がⅢと評価され，「改修（全面的な補修を含む）」と判定された場合に，続く改修設計において材料および工法を選定する際に必要な情報の収集ならびに選定された材料および工法による施工が可能であることの確認のために行う．

　メンブレン防水層の詳細調査は，本文に記載の目的で行うため，総合劣化度の評価は行わない．詳細調査が必要となる例として下記が想定される．

（1）　平場の既存防水層を撤去する改修工法を選定した場合

　　　騒音，振動など既存防水層の撤去方法に対する制約条件とも関係するが，下地から既存防水層をうまく撤去できるかの確認が必要なことがある．

（2）　平場の既存防水層を残置したまま新規防水層を重ねる被せ工法を選定した場合

　　　新規防水層との適合性（相性）を判断するため，詳細調査において物性試験を実施し，既存防水層の種別の特定や，劣化の程度を確認する必要がある．また，既存防水層の劣化の程度によって新規防水層を施工するための下地処理の方法が異なる場合もある．

　　　また，被せ工法のうち，露出防水工法で改修する場合において，強風が想定される陸屋根では，耐風圧性の確保が重要である．接着工法および密着工法で改修する場合は既存防水層の接着強度を，機械的固定工法で改修する場合は固定金物の引抜き耐力の確認が必要となる．

（3）　そ　の　他

　　　既存防水層がアスファルト防水層など防水材料を積層する工法では，防水層内部の劣化の程度は目視で判定することは難しい．防水改修の設計において，既存防水層の状態が改修後の防水層の耐用年数に少なからず影響を及ぼすと考えられるため，およその耐用年数を予測するための参考として，既存防水層の状態を把握する場合もある．

　また，「点検の継続」または「補修（局部的な補修）」と判定された場合でも，次回の調査・診断や改修の時期などを計画するために，既存防水層の劣化度を把握しておきたいというニーズもある．このように依頼者の意向によって詳細調査を実施する場合もあるが，3.3節における陸屋根の基本調査・診断では，特殊なケースと考え，図3.1の流れには表現していない．このような理由で詳細

調査を実施する場合は特記によることとした.

4.5.2 調査部材

> 詳細調査は，露出防水工法・保護防水工法の場合とも，平場のメンブレン防水層に対して実施する.

　既存防水層の種別は，旧版も含め，JASS 8 の標準仕様および参考仕様とする. これに該当しない種別の場合は，試験の項目および方法等は個別に検討する必要がある. なお，保護防水工法の場合は，保護層の一部を撤去して防水層を採取することになる.

4.5.3 試料採取の位置および箇所数

> a．露出防水工法の場合，原則，連続した屋根面ごとに平均的な劣化部分と特に劣化の激しい部分から防水層を切り取る.
> b．保護防水工法の場合，原則，連続した屋根面ごとに一般部分から 2 か所以上を選び，防水層を切り取る.
> c．上記のほかにも詳細調査が必要な部分があれば，依頼者と協議のうえ，同様に試料の切取りを行う.

　　a．露出防水工法の場合，試料は，原則，連続した屋根面において，劣化の程度が平均的な部分と特に劣化の激しい部分から，それぞれ試験に必要な面積の試料を採取する. ある連続した屋根面における防水層の劣化の程度が，他の連続した屋根面の防水層の劣化の程度から推測できる場合は，どちらか一方を省略することもできる. 測定結果のばらつきを考慮すると，それぞれから 2 か所以上を選び，合計 4 か所以上から採取することが望ましい.

　　b．保護防水工法の場合，目視では防水層の状態を把握することができないため，原則，連続した屋根面の一般部分から 2 か所以上を選び，保護層を部分的に撤去して必要量の防水層を採取する. 露出防水工法の場合と同様，条件を満たせば，複数ある屋根面の一方の調査を省略することができる.

　　c．そのほか，特異な劣化原因が考えられる箇所などについては，依頼者と協議のうえ，試料の切取りを行う.

4.5.4 既存防水層の詳細調査

> 既存防水層に対して行う詳細調査の試験項目および方法は特記による.

　既存防水層に対する詳細調査の試験項目および方法について特記する場合の参考として解説表 4.52 を示す. 詳細調査は現場において既存防水層から試料を採取し，各種の物性試験を行う.

　なお，既存防水層を切り取る際は，試料および防水下地などを破損しないように丁寧に行い，防水層を切り取った部分には適切に修復するか雨養生を施す.

解説表 4.52　試験の項目および方法の例

種別		試験項目
アスファルト系防水（露出仕様）	防水層	単位質量および厚さ（乾燥時） 引張強さ
	基材	構成・外観 単位質量および厚さ（乾燥時） 引張強さ
	アスファルト	針入度（JIS K 2207 による） 軟化点（　　　同上　　　）
アスファルト系防水（保護仕様）	防水層	外観 単位質量および厚さ（乾燥時） 引張強さ
	基材	構成・外観 単位質量および厚さ（乾燥時） 引張強さ
	アスファルト	針入度（JIS K 2207 による） 軟化点（　　　同上　　　）
合成高分子系シート防水	防水層と下地の接着強さ	垂直引張強さ：主に塩ビ系，EVA 系が対象 剥離強さ（180°ピーリング）：主に加硫ゴム系が対象
	防水層	引張強さ・伸び率（JIS A 6008 による）
ウレタンゴム系塗膜防水	防水層と下地の接着強さ	垂直引張強さ
	防水層	引張強さ・伸び率（JIS A 6021 による） 引裂強さ（　　　同上　　　）
FRP 系塗膜防水	防水層と下地の接着強さ	垂直引張強さ
	防水層	引張強さ（JIS K 7161-1 による）

　物性試験の項目は，アスファルト系防水層，合成高分子系シート防水層，ウレタンゴム系塗膜防水層，FRP 系塗膜防水層により試験方法が異なる．それぞれの防水層について，一般的に実施される試験項目等について，以下で説明する．

（1）アスファルト系防水層

　防水層の単位質量と厚さ（乾燥時）および引張強さ，ならびに防水層を構成する基材の状態とアスファルトの物性（針入度，軟化点）を測定する．防水層の単位質量および厚さ（乾燥時）と引張強さは，防水層の構成により異なるため，直接的な比較はできないが，新設時と同様の構成の防水層と比較することにより，防水層の状態を把握するための指標となる．アスファルトの物性に関しては，現在，用いられているアスファルトの初期値と比較を行うことで，採取した防水層に用いられているアスファルトの状態を把握する指標となる．

　1）試料の採取方法

　露出防水層および保護防水層ともに，水上と水下の劣化の激しい部分よりできる限り接合部を含まないように，それぞれ 50 cm 角以上のものを 1 枚ずつ切り取る．

① 試験体の作製

防水層試験用

・100 mm×200 mm（1個）：単位質量，厚さ（乾燥時）測定用および保存試料

・解説図 4.20 に示すダンベル型（長手および幅方向，各3個）：引張強さ測定用試料

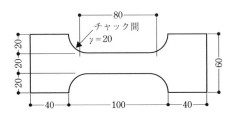

解説図 4.20　防水層引張試験片（単位：mm）

基材試験用

・110 mm×210 mm（1個）：引張強さ測定用試料

・100 mm×200 mm（1個）：外観，単位質量，厚さ測定用および保存試料

2）防水層の試験方法

① 単位質量と厚さ（乾燥時）

・試験体を 50℃の乾燥機に 168 時間静置し，その後，20℃の室温で 3 時間養生する．

・各辺の中央部の厚さをノギス等で 0.1 mm まで 4 箇所測る．試料数は 1 個とする．

・次に，質量を計り乾燥時の質量とする．また 1 m² あたりの質量に換算し，付記する．試料数は 1 個とする．

② 引張強さ

・ダンベル型の試験体を 50℃の乾燥器に 168 時間静置し，その後，20℃の室温で 3 時間養生する．

・荷重と伸びの関係を記録できる引張試験機を用いて引張強さを測定する．その際，試験片の中央部の厚さをノギス等で 0.1 mm まで測り，付記する．試料数は 3 個とする．

　　［試験条件］引張速度：100 mm/min，測定温度：23℃，チャック間距離：80 mm

3）基材の試験方法

① 構成・外観

・試験体を溶剤（トルエン等）で満たした容器中に 48 時間浸漬し，大部分のアスファルトを取り除く．

・さらにソックスレー抽出器にかけて，アスファルトの色が出なくなるまで抽出する．

・洗い出した基材を 105℃の乾燥器で 1 時間静置した後，室温になるまで冷却し，基材の種類と防水層の構成を判定し，外観の劣化状況を観察する．

② 単位質量と厚さ

・乾燥後，室温まで冷却した各基材の質量を 0.01g まで測る．また，1 m² あたりの質量を

　　算出し，付記する．試料数は 2 個とする．

　　　・次に，各基材の各辺中央部の厚さ（4 か所）をダイヤルゲージ等で 0.01 mm まで測る．
　　　　試料数は 1 個とする．

③　引張強さ

　　　・1 個の試験体より抽出した各基材から長手および幅方向に，解説図 4.21 に示す 20 mm×
　　　　100 mm の大きさの試験片を切断する．

　　　・試験片を 20 ℃の室温に 3 時間静置し，記録式引張試験機を用いて引張強さを測定する．
　　　　その際，試験片の中央部の厚さをダイヤルゲージ等で 0.1 mm まで測り，付記する．試料
　　　　数は長手・幅方向とも各 5 個とする．

　　　　　［試験条件］引張速度：100 mm/min，測定温度：23 ℃，チャック間距離：20 mm

解説図 4.21　基材引張試験片（単位：mm）

4）アスファルトの試験方法

　　採取した防水層を赤外線ランプで加熱しながら，皮すきを用いて，アスファルトを削りとり，
これをアスファルトの針入度・軟化点用の試料とする．この操作を各層のアスファルトについ
て行い，アスファルトを層ごとに別々の容器に入れ，できるだけ低温で加熱して水分を取り除
き，上澄みだけを 30 メッシュの金網でろ過して試料とする．次に行う針入度および軟化点試
験は，各層のアスファルトについて行う．

①　針入度

　　　・JIS K 2207（石油アスファルト）に準拠して行う．ただし，アスファルトを入れる容器は
　　　　軟化点用リングを 2 個重ねて用いることにする．試料数は各層 1 個とし，3 回測定を繰り
　　　　返す．

②　軟化点

　　　・JIS K 2207（石油アスファルト）に準拠して行う．試料数は各層 2 個とする．

5）保存試料

①　防水層

　　　・100 mm×200 mm（1 個）

②　基材

　　　・100 mm×200 mm（各層 1 個）

（2）合成高分子系シート防水層

1）試料の採取方法

①　屋根全体として，平均的な劣化部分と劣化の激しい部分を選び，それぞれより試料を採取す
　　る．

② 採取試料の大きさは，接合部を含まない箇所で 500 mm×500 mm 程度とする．

2）試験方法

① 防水層と下地の接着強さ（垂直引張試験）

本試験は，主に塩化ビニル樹脂系シート防水接着工法，エチレン酢酸ビニル樹脂系シート防水密着工法に対して実施する試験方法である．

・防水層表面のほこり，汚れ等を清掃し，垂直引張試験用アタッチメント（40 mm×40 mm）を，接着剤を用いて取り付ける．

・接着剤の硬化後，アタッチメントの周辺部に下地スラブに達するまでカッターナイフで切込みを入れる．

・アタッチメントを引張試験機に準ずる接着力試験機を取り付けてゆっくり引っ張り，最大荷重値を読み取る．

② 防水層と下地の接着強さ（剥離試験）

本試験は，主に加硫ゴム系シートに対して実施する試験方法である．経年後，シートの弾性が低下し，180°方向に引っ張ることができない防水層には適用できない．

・幅 25 mm，長さ約 300 mm の大きさの周囲に，カッターナイフで下地スラブに達するまで切込みを入れる．

・試料の一端を引きはがし，チャックではさんでばねばかりにかける．

・180°方向に，速度 200 mm/min 程度でばねばかりを引っ張り，最大荷重値を読み取る．

③ 引張強さ，伸び率（引張試験）

・防水層の表面のほこり，粉塵その他の汚れをできるだけ取り去る．

・防水層の表面に軽舗装材，セメントノロやモルタルの小片等が付着している場合は，サンドペーパーを用いて，丁寧に取り去る．

・防水層の裏面に接着材や粘着層のあるものは，そのまま供試する．

・試験片の作製・調整および試験は，JIS A 6008（合成高分子系ルーフィングシート）に準拠して実施する．

（3）ウレタンゴム系塗膜防水層

1）試料の採取方法

① 屋根全体として，平均的な劣化部分と劣化の激しい部分を選ぶ．

② 防水層と下地の接着強さ試験については，現場で行う．

③ 引張強さ，伸び率，引裂強さならびに参考試験のために採取する試料の大きさは，500 mm×500 mm 程度とする．

2）試験方法

① 防水層と下地の接着強さ（現場試験）

・防水層表面のほこり，汚れ等を清掃し，垂直引張試験用アタッチメント（40 mm×40 mm）を接着剤によって取り付ける．

・接着剤の硬化後，アタッチメントの周辺部に下地スラブに達するまでカッターナイフで切

込みを入れる.

・引張試験機に準ずる接着力試験機により, 最大荷重値を読み取る.

② 引張強さ, 伸び率および引裂強さ

・現場採取した防水層から, 表面層（保護仕上塗料）および裏面層（補強布または通気緩衝シート等）を除去し, ウレタンゴム系防水材のみに対して試験を実施する.

・試験片の作製・調整および試験方法は, JIS A 6021（建築用塗膜防水材）に準拠する.

③ 参考試験

イ）劣化度試験

・②と同様にウレタンゴム系防水材のみに対して試験を実施する.

・試験体を燃焼させ, 残留無機物中の特定金属分の定量を行う.

・手塗りタイプのウレタンゴム系防水材（2成分形ならびに1成分形）は無機充填材（例：炭酸カルシウム）を含んでおり, 硬化した防水層中の金属分の定量により, 防水材の劣化（有機成分の劣化消失）の度合いを知る手掛かりとなる.

・2成分形では, 硬化剤中に無機充填材を含んでいるが, 製品によって, 主剤と硬化剤の混合比率（1：1, 1：2, 1：3（質量比）など）が異なるため, あらかじめ製品タイプを把握しておく必要がある.

・超速硬化吹付けタイプのウレタンゴム系防水材は, 一般に充填材を含まないため, この試験法は利用できない.

ロ）硬さ試験

・②と同様にウレタンゴム系防水材のみに対して試験を実施する.

・試験片の作製・調整および試験方法は, JIS K 6253-3（加硫ゴム及び熱可塑性ゴム－硬さの求め方－第3部：デュロメータ硬さ）のタイプ A に準拠する.

・劣化に伴う硬さ変化は, 製品組成ならびに劣化機構により異なる（上昇する場合も下降する場合もある）ため, 数値で判定基準を示すことはできないが, 変化の方向を知ることによって, どのような劣化が起こっているのかを考える手掛かりとなる.

（4）FRP 系塗膜防水層

1）試料の採取方法

① 屋根全体として, 平均的な劣化部分と劣化の激しい部分を選ぶ.

② 防水層と下地の接着強さの試験については, 現場で行う.

③ 引張強さ試験のために採取する試料の大きさは, 500 mm×500 mm 程度とする.

2）試験方法

① 防水層と下地の接着強さ（現場試験）

・防水層表面のほこり, 汚れ等を清掃し, 垂直引張試験用アタッチメント（40 mm×40 mm）を接着剤によって取り付ける.

・接着剤の硬化後, アタッチメントの周辺部に下地スラブに達するまでカッターナイフまたは電動カッターで切込みを入れる.

・引張試験機に準ずる接着力試験機により，最大荷重値を読み取る．

② 引張強さ

・現場採取した防水層から，表面層（保護仕上塗料）を除去し，FRP防水材のみに対して試験を実施する．

・試験片の作製・調整および試験方法は，JIS K 7161-1（プラスチック－引張物性の求め方－第一部：通則）に準拠する．

4.5.5 物性等による個別劣化度の評価

> a．物性による個別劣化度は，次の3段階で評価する．
> 　　i：劣化は軽微で，防水機能を期待できる
> 　　ii：劣化は進行しているが，ただちに漏水が生ずるほどではない
> 　　iii：劣化の進行が顕著で，漏水が生ずる可能性が高い
> b．物性等による個別劣化度の評価基準は，調査項目ごとに定め，依頼者の承認を受ける．

　a．詳細調査においても，個別劣化度の考え方は，耐久性総プロの考え方にならっている〔3.3.8項解説b を参照〕．

　b．メンブレン防水層の物性による個別劣化度の評価基準の例として解説表4.53を示した．表中の個別劣化度の評価基準における初期値比は，初期値が不明の場合が多いため，現行の防水層の標準的な値を想定して定めている．

　なお，メンブレン防水層の詳細調査は，基本調査において総合劣化度がⅢと判定された場合に，改修設計において材料および工法を選定する際，あるいは改修設計において選定された工法および材料で実際に施工が可能かどうかを確認することが目的のため，詳細調査では総合劣化度は判定せず個別劣化度の評価で終了となる．

解説表 4.53　防水層の個別劣化度の評価基準の例

防水層の種別	工法	調査項目		個別劣化度		
				i	ii	iii
アスファルト系防水	露出	防水層の物性	防水層の引張強さ	初期値比 60%以上	初期値比 60%未満～30%以上	初期値比 30%未満
			基材の引張強さ	全層測定が可能	うち1層が測定可能	測定不能
			針入度	1層以上≧10	10＞1層以上≧5	全層＜5
	保護	防水層の外観	外観の状態	表層アスファルトの変色，細かいひび割れ（1mm 未満）	表層アスファルトの大きなひび割れ（1mm 以上）	著しく変質（防水層の硬化，脆弱化，腐敗，ひび割れなど）
		防水層の物性	防水層の引張強さ	初期値比 60%以上	初期値比 60%未満～30%以上	初期値比 30%未満
			基材の引張強さ	全層測定が可能	うち1層が測定可能	測定不能
			針入度	1層以上≧10	10＞1層以上≧5	全層＜5
合成高分子系シート防水	露出	防水層と下地の接着強さ*	垂直引張強さ (N/mm^2)	0.1 以上	0.1 未満～0.03 以上	0.03 未満
			180°剥離強さ $(N/25mm)$	0.1 以上	0.1 未満～0.03 以上	0.03 未満
		防水層の物性	引張強さ・伸び率	初期値比 60%以上	初期値比 60%未満～30%以上	初期値比 30%未満
ウレタンゴム系塗膜防水（高伸長形）	露出	防水層と下地の接着強さ	垂直引張強さ (N/mm^2)	0.1 以上	0.1 未満～0.03 以上	0.03 未満
		防水層の物性	引張強さ (N/mm^2)	1.2 以上	1.2 未満～0.5 以上	0.5 未満
			伸び率（%）	180 以上	180 未満～100 以上	100 未満
			引裂強さ (N/mm)	7 以上	7 未満～3 以上	3 未満
ウレタンゴム系塗膜防水（高強度形）	露出	防水層と下地の接着強さ	垂直引張強さ (N/mm^2)	0.1 以上	0.1 未満～0.03 以上	0.03 未満
		防水層の物性	引張強さ (N/mm^2)	5 以上	5 未満～2 以上	2 未満
			伸び率（%）	80 以上	80 未満～40 以上	40 未満
			引裂強さ (N/mm)	15 以上	15 未満～6 以上	6 未満
FRP 系塗膜防水	露出	防水層と下地の接着強さ	垂直引張強さ (N/mm^2)	0.1 以上	0.1 未満～0.03 以上	0.03 未満
		防水層の物性	引張強さ (N/mm^2)	初期値比 60%以上	初期値比 60%未満～30%以上	初期値比 30%未満

[注]　＊：合成高分子系シート防水工法における垂直引張強さは主に塩化ビニル樹脂系シートおよびエチレン酢酸ビニル樹脂系シートの測定項目とし，180°剥離強さは主に加硫ゴム系シートの測定項目とする．

4.6 詳細調査・診断の結果の報告

> a. 詳細調査・診断の終了後，速やかに「詳細調査・診断結果報告書」を作成し，依頼者へ報告する．
> b. 詳細調査・診断の結果は，（1）調査・診断の期間，（2）調査・診断の実施者，（3）対象建築物の概要，（4）および（5）事前調査および基本調査の実施の有無，（6）調査・診断の目的，（7）調査部位，調査範囲，（8）調査項目，調査方法など，（9）劣化度の評価基準および補修・改修の要否の判定基準に加えて，（10）調査・診断の結果，（11）応急措置について報告する．
> c. 調査・診断の結果では，調査範囲に対して，あるいは調査部材または調査区域ごとに劣化および不具合の位置および領域がわかるように調査結果を示すとともに，調査範囲に対して，あるいは調査部材または調査区域ごとに総合劣化度診断結果を記載し，必要に応じて応急措置などの対策の実施の有無などについて記載する．
> d. 実際に設定した調査区域および調査箇所は，その具体の領域がわかるように平面図および立面図などを用いて報告する．調査区域および調査箇所の劣化および不具合の状況を，必要に応じて写真や図を整理して報告するとともに，必要に応じて個別劣化度を記載する．

a. 詳細調査・診断の実施者は，詳細調査の結果に基づき診断を行い，その結果を「詳細調査・診断結果報告書」として速やかに取りまとめ，依頼者に報告しなければならない．そのため，詳細調査の実施に先立ち，調査結果を的確に整理し，その後報告書が容易にかつ迅速に作成できるよう，結果の記録方法や取りまとめ方法などを事前に検討しておくことが望ましい．

詳細調査では調査項目が多岐にわたり専門性が高くなる傾向が予測されることから，関係する調査者や診断者が複数にわたって参加するケースも想定される．実施者が担当した試験項目や担当範囲などの関わりがわかるよう，必要に応じて組織図あるいは体制図などを示す．

詳細調査の主たる目的は，基本調査で明らかにできなかった劣化および不具合の位置・範囲・種類を特定するとともに，劣化および不具合の程度を評価し，補修および改修の要否を判定することにあり，これらに対する情報が過不足なく記載される必要がある．詳細調査・診断報告書は，依頼者が最終的な補修・改修を実施するか否か判断する根拠資料となるだけでなく，将来に亘って建物の状態を把握するための基盤資料となることから，掲載情報が正確で詳細であるだけでなく，長期の保管に耐えるよう配慮が必要である．

b.～d. 3.4「基本調査・診断の結果の報告」でも述べたが，維持保全に関わる情報には一貫性が必要であることから，記載事項の詳細やその記載内容・方法については，「基本調査・診断結果報告書」や他の各種点検記録，新築時情報，補修・改修情報，既往の調査報告書などと整合するよう努める必要がある．また，a項でも述べたが，ここに記載された情報は，その後の維持保全活動の中で長く参照されることを想定し，単に診断結果を残すのみでなく，劣化の程度の判定，補修の要否の判定，劣化原因の特定に至った経緯についても，出来る限り詳細に記載することが望ましい．記載事項に抜け・落ちが無いよう，必要に応じて関係者と協議して定める．

詳細調査・診断結果報告書には，以下の情報を含める必要がある．

また，主要な調査箇所・劣化箇所の写真資料については必ず別途添付する．

（1）調査・診断の期間

　　複数の調査が期間を分けて実施された場合，それぞれの調査・診断実施期間を記載する．

（2）　調査・診断の実施者

　　調査・診断を実施した法人名・実施者自身に関する情報を記載する．調査の実施者と診断の実施者が異なる場合，両者を記載することとする．また，これらが複数に及ぶ場合，すべての実施者に関する情報が報告されることが望ましい．

（3）　調査建築物の概要

　　名称，所在地，竣工年，構造種別，階数，用途，仕上げなどの情報について記載する．

（4）　事前調査および基本調査・診断の実施の有無

　　事前調査および基本調査・診断の実施の有無と，それらでまとめられた事項があれば記載するとともに，別添などすると良い．調査対象の建築物の補修・改修・補強履歴などは詳細調査においても重要な判断材料となることから，事前調査などに基づき必要に応じて記載する．

（5）　調査の目的

　　詳細調査・診断計画書あるいは事前調査および基本調査・診断結果を踏まえ，最終的な調査の目的を記載する．

（6）　調査・診断の対象・範囲

　　調査部位は，構造体，外装仕上げ，シーリングジョイントおよびメンブレン防水層の4つに区分され，さらに劣化の種類や材料・工法に応じて詳細に分類されるが，詳細調査・診断報告書では，構造体，外装仕上げ，シーリングジョイントおよびメンブレン防水層の4つの区分に対して報告書が作成されることを想定している．構造体の場合に4.2.2項で規定しているように，詳細調査・診断要領書を定めて実施したような場合においては，その記載内容を記録する．

　　また，実際に調査を行った範囲についても重要な情報であるため，実際にどの範囲を調査したかについて，調査項目ごとに図面を用いるなどしてその範囲を明記する．なお，調査項目ごとに調査範囲が異なる場合，調査項目ごとの調査範囲がわかるよう図面等を用いるなどして記載する．

（7）　調　査　項　目

　　調査部位ごとに実施した調査項目および調査方法を記載する．具体の調査項目は，構造体，外装仕上げ，シーリングジョイントおよびメンブレン防水層それぞれで定めるところに従う．詳細調査・診断要領書がある場合においては，その記載内容を記録する．ここでいう実施したとは，調査部位となる劣化現象や不具合事象があったか無かったかではなく，実際に調査により確認した事項を記載する．なお，実際の調査結果は（9）において記載する．

（8）　劣化原因の推定および今後の劣化進行の推定

　　劣化原因の推定が特記されている場合，調査項目ごとの劣化原因について報告する．この時，劣化原因の推定の根拠となる資料や調査結果，推定理由などを過不足なく記載する．さらに，追加で行った調査がある場合，その調査内容および調査結果などについても報告する必要がある．同様に，今後の劣化進行の推定が特記されている場合，その実施内容および結果について報告する．

（9）　劣化度の評価基準および補修・改修の要否の判定基準

　　詳細調査・診断においては，総合劣化度に基づき補修・改修の要否が判定されることから，

その判定の根拠となる個別劣化度および総合劣化度の評価基準および，総合劣化度に基づく補修・改修の要否の判定基準について実際に採用した基準を明記する．特に，劣化または不具合の判別結果は，直近の補修・改修の要否の判定のみならず，後年の保全において重要な情報となることから，個別劣化度および総合劣化度の評価に用いた評価基準について出来る限り具体的に記録を残すことが望ましい．これは長い将来にわたって，調査・診断報告書を参照する場合に，ある程度簡便にその判断根拠が伝わることを意図したものである．

（10）　調査・診断の結果

詳細調査・診断の結果については，変状の位置および範囲とその程度等を当該建築物の立面図や平面図に記録する．特に劣化の範囲や数量については，補修・改修工事の計画の際に参考とされるため，どの範囲にどの程度の劣化がどれくらい存在するか誤解なく伝わるように配慮する．代表的な調査結果は，写真を撮影して記録し写真資料として取りまとめる．また，詳細調査・診断の結果によって評価された個別劣化度と総合劣化度について記載する．また，劣化原因について特定した場合，推定された劣化原因を示すとともに，特定に至った方法および判断の根拠についても報告する．同様に，今後の劣化予測を行った場合，その結果について報告する．劣化原因の推定や今後の劣化予測については，必要に応じて別途資料を準備し別添するなどして，その根拠資料が参照可能な状態で残るよう配慮する．

ここでの調査・診断結果は，依頼者の直近の判断に用いられるだけでなく，さらには長期的な保全において参照されることから，点検・保守を継続するかなどの評価に至った経緯や判断基準，他業務への申し送り事項についても必要に応じて記載する．

（11）　応 急 措 置

詳細調査において応急措置をとった場合，箇所や事由，措置内容などについて記録する．ほかにも，詳細調査に際して，破壊した個所など（仕上げをはがして調査を行った場合など）があれば，これについても報告する．

参 考 文 献

1）日本コンクリート工学会：コンクリート基本技術調査委員会　不具合補修 WG 報告書　施工中に発生した不具合の対処，2012.8
2）日本コンクリート工学会：コンクリートのひび割れ調査，補修・補強指針-2013-，2013.5
3）日本建築学会：鉄筋コンクリート造建築物の耐久性調査・診断および補修指針（案）・同解説，1997
4）日本非破壊検査協会　NDIS 3418：コンクリート構造物の目視試験方法，2012
5）日本非破壊検査協会　NDIS 3419：ドリル削孔粉を用いたコンクリート構造物の中性化深さ試験方法，2011
6）笠井芳夫・松井　勇・湯浅　昇：簡易な試験による構造体コンクリートの品質評価の試み，セメント・コンクリート，No. 559，pp.20～28，1993.9
7）日本非破壊検査協会　NDIS 3433：硬化コンクリート中の塩化物イオン量の簡易試験方法，2017
8）日本コンクリート工学協会：コンクリート構造物のリハビリテーション研究委員会報告書，1998.10
9）濱田洋志・加藤絵万・岩波光保・横田　弘：局所的に生じた腐食が鉄筋の力学的性質に及ぼす影響，コンクリート工学年次論文集，Vol. 30，No. 1，pp.1107～1112，2008

10) 土木学会：コンクリート構造物における自然電位測定方法（JSCE-E 601），2007

11) CEB Working Party V/4.1: Strategies for Testing and Assessment of Concrete Structures Affected by Reinforcement Corrosion (draft 4) BBRI-CSTC-WTCB, Dec.1997

12) 日本非破壊検査協会　NDIS 3430：電磁誘導法によるコンクリート構造物中の鉄筋探査方法，2011

13) 日本非破壊検査協会　NDIS 3435：コンクリートの非破壊試験−鉄筋平面位置及びかぶり厚さの試験方法の種類とその選択，2015

14) 日本非破壊検査協会　NDIS 3429：電磁波レーダ法によるコンクリート構造物中の鉄筋探査方法，2011

15) 岡田　清・六車　熙：改訂コンクリート工学ハンドブック，朝倉書店，1981

16) 日本コンクリート工学会：JCI-S-011-2017　コンクリート構造物のコア試料による膨張率の測定方法，2017

17) 長谷川寿夫：コンクリートの凍害危険度算出と水セメント比限界値の提案，セメント技術年報，Vol. 29，pp.248〜253，1975

18) 日本建築学会：原子力施設における建築物の維持管理指針・同解説，2015

19) 日本建築学会：コンクリート強度推定のための非破壊試験方法マニュアル，1983

20) 土木学会：硬化コンクリートのテストハンマー強度の試験方法（案）（JSCE-G 504-2007），2007

21) 谷口秀明・渡辺博志・河野広隆・藤田　学：テストハンマーによるコンクリートの硬度推定および強度推定の誤差要因に関する検討，土木学会論文集，No. 767/V-64，pp.199〜210，2004.8

22) 斯波明宏・高見錦一・石川伸介・林　敬史：リバウンドハンマーによる強度推定式に及ぼす各種因子の影響，コンクリート工学年次論文集，Vol. 26，No. 1，pp.1821〜1826，2004

23) 岩野聡史・森濱和正・渡辺　正：衝撃弾性波法と微破壊試験の併用による構造体コンクリートの圧縮強度推定方法の提案，土木学会論文集 E2，Vol. 69，No. 2，pp.138〜153，2013

24) 今本啓一：ひび割れ幅の許容値，コンクリート工学，43 巻 5 号，pp.64〜67，2005.5

25) 日本建築学会：鉄筋コンクリート造建築物の収縮ひび割れ制御設計・施工指針（案）・同解説，2006

26) 堀口賢一・丸屋　剛・武若耕司：腐食発生限界塩化物イオン濃度に及ぼすコンクリート配合の影響，コンクリート工学年次論文集，Vol. 29，No. 1，pp.1377〜1382，2007

27) 嵩　英雄・和泉意登志ほか：既存 RC 構造物におけるコンクリートの中性化と鉄筋腐食について（その 1〜3），日本建築学会大会学術講演梗概集，pp.201〜206，1983.9

28) 日本建築学会：高耐久性鉄筋コンクリート造設計施工指針（案）・同解説，1991

29) 日本建築学会：鉄筋コンクリート造建築物の耐久設計施工指針・同解説，2016

30) 日本コンクリート工学会：既存コンクリート構造物の性能評価指針，2014

31) 日本コンクリート工学会：コンクリート診断技術'19［基礎編］，2019.2

32) 土木学会：コンクリート標準示方書　規準編，2013

33) 日本建築学会：内外装改修工事指針（案）・同解説，2014

34) 建設省住宅局建築技術審査委員会：剥落による災害防止のためのタイル外壁，モルタル塗り外壁診断指針，1990

35) 日本建築学会：建築工事標準仕様書・同解説　JASS 15 左官工事，2007

建築保全標準・同解説
JAMS 3-RC　調査・診断標準仕様書——鉄筋コンクリート造建築物

2021 年 2 月 25 日　　第 1 版第 1 刷
2022 年 8 月 25 日　　第 1 版第 2 刷

編　　集
著 作 人　一般社団法人　日 本 建 築 学 会
印 刷 所　昭和情報プロセス株式会社
発 行 所　一般社団法人　日 本 建 築 学 会

108-8414 東 京 都 港 区 芝 5 − 26 − 20
電　話 ·（03）3456 − 2051
Ｆ Ａ Ｘ ·（03）3456 − 2058
http://www.aij.or.jp/

発 売 所　丸 善 出 版 株 式 会 社
101-0051 東京都千代田区神田神保町 2-17
神田神保町ビル
電　話 ·（03）3512 − 3256

ISBN978-4-8189-1091-1 C3352